2025年度版

山形県の
音楽科

過 去 問

協同教育研究会 編

協同出版

本書には，山形県の教員採用試験の過去問題を収録しています。各問題ごとに，以下のように5段階表記で，難易度，頻出度を示しています。

難 易 度

非常に難しい　☆☆☆☆☆
やや難しい　☆☆☆☆
普通の難易度　☆☆☆
やや易しい　☆☆
非常に易しい　☆

頻 出 度

◎　　ほとんど出題されない
◎◎　　あまり出題されない
◎◎◎　普通の頻出度
◎◎◎◎　よく出題される
◎◎◎◎◎　非常によく出題される

はじめに～「過去問」シリーズ利用に際して～

　教育を取り巻く環境は変化しつつあり，日本の公教育そのものも，教員免許更新制の廃止やGIGAスクール構想の実現などの改革が進められています。また，現行の学習指導要領では「主体的・対話的で深い学び」を実現するため，指導方法や指導体制の工夫改善により，「個に応じた指導」の充実を図るとともに，コンピュータや情報通信ネットワーク等の情報手段を活用するために必要な環境を整えることが示されています。

　一方で，いじめや体罰，不登校，暴力行為など，教育現場の問題もあいかわらず取り沙汰されており，教員に求められるスキルは，今後さらに高いものになっていくことが予想されます。

　本書の基本構成としては，出題傾向と対策，過去5年間の出題傾向分析表，過去問題，解答および解説を掲載しています。各自治体や教科によって掲載年数をはじめ，「チェックテスト」や「問題演習」を掲載するなど，内容が異なります。

　また原則的には一般受験を対象としております。特別選考等については対応していない場合があります。なお，実際に配布された問題の順番や構成を，編集の都合上，変更している場合があります。あらかじめご了承ください。

　最後に，この「過去問」シリーズは，「参考書」シリーズとの併用を前提に編集されております。参考書で要点整理を行い，過去問で実力試しを行う，セットでの活用をおすすめいたします。

　みなさまが，この書籍を徹底的に活用し，教員採用試験の合格を勝ち取って，教壇に立っていただければ，それはわたくしたちにとって最上の喜びです。

協同教育研究会

C O N T E N T S

第 1 部

山形県の
音楽科
出題傾向分析

山形県の音楽科　傾向と対策

　山形県の音楽科の傾向として，記述問題，語句説明，作曲・編曲問題などの出題がみられる。指導についての論述，語句説明，オーケストラスコアによる総合問題，作曲・編曲問題の出題頻度が高い。

　指導についての論述は，学習指導要領に関連させたもの，特定の教材の指導法，学習活動の具体例を問うもの等で，実践力が問われるといってよい。オーケストラスコアによる総合問題は，曲名・作曲者名はもちろん，作曲者の出身国やその譜例が何楽章かについて問われたり，楽語の意味や楽器名を問う問題が組み込まれたりしている。作曲・編曲問題は，示された譜例をサクソフォーンや金管アンサンブルに編曲させる場合が多い。楽譜は短いものである。語句説明はここ数年出題がみられないが，過去には音楽形式や日本伝統音楽に関する知識がなければ解答できないものも出題されており，今後も問われる可能性がある。

　以上の傾向からみて，次のような対策が必要である。

　指導についての論述は，実践の様子を想像できることはもちろん必要だが，学習指導要領の内容の十分な理解と教材研究の徹底が欠かせない。論述の際は，必ずこれらに基づいた内容を書けるようにしておこう。オーケストラスコアによる総合問題は，オーケストラスコアの見方に慣れておく必要がある。特に，移調楽器の記譜については，正しく理解しておこう。楽典に関する問題も出題されるため，知識がなければ答えられない。様々な管弦楽曲を聴く際，実際にスコアを見ながら学習を進められたい。やや入り組んだ知識を問う設問もみられるので，曲名・作曲者名以外にも，歴史的背景や作曲者の生涯などといった，周辺の知識も増やしておこう。作曲・編曲問題対策としては，記譜の正確さや和音選択に慣れておくことが重要である。例年の出題傾向として管楽器の編曲が指示されている。吹奏楽指導を見据えた出題とも考えられるため，吹奏楽の経験がない場合は管楽器に関する知識を身につけておいた方がよい。特に，移調楽器や楽器毎の音域はよく確認すること。また，編曲問題は

時間がかかる場合が多いので，指定された編成での編曲をすぐにイメージすることができるよう学習しておくことが重要である。2024年度は，クラリネットアンサンブルへの編曲が出題された。

　その他，学習指導要領の語句の穴埋めや，日本伝統音楽・民族音楽についての問題も過去の出題頻度が高い。2024年度は，日本民謡に用いられる音階に関する問題が出題された。また，リコーダーやギターといった楽器奏法についても基本的な問題が出題される。幅広い分野への理解が求められるため，十分な準備をしておきたい。

過去5年間の出題傾向分析

分類	主な出題事項		2020年度	2021年度	2022年度	2023年度	2024年度
A 音楽理論・楽典	音楽の基礎知識		●	●	●	●	●
	調と音階		●	●	●		●
	音楽の構造		●		●		
B 音楽史	作曲家と作品の知識を問う問題		●	●	●	●	●
	音楽様式，音楽形式の知識を問う問題						
	文化的背景との関わりを問う問題						
	近現代の作曲家や演奏家についての知識				●		
C 総合問題	オーケストラスコアによる問題		●	●	●	●	●
	小編成アンサンブルのスコア，大譜表（ピアノ用楽譜）による問題						
	単旋律による問題		●		●	●	●
D 楽器奏法	リコーダー			●	●		
	ギター						●
	楽器分類						
E 日本伝統音楽	雅楽						
	能・狂言					●	
	文楽						
	歌舞伎						
	長唄等						
	楽器（箏，尺八，三味線）		●		●		
	民謡・郷土芸能						●
	総合問題						
F 民族音楽	音楽のジャンルと様式	(1)アジア（朝鮮，インド，トルコ）		●			
		(2)アフリカ　打楽器					
		(3)ヨーロッパ，中南米		●			
		(4)ポピュラー					
	楽器	(1)楽器分類（体鳴，気鳴，膜鳴，弦鳴）					
		(2)地域と楽器		●			

分類		主な出題事項	2020年度	2021年度	2022年度	2023年度	2024年度
G 学習指導要領	(A)中学校	目標	●				
		各学年の目標と内容	●	●	●	●	●
		指導計画と内容の取扱い		●		●	
		指導要領と実践のつながり	●	●		●	
	(B)高校	目標					
		各学年の目標と内容					
		指導計画と内容の取扱い					
H 教科書教材		総合問題	●	●	●	●	●
		旋律を書かせたりする問題	●	●	●	●	●
		学習指導要領と関連させた指導法を問う問題	●	●	●	●	●
I 作曲・編曲		旋律，対旋律を作曲		●	●	●	●
		クラスの状況をふまえた編成に編曲	●	●	●	●	●
		新曲を作曲					
J 学習指導案		完成学習指導案の作成					
		部分の指導案の完成					
		指導についての論述					

第2部

山形県の
教員採用試験
実施問題

2024年度 実施問題

【中学校】

【1】次の総譜は，ある楽劇の第1幕への前奏曲の一部である。以下の問いに答えなさい。

1　この楽劇名と作曲者名をそれぞれ書きなさい。

2　楽譜中の　①　にあてはまる楽器名をカタカナで書きなさい。

3　楽譜中の　　　で囲まれた②の「*sehr　kräftig*」は「*molto vigoroso*」と同じ意味である。この楽語の意味を答えなさい。

4　楽譜中の　　　で囲まれた③の実音を主音とする長調の属調の平行調は何か，日本語で書きなさい。

5　楽譜中の　　　で囲まれた④の和音をコードネームで答えなさい。

(☆☆☆○○○○)

【2】「中学校学習指導要領」(平成29年3月告示)「第2章　各教科　第5節　音楽　第3　指導計画の作成と内容の取扱い」には，共通教材が示されている。次の楽譜は，ある共通教材の一部である。以下の問いに答えなさい。

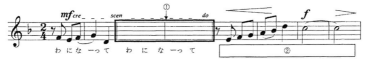

1　この楽曲の曲名，作詞者名，作曲者名を書きなさい。

2　　　で囲まれた①の部分にあてはまる旋律を書き入れなさい。

3　　②　の部分にあてはまる1番の歌詞を書きなさい。

4　共通教材のうち，この曲と同じ作詞者が作詞した，他の曲名を書きなさい。

5　中学校において，共通教材を授業で扱う趣旨として考えられることを，簡潔に書きなさい。

(☆☆☆◎◎◎◎)

【3】次の楽譜に記載されたコードに合う旋律を創作し，書きなさい。

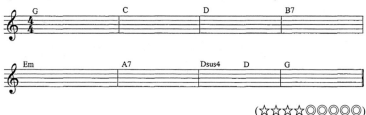

(☆☆☆☆◎◎◎◎◎)

【4】日本の民謡について，次の問いに答えなさい。

1　宮城県の「斎太郎節」は，五音音階のうちの何という音階でできているか，音階名を書きなさい。

2　1と同じ音階でできている民謡を次のア〜エの中から一つ選び，記号で答えなさい。
　　ア　草津節(群馬県)　　　　　イ　会津磐梯山(福島県)
　　ウ　ひえつき節(宮崎県)　　　エ　谷茶前(沖縄県)

3　民謡音階の構成音を，低い音から順に全音符で①〜④の(　　)の中に書き入れなさい。

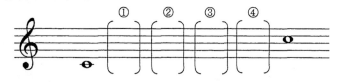

4　北海道の「ソーラン節」は，次のア〜エのうちどの種類の民謡か一つ選び，記号で答えなさい。
　　ア　仕事歌　　イ　座興歌　　ウ　踊り歌　　エ　祝い歌

5 「江差追分(北海道)」,「刈干切唄(宮崎県)」,「南部牛追い唄(岩手県)」
の三つの民謡に共通する特徴として最も適切なものを,次のア～エ
の中から一つ選び,記号で答えなさい。

　ア　子守歌である　　　　　　イ　非拍節的リズムである

　ウ　コブシをつけずに歌う　　エ　囃しことばがない

(☆☆☆○○○○)

【5】次に示す①～③はギターの運指である。それぞれのコードネームを
書きなさい。

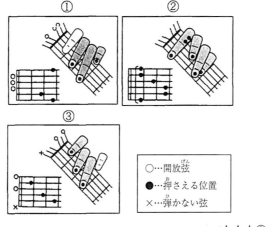

　○…開放弦
　●…押さえる位置
　×…弾かない弦

(☆☆☆○○○○)

【6】次の楽譜は,アイルランド民謡「ダニーボーイ」の一部である。こ
の楽譜を,以下の＜条件＞に従って編曲し,(1)～(4)のそれぞれに書き
なさい。

＜条件＞

> 1　吹奏楽部の生徒のサクソフォン四重奏用で，編成は次のとおりとする。
>   (1)　B♭ Soprano Sax.　　(2)　E♭ Alto Sax.
>   (3)　B♭ Tenor Sax.　　(4)　E♭ Bariton Sax.
> 2　各パートには音部記号，調号を記すこと。ただし，生徒が演奏しやすいように，原曲の調を移調してもかまわない。
> 3　同族楽器の響き合いの美しさが味わえるように配慮すること。

(1)

(2)

(3)

(4)

(☆☆☆☆○○○○○)

【7】次の文章は，「中学校学習指導要領」(平成29年3月告示)「第2章　第5節　音楽　第2　各学年の目標及び内容」の〔第1学年〕「1　目標」である。以下の問いに答えなさい。

> (1)　曲想と音楽の(①)などとの関わり及び音楽の(②)について理解するとともに，(③)を生かした音楽表現をするために必要な歌唱，器楽，創作の(④)を身に付けるようにする。
> (2)　音楽表現を(③)することや，音楽を自分なりに(⑤)しながらよさや美しさを味わって(⑥)ことができるようにする。

(3) 主体的・(⑦)に表現及び鑑賞の学習に取り組み，音楽活動の(⑧)を体験することを通して，音楽文化に親しむとともに，音楽によって(⑨)を明るく豊かなものにしていく(⑩)を養う。

1 空欄(①)～(⑩)にあてはまる語句を，それぞれ書きなさい。
2 下線部について，第2学年及び第3学年の目標にはこの言葉は示されていない。その理由を簡潔に答えなさい。

(☆☆○○○○○)

【8】次の文章は，「中学校学習指導要領」(平成29年3月告示)「第2章 第5節　音楽　第3　指導計画の作成と内容の取扱い」の一部である。以下の問いに答えなさい。

2 第2の内容の取扱いについては，次の事項に配慮するものとする。
(6) 我が国の伝統的な歌唱や(①)の指導に当たっては，(②)と音楽との関係，(③)や身体の使い方についても配慮するとともに，適宜，口唱歌を用いること。

1 空欄(①)～(③)にあてはまる語句を，それぞれ書きなさい。
2 下線部について，「口唱歌」とは何か，簡潔に説明しなさい。
3 下線部について，「口唱歌」を用いることのよさを簡潔に書きなさい。

(☆☆☆○○○○○)

解答・解説

【中学校】

【1】1　楽劇名…ニュルンベルクのマイスタージンガー　　作曲者名…
ワーグナー　　2　クラリネット　　3　とても力強く　　4　ロ短調
5　Dm7

〈解説〉1　ワーグナーの楽曲の中でもよく知られるものなので，スコア
をあわせて聴いておきたい。ワーグナーに関する問題では，楽劇とラ
イトモチーフについて問われることが多いので学習しておきたい。
2　スコアの並びは理解しておくこと。ワーグナーのスコアなのでド
イツ語表記である。楽器名は英語，イタリア語，フランス語，ドイツ
語の表記を覚えておくこと。in Bとあるので，移調楽器であることも
手がかりとなる。　　3　楽語は，イタリア語のものだけでなく，ドイ
ツ語，フランス語のものも，ある程度学習しておくこと。vigorosoは
イタリア語で，力強い，活気のあるという意味をもつ。　　4　F管のト
ランペットは，実音は記譜音より完全4度高いので，ソである。ソを
主音とする長調のト長調の属調はニ長調でその平行調はロ短調であ
る。　　5　構成音はレ・ファ・ラ・ドで，短三和音＋短3度で短七の和
音である。移調楽器の実音を正しく読み替えること。

【2】1　曲名…花の街　　作詞者名…江間 章子　　作曲者名…團 伊玖磨
2

3　かけていったよ　　4　夏の思い出　　5　我が国のよき音楽文化
が世代を超えて受け継がれていくようにすること。

〈解説〉1　1947年に作曲された。戦後すぐの荒れ果てた日本で，平和の
象徴として歌われた曲である。花の街は幻想の街で，戦後の復興を願
った歌である。歌唱共通教材の作詞・作曲者名はすべて覚えること。

2 歌唱共通教材の旋律はすべて理解し，記譜できるようにしておきたい。　3　歌唱共通教材の歌詞はすべて覚えること。ピアノ伴奏など練習しながら歌唱し，歌詞と旋律の関連についても理解しておくこと。　4　作曲者は，中田喜直である。1949年にNHKの「ラジオ歌謡」での放送をきっかけに，人気曲となった。　5　中学校学習指導要領解説の内容の取扱いについての配慮事項の説明部分に「我が国で長く歌われ親しまれている歌曲とは，我が国で長い年月にわたって歌い継がれ，広く親しまれている歌曲のことである。我が国の自然や四季の美しさを感じ取れる歌唱教材を扱うことによって，生徒が豊かな自然や四季の美しさへのイメージを膨らませることは，自然や環境に対する関心を導き，それらを尊重する態度を養うことにもつながっていく。また，我が国の文化や日本語のもつ美しさを味わえる歌唱教材を扱うことによって，生徒は我が国の文化のよさを味わい，日本語の響きを感じ取ることができる。このことがひいては，我が国の文化を尊重したり，日本語を大切にしたりする態度を養うことにつながると考えられる。このような，我が国で長く歌われ親しまれている歌曲を歌唱教材として用いることは，世代を超えて生活の中の様々な場面で音楽を楽しんだり，共有したりする態度を養うことにもつながる。」とある。

【3】解答略

〈解説〉コードが指定されているので使用できる音は限定されている。Gが始まりと終止になっているので，調号♯1つのト長調で作曲すること。コードから和声の進行を考えて，まとまりのある旋律にすること。

【4】1　都節音階　　2　イ

3

4　ア　　5　イ

〈解説〉1　「斎太郎節」は宮城県牡鹿半島に伝わる櫓こぎ歌である。民謡
　　　は，地域と使用している音階，唄の分類を合わせて学習しておきたい。
　　　2　正答以外の選択肢は，アが民謡音階，ウが律音階，エが琉球音階
　　　である。　　3　「短3度＋長2度」が組み合わせて構成されている。ソー
　　　ラン節や花笠音頭，八木節も民謡音階である。民謡音階，都節音階，
　　　律音階，琉球音階の日本の代表的な4つの音階は楽譜に書けるように
　　　しておくこと。　　4　正答以外の選択肢について，イは会津磐梯山，
　　　ウは花笠踊り，エは伊勢音頭などがある。　　5　これらの曲は追分節
　　　様式の民謡である。有拍のリズムによるものは「八木節」に代表され
　　　る八木節様式である。

【5】①　G　　②　F　　③　C

〈解説〉主なコードのダイアグラムは覚えておくこと。開放弦の音の高さ
　　　と，奏法についても学習しておくこと。

【6】解答略

〈解説〉まず，ハ長調のままで編曲し，音域を考えて転調が必要であれば
　　　転調し，その後，移調楽器での記譜に書き換えると間違いがない。コ
　　　ード進行を考えれば編曲自体の難易度はそれほど高くないが，移調の
　　　記譜に慣れていないとかなり時間がかかる問題である。それぞれのサ
　　　クソフォンの実音は，記譜音より，(1)は長2度低い，(2)は長6度低い，
　　　(3)は1オクターブと長2度低い，(4)は1オクターブと長6度低い。

【7】1 ① 構造 ② 多様性 ③ 創意工夫 ④ 技能 ⑤ 評価 ⑥ 聴く ⑦ 協働的 ⑧ 楽しさ ⑨ 生活 ⑩ 態度 2 第2学年及び第3学年では，自分の解釈や評価のみに留まらず，多くの人が共通に感じ取れるような，その曲固有のよさや特徴などを捉え，他者と共有，共感することが大切であるため。

〈解説〉1 目標は，教科の目標，各学年の目標について違いを整理し，文言は必ず覚えること。 2 中学校学習指導要領解説にこの点について「鑑賞領域に関することは，第1学年で示している自分なりにを，第2学年及び第3学年では示していない。第1学年では，音楽を形づくっている要素を知覚・感受し，知覚と感受との関わりを考えながら，自分がどのように解釈し評価したのかを大切にした学習を求めている。一方，第2学年及び第3学年では，自分の解釈や評価のみに留まらず，多くの人が共通に感じ取れるような，その曲固有のよさや特徴などを捉え，他者と共有，共感することが大切である。その上で，例えば，その曲が長い歴史の中で多くの人に愛され，親しまれてきたことに思いを馳せるなどして，より深く味わって聴くことができるようにすることを求めている。」と解説されている。

【8】1 ① 和楽器 ② 言葉 ③ 姿勢 2 楽器の音を，日本語のもつ固有の響きによって表すもの。 3 旋律やリズム，楽器の音色や響き，奏法などをも表すことができる。

〈解説〉1 中学校学習指導要領の指導計画の作成と内容の取扱いより，内容の取扱いについての配慮事項(6)から出題された。内容の取扱いについての配慮事項は全部で10項目あり，すべて具体的で重要な内容なので，文言を覚えるだけでなく，理解を深めておくこと。 2 口唱歌に関する問題は頻出である。説明できるようにしておくこと。 3 それぞれの和楽器の口唱歌を理解しておきたい。

2023年度　実施問題

【中学校】

【1】次の楽譜は，ある管弦楽組曲の総譜の途中部分である。以下の問い
に答えなさい。ただし，拍子記号や速度記号等，曲の冒頭部分に示さ
れた記号を表記している。

1 この組曲名と作曲者名をそれぞれ書きなさい。

2 この楽譜は，この組曲のうちの何という曲か。曲名を漢字で書き
なさい。

3 2の曲名についているサブタイトルを，次のア～エから一つ選び，

記号で答えなさい。

ア 「平和をもたらす者」　　イ 「戦争をもたらす者」
ウ 「喜悦をもたらす者」　　エ 「翼のある使者」

4　この組曲の，ある曲には合唱が含まれることで知られている。合唱が登場する曲の曲名を漢字で書きなさい。

5　楽譜中の　①　には同じ楽器名が入る。あてはまる楽器名をカタカナで書きなさい。

6　楽譜中の　　　で囲まれた②の実音をドイツ音名で答えなさい。(アルファベットを使うこと。)

7　楽譜中の　　　で囲まれた③の「*con sordino*」の意味を答えなさい。

(☆☆〇〇〇〇)

【2】次の楽譜は，中学校のある共通教材の一部である。以下の問いに答えなさい。

1　この楽曲の曲名，作詞者名，作曲者名をそれぞれ書きなさい。ただし，作詞者名と作曲者名は漢字で書きなさい。

2　　②　の部分にあてはまる旋律を書き入れなさい。

3　　③　の部分にあてはまる歌詞を書きなさい。

4　共通教材を授業で扱うことによって，生徒のどのような態度を養うことにつながるのかを，二つ書きなさい。

(☆☆〇〇〇〇)

【3】次の楽譜に記載されたコードネームをもとに，コードに合う旋律を
創作し，書きなさい。

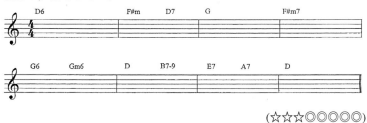

(☆☆☆○○○○○)

【4】能の謡について，次の問いに答えなさい。

1 登場人物のセリフにあたる，一定の抑揚をつけて謡う部分を何と
言うか，カタカナで書きなさい。

2 次の文中の(①)，(②)にあてはまる適切な語句を，それぞ
れ書きなさい。

> フシをつけて謡う部分には，一つ一つの音を力強く表現する
> 「(①)吟」と，旋律的で繊細な表現をする「(②)吟」
> がある。

3 「いーちーもーんー」のように1音ずつ意識して謡う場合や，「のび
たーァ」のように音を長く延ばしたりその高さを変化させたりして
謡う場合の，母音のことを何と言うか，書きなさい。

4 声には出さずに「ツ」や「ン」などを用いる，謡や囃子を演奏す
るときに大切にする間のことを何と言うか，書きなさい。

5 我が国の伝統的な声や歌い方の特徴を感じ取ることをねらいとし，
能の謡を歌唱教材として取り扱う時，どのようなことに配慮して指
導すべきか，簡潔に書きなさい。

(☆☆☆○○○)

【５】次の①〜⑤の和音のコードネームをそれぞれ書きなさい。ただし，最も低い音を根音とすること。

(☆☆○○○)

【６】次の楽譜は，R. ロジャーズ作曲「エーデルワイス」の一部である。この楽譜を，以下の＜条件＞に従って編曲しなさい。

＜条件＞

> 1　吹奏楽部の生徒のクラリネット五重奏用で，編成は次のとおりとする。
> (1)　E♭ Clarinet　　(2)　B♭ Clarinet 1st
> (3)　B♭ Clarinet 2nd　(4)　E♭ Alt Clarinet
> (5)　B♭ Bass Clarinet
> 2　各パートには音部記号，調号を記すこと。ただし，生徒が演奏しやすいように，原曲の調を移調してもかまわない。
> 3　同族楽器の響き合いの美しさが味わえるように配慮すること。

(☆☆☆☆○○○○○)

【７】次の文章は，「中学校学習指導要領」(平成29年3月告示)「第2章第5節　音楽　第2　各学年の目標及び内容　〔第2学年及び第3学年〕2　内容　A表現」の一部である。以下の問いに答えなさい。

> (2)　器楽の活動を通して，次の事項を身に付けることができるよう指導する。

24

> ア　器楽表現に関わる知識や技能を得たり生かしたりしなが
> 　　ら，曲にふさわしい器楽表現を創意工夫すること。
> イ　次の(ア)及び(イ)について理解すること。
> 　　(ア)　曲想と音楽の(①)や曲の(②)との関わり
> 　　(イ)　楽器の(③)や響きと(④)との関わり
> ウ　次の(ア)及び(イ)の技能を身に付けること。
> 　　(ア)　創意工夫を生かした表現で演奏するために必要な
> 　　　　(④)，(⑤)の使い方などの技能
> 　　(イ)　創意工夫を生かし，(⑥)の響きや(⑦)の音な
> 　　　　どを聴きながら(⑧)と合わせて演奏する技能

1　空欄(①)〜(⑧)にあてはまる語句を，それぞれ書きなさい。
2　下線部について，生徒のどのような姿を目指すものであるか，共通という語句を用いて簡潔に答えなさい。

(☆☆○○○○○)

【8】次の文章は，「中学校学習指導要領」(平成29年3月告示)「第2章　第5節　音楽　第3　指導計画の作成と内容の取扱い」である。以下の問いに答えなさい。

> 2(7)　各学年の「A表現」の(3)の創作の指導に当たっては，即興的に音を出しながら音の(①)を試すなど，音を(②)へと構成していく体験を重視すること。その際，(③)に偏らないようにするとともに，必要に応じて作品を(④)する方法を工夫させること。

1　空欄(①)〜(④)にあてはまる語句を，それぞれ書きなさい。
2　下線部について，「即興的に音を出す」とはどのようなことを意味するか，書きなさい。

(☆☆○○○○○)

解答・解説

【中学校】

【1】1　組曲名…惑星　作曲者名…ホルスト　　2　火星　　3　イ
4　海王星　　5　ハープ　　6　As　　7　弱音器をつけて

〈解説〉1　組曲「惑星」は管弦楽曲であり，全7曲で構成される。音源と
スコアを確認しておきたい。　2　この組曲は，火星の他に，水星，
金星，木星，土星，天王星，海王星がある。　3　アは金星，ウは木
星，エは水星のサブタイトルである。土星は，「老いをもたらす者」，
天王星は「魔術師」，海王星は「神秘主義者」である。　4　ヴォカリ
ーズの女声合唱は客席からは見えない，舞台外で歌われる。　5　ハ
ープの他に，チェレスタ，オルガンなども使用される。　6　ホルン
のF管は，実音が記譜音より完全5度低いので，完全5度下のAsになる。
7　読み方はコンソルディーノである。弦楽器のパートの1小節目のcol
legno，「弓の木の部分で弦を叩く」も覚えておきたい。

【2】1　曲名…浜辺の歌　作詞者名…林　古溪　作曲者名…成田
為三　　2

3　くものさまよ　　4　・自然や環境に対する関心を導き，それらを
尊重する態度を養うこと。　　・我が国の文化を尊重したり，日本語
を大切にしたりする態度を養うこと。

〈解説〉1　浜辺の歌は，歌唱共通教材の1つである。すべての歌唱共通教
材の作詞・作曲者名は必ず覚えること。　2，3　歌唱共通教材につい
て，旋律と歌詞はすべて覚え，記譜できるようにしておくこと。ピア
ノ伴奏も練習し，楽曲に対する理解を深めておくこと。　4　歌唱共
通教材については，それぞれの曲ごとに，学習指導要領解説の内容の
取扱いと指導上の配慮事項に指導するべき要素とポイントが示されて

26

いる。学習指導案を作成するなどして，日頃から指導について具体的な内容を考えておきたい。

【3】(解答略)

〈解説〉山形県では，コードネームに基づいて単旋律の作曲をする問題は例年出題されている。始まりがD6で最終小節がDなので，調号♯2つのD durで作曲する。コードで構成音がわかるので，使用する音は決めやすい。ハーモニー感を損ねることなく，シンプルに作曲したい。

【4】1　コトバ　2　①　ツヨ　②　ヨワ　3　生み字　4　コミ
5　生徒が我が国の伝統音楽のよさを味わい，愛着をもつことができるよう工夫する。

〈解説〉1　能の音楽は，謡と囃子で成り立つ。シテやワキなどによる謡で舞台が進行し，出来事や風景の描写を行ったりするのは地謡である。コトバはセリフにあたるもので旋律はないが独特の節回しがある。囃子についても，楽器の種類と舞台上の配置を確認しておくこと。
2　フシは，コトバに比べてはっきりした旋律がある。謡のリズムには平ノリ，中ノリ，大ノリがある。　3　中学校学習指導要領解説では産み字と表記している。「教材の選択に当たっては，例えば，発声の仕方や声の音色，コブシ，節回し，母音を延ばす産み字などに着目できるものを選択することが考えられることから，今回の改訂では，従前示していた『声の特徴』に加え，歌い方の特徴を新たに示した。生徒が実際に歌う体験を通して，伝統的な声や歌い方の特徴を感じ取ることができるよう，生徒や学校，地域の実態を十分に考慮して適切な教材を選択することが重要である。」としている。日本の歌唱の特徴なので，覚えること。　4　正確な演奏をするために非常に重要なものである。演者のお互いのコミの計りあいで能独特の気迫が生まれる。　5　物語の内容を理解させ，実際に声をだしてみるなどし，伝統的な歌い方の良さを理解できるようにする。良さの概念が西洋の音楽とは異なるので，何を良しとするのか，演奏の妙味を感受できるよ

うにしたい。

【5】① B♭　② D$_{sus4}$　③ F$_{aug}$　④ A$_7$　⑤ C$_{m7}$♭$_5$

〈解説〉①　B♭を根音とする長三和音である。　②　Dの第3音を半音上
　げたものが，D$_{sus4}$である。　③　Fの第5音を半音上げたものがF$_{aug}$であ
　る。　④　Aを根音とした長三和音＋短3度の属七の和音である。
　⑤　C$_{m7}$の第5音を半音下げたものがC$_{m7}$♭$_5$である。

【6】解答略

〈解説〉原調のC durのまま編曲する場合は，E♭クラリネットは実音が記
　譜音より短3度高いので，短3度下げてA durで，B♭管クラリネットは
　長2度低いので長2度上げてD dur，アルトクラリネットは長6度低いの
　で長6度上げてA dur，バスクラリネットは1オクターブと長2度低いの
　で1オクターブと長2度上げてD durで記譜する。編曲だけでなく移調も
　しなくてはならないので時間を要する。移調楽器の編曲の練習を重ね，
　十分に対策しておきたい。

【7】1　①　構造　②　背景　③　音色　④　奏法　⑤　身体
　⑥　全体　⑦　各声部　⑧　他者　2　多くの人が共通に感じ
　取れるような，曲固有のよさや特徴を捉えた上で音楽表現の創意工夫
　ができること。

〈解説〉1　学習指導要領の各学年の目標及び内容については，第1学年と
　第2学年及び第3学年の共通点と相違点を確認し，整理して覚えること。
　今回はA表現の器楽の内容について問われたが，歌唱と創作，B鑑賞に
　ついても文言は覚えておくこと。　2　学習指導要領解説にはそれぞ
　れの文言について詳細に説明されているので理解しておくこと。設問
　の部分については「第1学年は『器楽表現を創意工夫すること』とし
　ているが，第2学年及び第3学年は『曲にふさわしい器楽表現を創意工
　夫すること』としている。曲にふさわしいとは，多くの人が共通に感
　じ取れるような，曲固有のよさや特徴の捉え方を意味している。した

がって，本事項は，多くの人が共通に感じ取れるような，曲固有のよ
さや特徴を捉えた上で，その曲について解釈し，第1学年よりも更に
自らの価値判断を伴ったより豊かな音楽表現の創意工夫ができること
を目指している。」と記述されている。

【8】1　①　つながり方　　②　音楽　　③　理論　　④　記録
　　2　生徒がそのときの気持ちや気分にしたがって，自由に音を出して
　　みること。
〈解説〉指導計画の作成と内容の取扱いから，内容の取扱いについての配
　　慮事項からの出題である。内容の取扱いについては，指導に当たって
　　配慮すべきことが(1)から(10)まで10項目示されている。今回は(7)につ
　　いて問われたが，他の事項についても学習すること。いずれも授業に
　　直結する具体的で重要な内容なので，深い理解が必要である。
　　2　この文言についても，指導要領解説に「即興的に音を出すとは，
　　創作の活動において，理論的な学習を先行させ過ぎたり，はじめから
　　まとまりのある音楽をつくることを期待したりするのではなく，生徒
　　がそのときの気持ちや気分にしたがって，自由に音を出してみること
　　を意味する。したがって，自分で音を出し，出した音をよく聴き，音
　　の質感を感じ取り，それを基に思考，判断するという流れが繰り返さ
　　れるように指導を工夫し，生徒が，音の長さ，高さなどを意識しなが
　　ら音のつながり方を試すことなどができるようにすることが大切であ
　　る。その際，音色や強弱など，リズムや旋律以外の音楽を形づくって
　　いる要素の働きが，生徒の思考，判断に影響している可能性があるこ
　　とを十分考慮する必要がある。」と説明されている。他の項目につい
　　ても，確認し学習しておくこと。

2022年度　実施問題

【中学校】

【1】次の楽譜は，ある管弦楽曲の総譜の一部である。以下の問いに答えなさい。

1 この楽曲の曲名と作曲者名をそれぞれ書きなさい。

2 楽譜中の _____ で囲まれた①「*passionato*」の意味を書きなさい。

3 楽譜中の ② と ③ の楽器名をそれぞれカタカナで書きなさい。

4 楽譜中の _____ で囲まれた④の実音を，ドイツ音名で書きなさい。(アルファベットを使うこと。)

5 楽譜中の _____ で囲まれた⑤の実音を主音とする長調の属調は何か，日本語で書きなさい。

(☆☆◎◎◎◎)

【2】次の楽譜は，中学校の共通教材の一部である。以下の問いに答えなさい。

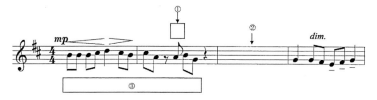

1 この楽曲の曲名，作詞者名，作曲者名をそれぞれ書きなさい。

2 ①の部分にあてはまる強弱記号を書きなさい。

3 ②の部分の小節にあてはまる1番の旋律を書き入れなさい。

4 ③の部分にあてはまる2番の歌詞を書きなさい。

5 中学校の共通教材のうち，この曲の作曲者の父が作曲した曲は何か。曲名を書きなさい。

6 この楽曲を，第2学年で「A表現」(1)歌唱の教材として取り扱うとき，思いや意図をもって表現を創意工夫できるようにするために，どのように指導するかを，音楽を形づくっている要素と，それらの働きが生み出す特質や雰囲気などとを関連付けて，簡潔に書きなさい。

(☆☆◎◎◎◎◎)

【3】次の楽譜に記載されたコードネームをもとに，コードに合う旋律を
　　創作し，書きなさい。

(☆☆○○○○○)

【4】次の①，②の音をバロック式のアルトリコーダーで演奏する場合に
　　ふさぐ穴を，＜解答例＞のように黒く塗りなさい。

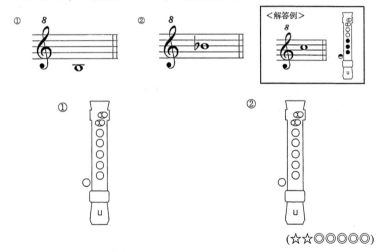

(☆☆○○○○○)

【5】次の文章は，ある和楽器について説明したものである。以下の問い
に答えなさい。

> ①この楽器は奈良時代に中国から伝来した弦楽器であり，当初
> は主に雅楽で用いられていたが，次第にこの楽器だけを伴奏楽
> 器とする歌が生まれた。江戸時代になると，目の不自由な音楽
> 家たちがこの楽器を演奏するようになり，数多くの曲を作った。
> ②右手で弾いたあと，左手で糸を柱のほうに引き寄せて糸の張
> 力を緩め，音高を半音程度下げたあと，元に戻すなど，余韻や
> 音の高さを変化させる奏法が特徴的である。

1 下線部①の楽器で演奏する音楽のことを何と言うか，漢字2文字で
書きなさい。

2 下線部②の奏法名を書きなさい。

(☆◎◎◎◎)

【6】次の楽譜は，E.エルガー作曲「愛の挨拶」の一部である。この楽譜
を，以下の条件に従って編曲しなさい。

<条件>

> 1 吹奏楽部の生徒の木管五重奏用で，編成は次のとおりとする。
>   (1)フルート in C   (2)オーボエ in C
>   (3)クラリネット in B♭   (4)ファゴット in C
>   (5)ホルン in F
> 2 各パートには音部記号，調号を記すこと。ただし，楽曲の途
>   中の楽譜であるため，拍子は書かなくてよい。
>   (生徒が演奏しやすいように移調してもかまわない。)
> 3 木管アンサンブルの響き合いの美しさが味わえるように配慮
>   すること。

（☆☆☆☆○○○○○）

【７】次の文章は，「中学校学習指導要領」(平成29年3月告示)「第2章　第5節　音楽〔第2学年及び第3学年〕　1　目標」である。以下の問いに答えなさい。

> (1)　曲想と音楽の(①)や(②)などとの関わり及び音楽の(③)について理解するとともに，(④)を生かした音楽表現をするために必要な歌唱，器楽，創作の技能を身に付けるようにする。
>
> (2)　曲に(⑤)音楽表現を(④)することや，音楽を評価しながらよさや(⑥)を味わって聴くことができるようにする。
>
> (3)　主体的・(⑦)に表現及び鑑賞の学習に取り組み，音楽活動の(⑧)を体験することを通して，音楽文化に(⑨)とともに，音楽によって生活を明るく(⑩)なものにし，音楽に親しんでいく態度を養う。

1　空欄(①)〜(⑩)にあてはまる語句を，それぞれ書きなさい。

2　下線部について，「音楽に親しんでいく態度」を養うために必要なこととはどんなことか，簡潔に答えなさい。

（☆○○○○○）

34

【8】次の文章は,「中学校学習指導要領」(平成29年3月告示)「第2章 第5節 音楽〔第2学年及び第3学年〕2 内容〔共通事項〕」である。以下の問いに答えなさい。

---

(1) 「A表現」及び「B鑑賞」の指導を通して,次の事項を身に付けることができるよう指導する。

ア 音楽を形づくっている要素や要素同士の関連を(①)し,それらの働きが生み出す(②)や(③)を(④)しながら,(①)したことと(④)したこととの関わりについて考えること。

イ 音楽を形づくっている要素及びそれらに関わる用語や記号などについて,音楽における働きと関わらせて理解すること。

---

1 空欄(①)~(④)にあてはまる語句を,それぞれ書きなさい。
2 下線部「音楽を形づくっている要素」のうち,〔第3 指導計画の作成と内容の取扱い〕の中に明示されているものを五つ挙げなさい。

(☆☆○○○○○)

解答・解説

【中学校】

【1】1 曲名…ハンガリー舞曲第5番 作曲者名…ブラームス
2 感情的に 3 ② ファゴット ③ トロンボーン 4 Fis
5 嬰ハ長調

〈解説〉1 ブラームスの作品「ハンガリー舞曲集」全21曲中の1曲である。ハンガリー舞曲集は管弦楽版の他に,ピアノの4手連弾用のものもある。 2 「パッショナート」と読む。 3 スコアは,上から木管楽器,金管楽器,打楽器,弦楽器,また音域の高い方から順に書か

れる。　4　in Fホルンは実音が記譜音より完全5度低いのでFis。
5　in Bでは，実音が記譜音より長2度低いのでGisの長2度下でFis。こ
れを主音とする長調は嬰ヘ長調。その属調は嬰ハ長調である。

【2】1　曲名…夏の思い出　　作詞者名…江間章子　　作曲者名…中田
喜直　　2　*pp*
3

4　みずばしょうのはながにおっている　　5　早春賦　　6　言葉の
リズムと旋律や強弱との関わりなどを感じ取り，曲の形式や楽譜に記
された様々な記号などを捉えて，情景を想像しながら表現を工夫させ
る。

〈解説〉1　「夏の思い出」は，歌唱共通教材の1つである。歌唱共通教材
については，すべての曲について，作詞・作曲者名，歌詞，旋律は覚
えること。　2　この楽曲に登場する強弱記号の中で，最も弱いもの
である。曲想やテンポは理解しておくこと。　3　歌唱共通教材は伴
奏を練習し歌唱して，理解を深めておくこと。楽譜に書けるようにし
ておきたい。　4　1番だと，「みずばしょうのはながさいている」で
ある。歌詞の意味を確認し，曲の背景を知り，楽曲への理解を深めて
おきたい。　5　「早春賦」の作曲者は中田章である。　6　中学校学
習指導要領解説に歌唱共通教材それぞれの曲について，指導のポイン
トが示されている。「夏の思い出」については，「夏の日の静寂な尾瀬
沼の風物への追憶を表した叙情的な曲である。例えば，言葉のリズム
と旋律や強弱との関わりなどを感じ取り，曲の形式や楽譜に記された
様々な記号などを捉えて，情景を想像しながら表現を工夫することな
どを指導することが考えられる。」とある。他の曲についても確認し，
指導案を考えるとよい。

【3】 (解答例)

〈解説〉コードネームから作曲する問題は，山形県では頻出である。必ず
練習しておくこと。始まりと終わりがFなので，ヘ長調で♭1つ調号を
つけて記譜する。4小節目でド♯がでてくるのでニ短調に転調されて
いるのがわかる。それほど難易度は高くないので落ち着いて取り組み，
記譜の間違いがないようにしたい。

【4】

〈解説〉アルトリコーダーとソプラノリコーダーの運指は実際に演奏し，
必ず覚えること。問題としても頻出なので必ず解答できるようにした
い。また，ギターの奏法，コードとダイヤグラム等についても学習し
ておくこと。

【5】 1　箏曲　　2　引き色
〈解説〉今回は箏について出題された。箏に限らず，三味線，尺八等の和
楽器に関して，歴史，各部の名称，奏法，主要な作品と人物，記譜法

などを学習しておくこと。

【6】(解答例)

〈解説〉移調楽器を含む編曲の問題は，山形県では頻出である。さまざまな楽器で編曲の練習を重ねたい。原調がC durなので，クラリネットin Bは長2度上げてD durで，ホルンin Fは完全5度下げてF durで記譜する。編曲はC durで行い，移調すると間違いがおこりにくい。

【7】1 ① 構造 ② 背景 ③ 多様性 ④ 創意工夫
⑤ ふさわしい ⑥ 美しさ ⑦ 協働的 ⑧ 楽しさ
⑨ 親しむ ⑩ 豊か 2 生徒が進んで音楽に親しみ，音楽活動を楽しむとともに，生涯にわたって音や音楽への興味・関心をもち続け，それを更に高めていくための素地を育てていくこと。
〈解説〉中学校学習指導要領の「目標」「内容」については，第1学年と，第2学年及び第3学年の共通点と相違点を確認し，つながりを理解しておくこと。どこを問われても解答できるよう，十分に読み込んでおきたい。文言を確認するのはもちろん，中学校学習指導要領解説などを使って詳細な意味を学習しておくこと。

【8】1 ① 知覚 ② 特質 ③ 雰囲気 ④ 感受 2 音色，リズム，速度，旋律，テクスチュア

〈解説〉共通事項は，表現領域および鑑賞領域の学習を支えるものとして位置づけられている。〔第3 指導計画の作成と内容の取扱い〕に明示されている音楽を形づくっている要素は，音色，リズム，速度，旋律，テクスチュア，強弱，形式，構成の八つである(このうち五つを解答すればよい)。必ず覚えること。また各要素について説明，指導できるように理解を深めておくこと。

2021年度　実施問題

【中学校】

【1】次の楽譜は，ある管弦楽曲の総譜の一部である。下の問いに答えなさい。

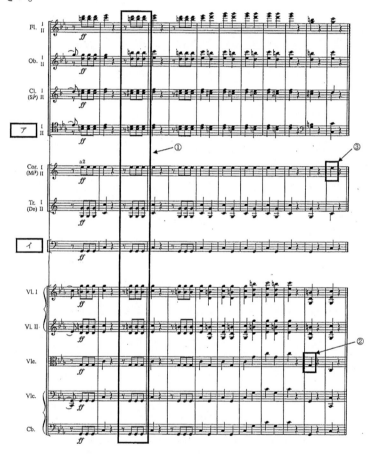

1　この楽曲の曲名と楽章，作曲者名をそれぞれ書きなさい。

2　楽譜中の□で囲まれた①の部分の和音を，コードネームで書きなさい。

3　楽譜中の□で囲まれた②の実音を導音とする長調の下属調は何か，日本語で書きなさい。

4　楽譜中の□で囲まれた③の実音を，ドイツ音名で書きなさい。(アルファベットを使うこと。)

5　楽譜中の⑦と⑦に入る楽器名をカタカナで書きなさい。

(☆☆○○○○○)

【2】次の楽譜は，ある楽曲の一部である。下の問いに答えなさい。

1　この楽曲の曲名，作詞者名，作曲者名をそれぞれ書きなさい。

2　①の部分の強弱記号を書きなさい。

3　②で示した第3小節目と第4小節目に，低音部の旋律を書き入れなさい。

4　③の部分の1番の歌詞を書きなさい。

5　④の音をアルトリコーダーで演奏するとき，正しい運指を，次に示してあるリコーダーの図のトーンホールを黒く塗り，答えなさい。ただし，アルトリコーダーでその音を演奏するとき，楽譜の音より1オクターブ高くなるので注意すること。

6　この楽曲を歌唱教材として取り扱うとき，どのように歌うかについて思いや意図をもたせるための指導のポイントを，音楽を形づくっている要素と，それらの働きが生み出す特質や雰囲気などとを関連付けて書きなさい。

(☆☆◎◎◎◎◎)

【3】次の楽譜に記載されたコードネームをもとに，コードに合う旋律を創作し，書きなさい。

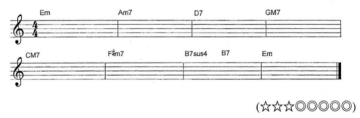

(☆☆☆◎◎◎◎◎)

【4】次の楽譜は，組曲「惑星」より『木星』の一部である。この楽譜を，あとの条件に従って編曲しなさい。

＜条件＞

1　吹奏楽部の生徒のサクソフォーン四重奏用で，編成は以下の
　とおりとする。
　(1)　Soprano Sax in B♭　　(2)　Alt Sax in E♭
　(3)　Tenor Sax in B♭　　　(4)　Bariton Sax in E♭
2　各パートには音部記号，調号を記すこと。ただし，生徒が演
　奏しやすいように，原曲の調を移調してもかまわない。
3　同族楽器の響き合いの美しさが味わえるように配慮すること。

(☆☆☆☆○○○○○)

【5】次の文は，「中学校学習指導要領」(平成29年3月告示)音楽〔第1学
　年〕「2　内容　A　表現」の一部である。あとの問いに答えなさい。

(3)　創作の活動を通して，次の事項を身に付けることができる
　よう指導する。
　ア　創作表現に関わる知識や技能を得たり生かしたりしなが
　　ら，創作表現を創意工夫すること。
　イ　次の(ア)及び(イ)について，表したいイメージと関わらせ
　　て理解すること。
　　(ア)　音の(①)の特徴
　　(イ)　(②)の特徴及び(③)や(④)，変化，
　　　(⑤)などの構成上の特徴

43

　　ウ　創意工夫を生かした表現で旋律や音楽をつくるために必
　　　　要な，（　⑥　）や（　⑦　）に沿った音の選択や（　⑧　）など
　　　　の技能を身に付けること。

1　空欄（　①　）～（　⑧　）にあてはまる語句を，それぞれ書きなさい。
2　下線部について，「<u>知識や技能を得たり生かしたりしながら</u>」とは，
　創作表現を創意工夫する際，どのようなことに留意する必要がある
　のか説明しなさい。

(☆☆☆○○○○)

【6】次の文は，「中学校学習指導要領」(平成29年3月告示)音楽〔第3
　指導計画の作成と内容の取扱い〕「1　(1)」である。下の問いに答えな
　さい。

　　(1)　題材など（　①　）や（　②　）のまとまりを見通して，その中
　　　　で育む資質・能力の育成に向けて，生徒の（　③　）的・
　　　　（　④　）的で（　⑤　）の実現を図るようにすること。その際，
　　　　音楽的な見方・考え方を働かせ，<u>他者と協働しながら</u>，音楽
　　　　表現を生み出したり音楽を聴いてそのよさや美しさなどを見
　　　　いだしたりするなど，（　⑥　），（　⑦　）し，（　⑧　）する一
　　　　連の過程を大切にした学習の充実を図ること。

1　空欄（　①　）～（　⑧　）にあてはまる語句を，それぞれ書きなさい。
2　波線部について，「音楽的な見方・考え方を働かせ」ることは，音
　楽科の特質に応じた，物事を捉える視点や考え方であり，音楽科を
　学ぶ本質的な意義の中核をなすものであるが，具体的にどのような
　ことなのかを説明しなさい。
3　下線部について，「<u>他者と協働しながら</u>」とは，音楽科の授業実践
　において，具体的にどのようなことを重視しているかを，「共有」
　と「共感」の二つの言葉を使って説明しなさい。

(☆☆☆☆○○○○)

【7】次の文は，民族音楽で扱われる楽器についての説明である。その楽器名をそれぞれ書きなさい。

1　南アメリカのアンデス地方の弦楽器で，独奏や合奏，歌の伴奏などに幅広く用いられ，弦は複弦5組で，全部で10本張られている。胴はかつてアルマジロの甲羅で作られていたが，現在ではほとんどが木製である。

2　朝鮮半島の音楽で用いられる竹製の縦笛。指孔は5つ，全長は約40cmで，日本の尺八を短く細くしたような形状をしている。同じような仕組みをもつ楽器には，尺八の他，南米に伝わるケーナがある。

3　北インドを代表する弦楽器で，古典音楽からポピュラー音楽まで幅広く用いられる。演奏弦をはじくと，棹（さお）のくぼみの中に張られている共鳴弦も振動し，独特の余韻をもった響きをつくり出す。

4　アラブ諸国の音楽で用いられる楽器で，弦をはじいて音を出す。10～17世紀のヨーロッパで流行したリュートは，この楽器が伝わって生まれた楽器である。西洋梨を縦に割った形の寄木細工による胴に，平面の表板を張り，首形でフレットのない棹をもち，糸蔵は後方に折れている。

(☆☆☆◎◎◎◎)

解答・解説

【中学校】

【1】1　曲名…交響曲第5番ハ短調　作品67　　楽章…第一楽章　　作曲者名…L.v.ベートーベン　　2　G　　3　変ニ長調　　4　G
5　ア　ファゴット　　イ　ティンパニ
〈解説〉1　この楽曲は教科書教材としても扱われており，出題の頻度は高い。スコアからの読み取りだけなく，ソナタ形式や音楽史について問われることもあるのであわせて学習しておこう。　　2　構成音は実

音でソ・シ・レなのでGとなる。　3　ソの音を導音とする長調は変イ長調である。その下属調であるので，変ニ長調となる。　4　該当する楽器はホルンで，in Esで記譜されているため，実音は短3度上のGとなる。　5　ア　木管の低音であることや，フルートやオーボエと同じくin Cで記譜されていることなどから判断する。　イ　使用されている音が2つであることや，管楽器と弦楽器の間に記譜されていることから判断する。

【2】1　曲名…花　　作詞者名…武島羽衣　　作曲者名…滝廉太郎

2　*mf*

3

4　たとうべき

5

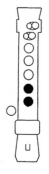

6　拍子や速度が生み出す雰囲気，歌詞の内容と旋律やリズム，強弱との関わりなどを感じ取り，各声部の役割を生かして表現を工夫させる。

〈解説〉1 「花」は歌唱共通教材である。全7曲について，作詞・作曲者名，歌詞を覚え，楽譜に書けるようにしておきたい。　2　この楽曲は，同じ旋律であっても1番から3番まででそれぞれ強弱記号が異なるので，実際に演奏して確認しておこう。設問の箇所は1番の旋律である。　3　二重唱のあり方も，1番から3番それぞれで異なっている。どこを問われても答えられるようにしよう。　4「ながめをなににたとうべき」というのは，この楽曲の1番と3番の歌詞の一部である。「ながめをなににたとえることができるだろうか(いや，できない)」という意味である。　5　アルトリコーダー，ソプラノリコーダーとも，運指は必ず覚えておこう。　6　学習指導要領解説に歌唱共通教材について指導のポイントが示されている。「花」については，春の隅田川の情景を優美に表した曲である。例えば，拍子や速度が生み出す雰囲気，歌詞の内容と旋律やリズム，強弱との関わりなどを感じ取り，各声部の役割を生かして表現を工夫することなどを指導することが考えられる，とある。音楽を形づくっている要素のうちどれを取り上げるのかを具体的に書くことが必要である。

【3】(解答例)

〈解説〉指定されたコードから，e mollの旋律であることが判断できる。調号をつけて作曲しよう。コードの構成音を書き出して，ベース音を考え，その構成音を元に旋律を作ろう。山形県ではコードネームから旋律を作曲する問題は頻出である。2020年度までは4小節の作曲であ

ったが，2021年度は8小節になっている。練習を重ねよう。

【4】(解答例)

〈解説〉サクソフォーン四重奏であるので，移調楽器のそれぞれが管に合うように記譜しなければならない。解答例では指が複雑にならないように，原曲を変ロ長調に移調している。響き合いの美しさを味わえるように，アルトとテナーにおいては3度を軸とした平行の旋律をつけた。また，それぞれの楽器の特性を生かせるように，動きをもたせている。山形県ではサクソフォーン四重奏への編曲の問題は頻出である。それぞれ管の種類は示されている。移調楽器の編曲は時間がかかるので，練習を重ね，時間をかけることなく解答できるようにしておきたい。

【5】1　①　つながり方　　②　音素材　　③　音の重なり方
　　④　反復　　⑤　対照　　⑥　課題　　⑦　条件　　⑧　組合せ
　　2　創意工夫に必要な知識や技能を習得してから創意工夫をするといったような一方向的な授業にならないよう留意する必要がある。
〈解説〉1　第1学年の内容から創作の分野についての出題である。第1学年と第2，3学年で，異なる事項について整理して覚えておきたい。
　　2　学習指導要領解説では，下線の文言について，創作の学習では，創作表現を創意工夫する過程で，様々な表現を試しながら，新たな知識や技能を習得することと，既に習得している知識や技能を活用する

ことの両方が大切になるため，知識や技能を得たり生かしたりしながらとしている。

【6】1 ① 内容 ② 時間 ③ 主体 ④ 対話 ⑤ 深い学び ⑥ 思考 ⑦ 判断 ⑧ 表現 2 音楽に対する感性を働かせ，音や音楽を，音楽を形づくっている要素とその働きの視点で捉え，捉えたことと，自己のイメージや感情，生活や社会，伝統や文化などとを関連付けて考えること。 3 生徒一人一人が自らの考えを他者と交流したり，互いの気付きを共有し，感じ取ったことなどに共感したりしながら個々の学びを深め，音楽表現を生み出したり音楽を評価してよさや美しさを味わって聴いたりできるようにすることを重視する。

〈解説〉学習指導要領のうち，指導計画の作成と内容の取扱いの部分は，実際の授業と大きく関わる点である。問われている「音楽的な見方・考え方」や，「他者と協働しながら」などのキーワードを通して，理解を深め，授業を想定して指導案を作るなどするとこのような問題に対応することが容易になる。

【7】1 チャランゴ 2 タンソ 3 シタール 4 ウード
〈解説〉民族楽器については教科書に掲載されている楽器は映像や音源で確認し，写真や音の特徴からも楽器名が答えられるようにしておくこと。楽器の変遷や同属のまとまりで系統立てておくと覚えやすい。

２０２０年度　実施問題

【中学校】

【１】次の楽譜は，ある管弦楽組曲の総譜の一部である。下の問いに答え
なさい。

1　この楽曲の組曲名と作曲者名をそれぞれ書きなさい。

2　「deciso」の意味を書きなさい。

3　楽譜中の□で囲まれた①の部分の和音を，コードネームで書きなさい。

4　楽譜中の□で囲まれた②の実音を主音とする長調の平行調の属調は何か，日本語で書きなさい。

5　楽譜中の□で囲まれた③の実音を，ドイツ音名で書きなさい。(アルファベットを使うこと。)

6　楽譜中の□　④　に入る楽器名をカタカナで書きなさい。

(☆☆☆◎◎◎◎)

【2】次の楽譜は，ある楽曲の一部である。下の問いに答えなさい。

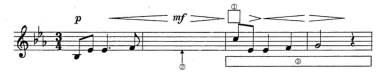

1　この楽曲の曲名，作詞者名，作曲者名を，それぞれ書きなさい。

2　①の部分の強弱記号を書きなさい。

3　②の部分の小節に旋律を書き入れなさい。

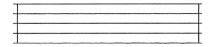

4　③の部分の3番の歌詞を書きなさい。

5　この楽曲を歌唱教材として取り扱うとき，どのように歌うかについて思いや意図をもたせるための指導のポイントを，音楽を形づくっている要素と，それらの働きが生み出す特質や雰囲気などとを関連づけて書きなさい。

(☆☆☆◎◎◎◎)

【3】次の問いに答えなさい。

1　次の楽譜に記載されたコードネームをもとに，コードに合う旋律を創作し，書きなさい。

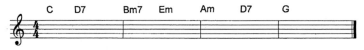

2　それぞれの生徒がつくった短いリズム・パターンを，生徒数人の
グループにおいてある程度の長さをもったまとまりのある音楽へと
構成していく際，生徒が創意工夫しながら活動できるようにするた
めにはどのような学習活動が考えられるか。「中学校学習指導要領」
(平成29年3月告示)音楽「2　内容　〔共通事項〕(1)　ア」と関わら
せて説明しなさい。

(☆☆☆○○○○)

【4】次の楽譜は，「歌劇『カヴァレリア・ルスティカーナ』の間奏曲」
の一部である。この楽譜を，下の条件に従って編曲しなさい。

＜条件＞

1　吹奏楽部の生徒のクラリネット五重奏用で，編成は次のとおりと
する。

   (1)　E♭ Clarinet　　　(2)　B♭ Clarinet 1st　　(3)　B♭ Clarinet 2nd

   (4)　E♭ Alt Clarinet　(5)　B♭ Bass Clarinet

2　各パートには音部記号，調号を記すこと。ただし，生徒が演奏し
やすいように，原曲の調を移調してもかまわない。

3　同族楽器の響き合いの美しさが味わえるように配慮すること。

(☆☆☆○○○○)

【5】次の文は,「中学校学習指導要領」(平成29年3月告示)「第2章　第5節　音楽」の目標である。下の問いに答えなさい。

> 　表現及び鑑賞の(　①　)活動を通して,音楽的な(　②　)を働かせ,生活や社会の中の音や音楽,(　③　)と豊かに関わる資質・能力を次のとおり育成することを目指す。
>
> (1)　曲想と音楽の(　④　)や背景などとの関わり及び音楽の(　⑤　)について理解するとともに,<u>創意工夫を生かした音楽表現をするために必要な技能を身に付ける</u>ようにする。
> (2)　音楽表現を創意工夫することや,音楽のよさや美しさを味わって聴くことができるようにする。
> (3)　音楽活動の(　⑥　)を体験することを通して,音楽を(　⑦　)心情を育むとともに,音楽に対する(　⑧　)を豊かにし,音楽に(　⑨　)態度を養い,豊かな(　⑩　)を培う。

1　空欄(　①　)〜(　⑩　)にあてはまる語句を,それぞれ書きなさい。
2　下線部について,技能の習得に当たり留意すべきことを説明しなさい。

(☆☆☆○○○○)

53

【6】次の文は，「中学校学習指導要領」(平成29年3月告示)音楽〔第1学年〕「2　内容　B　鑑賞　(1)」の一部である。下の問いに答えなさい。

> (1)　鑑賞の活動を通して，次の事項を身に付けることができるよう指導する。
> ア　鑑賞に関わる知識を(①)生かしたりしながら，次の(ア)から(ウ)までについて自分なりに(②)，音楽のよさや美しさを<u>味わって聴く</u>こと。
> (ア)　曲や演奏に対する(③)とその(④)
> (イ)　生活や社会における音楽の意味や役割
> (ウ)　音楽表現の(⑤)や(⑥)

1　空欄(①)～(⑥)にあてはまる語句を，それぞれ書きなさい。
2　下線部について，「味わって聴く」とは，授業の中において生徒のどのような状態や行為であるか。説明しなさい。

(☆☆☆◎◎◎◎)

【7】三味線について，次の問いに答えなさい。
1　次の三味線の調弦法について，その音を楽譜に書き表しなさい。ただし，一の糸をロ音とする。

①　二上がり

一　　　二　　　三

②　三下がり

一　　　二　　　三

2　次の三味線の奏法名を書きなさい。
①　左手の指で糸をはじく奏法
②　弾いた後に押さえた指をずらして余韻を揺らす奏法

3 三味線はギターなどの弦楽器同様，左手で押さえることによって
様々な音高を得ることができるが，その正しい位置のことを何とい
うか。その名称を書きなさい。

(☆☆☆◎◎◎◎)

解答・解説

【中学校】

【1】1 組曲名…アルルの女　　作曲者名…ビゼー　　2 決然と
3 F₇　4 ニ短調　5 A　6 トロンボーン

〈解説〉1 ジョルジュ・ビゼー(1838～1875年)の組曲「アルルの女」は，
1872年に作曲され，オペラ「カルメン」とともに彼の代表作として知
られている。オーケストラ曲で珍しい，アルトサックスを使用してい
るのが特徴である。　2 デチーゾと読む。はっきりとした，という
意味をもつ曲想記号。　3 ①の和音構成は，下からファ・ラ・ド・
ミ♭なのでコードネームは F₇ となる。　4 ビゼーはフランスの作曲
家で，スコアの楽器指定はフランス語で書かれている。Cors en Laとは，
英語表記ではHorns in Aである。in Aなので，実音より長3度高く記譜
されているため，②の実音はシ♭で，この音を主音とする長調は変ロ
長調。その平行調はト短調で，その属調なので，完全5度上のニ短調
である。　5 楽器はトランペットin Dなので，記譜の音は実音より長
2度高い。よって楽譜表記はGなので，実音は長2度上のAである。
6 スコアは通常，上から木管，金管，打楽器，弦楽器で，音域の高
いものから順に並べられている。金管で一番低いのはトロンボーンで
ある。曲の楽器構成も理解しておくと，解答が容易である。英語表記
では　Horns in Aで，イ調のホルンのことである。

【2】1　曲名…赤とんぼ　作詞者名…三木露風　作曲者名…山田耕
筰　2　mf

4　よめにゆき　5　拍子や速度が生み出す雰囲気，旋律と言葉との
関係などを感じ取り，歌詞がもっている詩情を味わいながら日本語の
美しい響きを生かして表現を工夫させる。

〈解説〉1～4　「赤とんぼ」は，作詞者・三木露風，作曲者・山田耕筰に
よる日本の唱歌である。歌詞は，「夕やけ小やけの　赤とんぼ　負わ
れて見たのは　いつの日か　山の畑の　桑の実を　小籠に摘んだは
まぼろしか　十五で姐やは　よめにゆき　お里のたよりも　絶えは
てた～」である。歌詞は，作詞者・三木露風が，故郷の兵庫県揖保郡
龍野町(現：たつの市)で過ごした幼少期の情景に基づいている。三木
露風が5歳の時に両親が離婚。母親とは生き別れとなり，祖父の元で
子守り奉公の姐やに面倒を見てもらっていた。姐やに背負われて「夕
やけ小やけの　赤とんぼ」を見た幼い頃。その姐やも，やがてよめに
行き，手紙も送られてこなくなってしまった。歌詞の大意はこのよう
なものである。　5　中学校学習指導要領(平成29年度告示)　解説　音
楽編(平成29年7月)の「第4章　指導計画の作成と内容の取扱い　2　内
容の取扱いと指導上の配慮事項」では，「我が国の自然や四季の美し
さを感じ取れる歌唱教材を扱うことにより，生徒が豊かな自然や四季
の美しさへのイメージを膨らませることは，自然や環境に対する関心
を導き，それらを尊重する態度を養うことにもつながっていく。また，
我が国の文化や日本語のもつ美しさを味わえる歌唱教材を扱うことに
よって，生徒は日本の文化のよさを味わい，日本語の響きを感じ取る
ことができる。」と説明されている。「赤とんぼ」は，日本情緒豊かな
曲として，人々に愛されて親しまれてきた曲である。拍子や速度が生
み出す雰囲気，旋律と言葉との関係などを感じ取り，歌詞がもってい
る詩情を味わいながら日本語の美しい響きを生かして表現を工夫する

ことなどを指導することが考えられる。

【3】1 (解答例)

2 それぞれのリズムを様々なパターンで重ね合わせたり，反復や変化させたりしながら，その特質や雰囲気の違いを感受しながら試行錯誤し，表したい創作表現について考えさせる学習活動。

〈解説〉学習指導要領の〔共通事項〕アは「音楽を形づくっている要素や要素同士の関連を知覚し，それらの働きが生み出す特質や雰囲気を感受しながら，知覚したことと感受したこととの関わりについて考えること」と示されており，表現及び鑑賞の学習において共通に必要となる「思考力，判断力，表現力等」に関わる資質・能力として位置付けられている。「音楽を形づくっている要素」は，音色，リズム，速度，旋律，テクスチュア，強弱，形式，構成などが示されており，指導のねらいに応じて，適切に選択したり関連付けたりして指導することが説明されている。ここでは，特質や雰囲気を感受し，創作表現につなげることを中心に考えたい。

【4】(解答例)

〈解説〉クラリネットの記譜の仕方を確認しておくこと。また，サックス

四重奏などの楽譜の記譜の仕方も学習して慣れておくとよい。

【5】1　①　幅広い　　②　見方・考え方　　③　音楽文化　　④　構造　　⑤　多様性　　⑥　楽しさ　　⑦　愛好する　　⑧　感性　　⑨　親しんでいく　　⑩　情操　　2　創意工夫の過程で，様々に音楽表現を試しながら思いや意図を明確にしつつ，技能も習得されていくというような指導が必要である。

〈解説〉1　中学校学習指導要領(平成29年告示)解説　音楽編によると，音楽科の教科の目標は，従前の学習指導要領(平成20年)と同様，表現及び鑑賞の幅広い活動を通して学習が行われることを前提とし，音楽的な見方・考え方を働かせた学習活動によって，生活や社会の中の音や音楽，音楽文化と豊かに関わる資質・能力を育成することを目指すことである。その上で，育成を目指す資質・能力として，知識及び技能の習得に関すること(問題文(1)部分)，思考力，判断力，表現力等の育成に関すること(問題文(2)部分)，学びに向かう力，人間性等の涵養に関すること(問題文(3)部分)が示されている。　　2　音楽科における「技能」とは，創意工夫の過程でもった音楽表現に対する思いや意図に応じて，その思いや意図を音楽で表現する際に自ら活用できる技能のことである。具体的には，歌唱表現に必要な発声などの技能，器楽表現に必要な奏法などの技能，創作表現に必要な，音の選択や組合せなどの技能などである。

【6】1　①　得たり　　②　考え　　③　評価　　④　根拠　　⑤　共通性　　⑥　固有性　　2　鑑賞の活動を通して，習得した知識を踏まえて聴き返し，その音楽の内容を価値あるものとして自らの感性によって確認する主体的な行為。

〈解説〉中学校学習指導要領(平成29年告示)解説　音楽編によると，この事項は，鑑賞領域における思考力，判断力，表現力等に関する資質・能力である。曲想と音楽の構造との関わりを理解するとともに，曲や演奏に対する評価とその根拠を自分なりに考え，音楽のよさや美しさ

を味わって聴くことができるようにすることをねらいとしている。問題文では掲載されていないが，アの後に，鑑賞に関わる知識としてイが示されている。鑑賞の学習では，音楽のよさや美しさを味わって聴く過程で，新たな知識を習得することと，既に習得している知識を活用することの両方が大切になる。新たな知識の習得は，音楽のよさや美しさを味わって聴く過程で行われるものであることから，知識を習得してから音楽のよさや美しさを味わって聴くといったような一方向的な授業にはならないよう留意する必要がある。音楽のよさや美しさを味わうとは，例えば，快い，きれいだといった初発の感想のような表層的な捉えに留まることなく，鑑賞の活動を通して習得した知識を踏まえて聴き返し，その音楽の内容を価値あるものとして自らの感性によって確認する主体的な行為のことである。このような主体的な行為として音楽を聴いている状態が，本事項における味わって聴くということができている状態である。

【7】1 ①

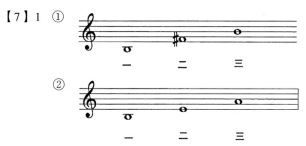

②

2 ① ハジキ ② スリ指 3 勘所

〈解説〉1 本調子は，一の糸と二の糸は完全4度，二の糸と三の糸は完全5度の関係である。二上がりは，一の糸と二の糸が完全5度，二と三の糸が完全4度の調弦。本調子の二の糸を全音上げて「シ」「ファ#」「シ」と合わせる。三上がりは，二上りの第3弦を長2度上げた調弦。
2 ハジキは，糸を左手の指先ではじいて鳴らすこと。倍音の多い鋭い音がする。開放弦は人差指又は中指ではじく。 3 勘所は人差指で押さえ，中指か薬指ではじく。

2019年度　実施問題

【中高共通】

【1】次の楽譜は，ある管弦楽曲の総譜の一部である。下の問いに答えな
さい。

1　この楽曲の曲名と作曲者名をそれぞれ書きなさい。

2　楽譜中の　①　にあてはまる楽器名をカタカナで書きなさい。

3　楽譜中の　□　で囲まれた②の部分の和音を，コードネームで書きな

さい。

4 楽譜中の□で囲まれた③の実音を主音とする短調の下属調の同主調は何か，日本語で書きなさい。

5 この楽曲の作曲者はロシア国民楽派＜5人組＞の一人である。この作曲者以外の＜5人組＞の作曲家名をすべて書きなさい。

6 「*pesante*」の意味を書きなさい。

7 「*G.P*」は略した表示である。ドイツ語による正式な読み方を，カタカナで書きなさい。

(☆☆☆◎◎◎)

【2】次の文について，下の問いに答えなさい。

> 中世ヨーロッパでは，キリスト教会がヨーロッパ一帯に勢力を伸ばす中で，典礼に用いる(①)語のモノフォニーの聖歌が発展した。これらの聖歌を(②)と呼ぶ。(②)は，(③)という音符を用い，縦軸に音の高さ，横軸に時間の進行を配した記譜法によって記され，各地の修道院などに保存されるようになった。やがて，これらの聖歌の上に新しい旋律を重ね合わせる(④)が生まれ，12世紀にはパリにあるノートルダム大聖堂を拠点に，レオナンなどの音楽家が活躍した。

1 (①)〜(④)にあてはまる語句を書きなさい。

2 下線部が表す意味について簡潔に説明しなさい。

(☆☆☆◎◎◎)

【3】次の文は，ある和楽器について説明したものである。あとの問いに答えなさい。

> 歴史が大変古く，郷土芸能などと深い関わりをもちながら，広く親しまれてきた。現在では，祭囃子や神楽，民謡，歌舞伎の音楽など，幅広いジャンルで用いられている。様々な長さのものがあり，短くなるにつれて音域が高くなる。同じ音が続く

　　ときは，その都度吹き直さず，押さえている指を指孔から一瞬
　　離してすぐにふさぐ奏法を使う。

　1　この楽器名を書きなさい。
　2　下線部の奏法名を書きなさい。

(☆☆☆○○○)

【4】次の問いに答えなさい。
　1　次の楽譜に記載されたコードネームをもとに，コードに合う旋律
　　を創作し，書きなさい。

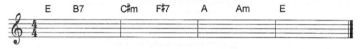

　2　それぞれの生徒が，同じコード進行をもとにして4小節の簡単な旋
　　律をつくるものとする。4人で1グループとし，それぞれの生徒がつ
　　くった四つの旋律をつなぎ，一つのまとまりのある音楽へと構成し
　　ていく際，どのような指導が必要か。簡潔に説明しなさい。

(☆☆☆○○○)

【5】次の楽譜は，「威風堂々」の一部である。この楽譜を，下の条件に
　従って編曲しなさい。

＜条件＞

　1　吹奏楽部の生徒のサクソフォーン四重奏用で，編成は以下の
　　とおりとする。
　　(1)　ソプラノサックス in B♭
　　(2)　アルトサックス in E♭
　　(3)　テナーサックス in B♭
　　(4)　バリトンサックス in E♭

2 各パートには音部記号，調号を記すこと。ただし，生徒が演奏しやすいように，原曲の調を移調してもかまわない。
3 同族楽器の響き合いの美しさが味わえるように配慮すること。

(☆☆☆◎◎◎)

【中学校】

【1】次の文は，「中学校学習指導要領」(平成20年3月告示)音楽〔第2学年及び第3学年〕「1 目標」である，下の問いに答えなさい。

1 目標
(1) 音楽活動の(①)を体験することを通して，音や音楽への(②)を高め，音楽によって(③)を明るく豊かなものにし，生涯にわたって音楽に(④)態度を育てる。
(2) 多様な音楽表現の豊かさや美しさを感じ取り，<u>表現の技能</u>を伸ばし，(⑤)して表現する能力を高める。
(3) 多様な音楽に対する理解を深め，幅広く(⑥)に鑑賞する能力を高める。

1 空欄(①)～(⑥)にあてはまる語句を，それぞれ書きなさい。
2 下線部について，生徒の表現の技能を伸ばすために指導をする際，留意すべきことを簡潔に説明しなさい。

(☆☆☆◎◎◎)

【２】次の楽譜は，ある楽曲の一部である。下の問いに答えなさい。

ときにあらずとこえーもたーてずー

1　この楽曲の曲名，作詞者名，作曲者名を，それぞれ書きなさい。

2　楽譜中の　①　にあてはまる強弱記号を書きなさい。

3　②の部分の旋律を書き入れなさい。

4　③の音をアルトリコーダーで演奏するとき，正しい運指を，以下に示してあるリコーダーの図のトーンホールを黒く塗り，答えなさい。ただし，アルトリコーダーでその音を演奏するとき，楽譜の音より1オクターブ高くなるので注意すること。

5　この楽曲を歌唱教材として取り扱うとき，どのように歌うかについて思いや意図をもたせるための指導のポイントを，音楽を形づくっている要素と，それによって生み出される雰囲気や特質などとを関連づけて簡潔に書きなさい。

(☆☆☆◎◎◎)

【高等学校】

【1】次の文は,「高等学校学習指導要領」(平成21年3月告示)芸術(音楽)
〔音楽Ⅰ〕の目標である。下の問いに答えなさい。

> 音楽の(①)活動を通して,生涯にわたり音楽を愛好する
> (②)を育てるとともに,(③)を高め,創造的な表現と鑑
> 賞の能力を伸ばし,(④)についての理解を深める。

1 空欄(①)～(④)にあてはまる語句をそれぞれ書きなさい。
2 下線部について,創造的な表現と鑑賞の能力を伸ばすために,ど
のようなことに配慮して指導をする必要があるか。簡潔に説明しな
さい。

(☆☆☆◎◎◎◎)

【2】次の問いに答えなさい。
1 高等学校第1学年の授業で,沖縄音階,都節音階,民謡音階の三つ
の音階の中から一つの音階を選んで旋律をつくる活動をする際,生
徒が主体的,積極的に音を音楽へと構成していくためにどのような
ことに留意して指導することが必要か,簡潔に書きなさい。
2 都節音階を,五線譜に全音符で書きなさい。ただし,主音(核音)を
ハとする。

(☆☆☆◎◎◎)

【3】次の1～5の文は,楽曲の形式などに関する用語や舞曲について簡潔
に説明したものである。これらの説明に合う適切な名称を,それぞれ
書きなさい。
1 「ドイツの」という意味のフランス語に由来する。弱起(アウフタク

ト)で始まるゆるやかな宮廷舞曲。

2　叙事的・民族的な内容をもった自由な形式の器楽曲。

3　4分の2拍子のゆったりとした付点のリズムを特徴とする，キューバ発祥の舞曲。

4　弱拍にアクセントがおかれる特徴的なリズムをもつ，ポーランドの民族舞曲。

5　一般に軽快な曲想をもち，異なる部分を間にはさみながら同一の主題を何度も反復する楽曲の形式。

(☆☆☆◎◎◎)

【4】民謡について，次の問いに答えなさい。

1　次の文は，民謡の歌い方の特徴である，歌唱法や掛け声の一種について説明したものである。①が表す歌唱法，②が表す掛け声の一種の名称を，それぞれ書きなさい。

①　装飾的な節回しで歌う歌唱法。

②　歌の前後，または歌に合わせてはさみ込む掛け声の一種。

2　「追分様式」と「八木節様式」の特徴について，簡潔に説明しなさい。

(☆☆☆◎◎◎)

解答・解説

【中高共通】

【1】1　曲名…シェエラザード　作曲者名…リムスキー＝コルサコフ
2　チューバ　3　D　4　ロ長調　5　バラキレフ，ボロディン，キュイ，ムソルグスキー　6　重々しく　7　ゲネラルパウゼ
〈解説〉1　提示されている楽譜はコルサコフ作曲の「シェエラザード」である。　2　すぐ上がtromboni(トロンボーンの複数形)であり，ヘ音

記号で書かれていることからチューバとわかる。　3　まずクラリネットは短3度低く読み替えるので，D－Aである。フルートは実音のままD－Fis。するとこのコードネームはD(D－Fis－A)だとわかる。　4　まず③の音はハ音記号で書かれているので，Fisである。Fisを主音とする短調はfis mollである。これの下属調はh mollである。これの同主調はロ長調である。　5　ロシア5人組とはロシア国民音楽に大きな影響を与えた5人の作曲家のことである。コルサコフの他に，ムソルグスキー，ボロディン，バラキレフ，キュイが挙げられる。　6　楽語に関する問いはイタリア語を中心に，フランス語やドイツ語からも問われることがあるのでできるだけ多く覚えておこう。　7　G.P.とはゲネラルパウゼ(General Pause)の略である。全部の楽器が演奏を休止することを意味する。

【2】1　①　ラテン　　②　グレゴリオ聖歌　　③　ネウマ　　④　ポリフォニー　　2　単旋律の音楽様式のこと。

〈解説〉1　西洋音楽史で，時代区分としては中世にフォーカスされている。祭典に用いられたのはラテン語で書かれたモノフォニー(単旋律)の聖歌であった。これらをグレゴリオ聖歌と呼ぶ。グレゴリオ聖歌はネウマと呼ばれる音符で記譜された。時代が進むにつれ，モノフォニーからポリフォニー(多声音楽)へと音楽様式が変化した。　2　先述したように，単旋律の音楽様式のことである。

【3】1　篠笛　　2　指打ち

〈解説〉1　キーワードとなるのは「様々な長さがあり…」以降の文であろう。これは篠笛の説明である。　2　篠笛においては，連続した音を区切りたいとき，リコーダーのようなタンギングを用いず，指孔から一瞬指を離して再度ふさぐ指打ち(打ち指)という奏法が用いられる。

【4】1　(解答略)　　2　音や旋律のつながり方を十分に試すことができるような活動を設定し，イメージや音楽を形づくっている要素とかか

わらせて創作できるよう指導する。

〈解説〉1　コードネームに沿って新曲を作曲する問題だが，跳躍進行や
派生音の多用など突飛なことはせず，シンプルにまとめよう。コード
の構成音をよく確認することも忘れずに。　2　それぞれの生徒がつ
くった旋律をつなぐという作業が必要なので，まずは生徒に何度も試
す機会を与えることが大切である。また，音楽を構成する要素とのかか
わりなどについての指導も忘れずに行うべきである。

【5】(解答略)

〈解説〉サックス四重奏用の編曲である。それぞれ移調楽器なので，その
点に十分気を付けて記譜しよう。あまり難しい要素は入れず，シンプ
ルで楽器本来の響きの美しさを味わえるような編曲が望ましいだろ
う。時間配分に気を付けながら取り組もう。

【中学校】

【1】1　①　楽しさ　　②　興味・関心　　③　生活　　④　親しんで
いく　　⑤　創意工夫　　⑥　主体的　　2　表現したいイメージを
もつこととかかわらせて指導する。

〈解説〉現行の学習指導要領からの出題となっている。中学校においては，
現在，新学習指導要領は先行実施期間中である。したがって新指導要
領から出題している自治体もあれば，本県のように現行の指導要領か
ら出題している自治体もある。いずれにしても，どちらから出題され
ても対応できるように，新旧対照表などを上手く活用して学習してお
きたい。

【2】1　曲名…早春賦　　作詞者名…吉丸　一昌　　作曲者名…中田
章　　2　PP

3

こ　えーもたーて　ずー

4

5　拍子が生み出す雰囲気，旋律と強弱のかかわりを感じ取り，フレーズや曲の形式を意識して，情景を想像しながら表現を工夫させる。

〈解説〉1　提示されている楽譜は歌唱共通教材である「早春賦」(吉丸一昌作詞　中田章作曲)である。　2, 3　歌唱共通教材については，強弱記号をはじめ，歌詞の意味や楽語の意味などを問われることが多い。よく楽譜を見て，自分で弾き歌いをするなどして正確に覚えたい。4　アルトリコーダーの運指については頻出事項である。本問のように図を塗りつぶす形式だと比較的わかりやすいが，指番号のみでの解答を要求される場合もある。どのように問われても正答できるように，実際に自分で吹きながら指番号を覚えるようにしよう。　5　6拍子が作り出す優雅な流れと歌詞が一体になって作り出している曲の雰囲気について気付かせる。そしてフレーズや形式を意識させて，情景を想像しながら表現を工夫させる。

【高等学校】

【1】1　①　幅広い　　②　心情　　③　感性　　④　音楽文化

2　音や音楽を知覚・感受して，思考・判断し，表現する過程を大切にする。

〈解説〉現行の学習指導要領からの出題となっている。高等学校において
は，平成31年度から新学習指導要領が先行実施となる。したがって次
年度以降の試験では新学習指導要領から出題される可能性が高いと思
われる。新学習指導要領，学習指導要領解説の学習とともに，現行の
指導要領のどこが改訂され，何が新設されたかも，新旧対照表などを
用いて確認しておこう。

【2】1　即興的に音を出して，表現したい音楽のイメージを膨らませな
がら音の組合せを工夫するなど，音楽が形づくられていく過程を大切
にする。

2

〈解説〉1　第1学年という発達段階を踏まえても，理論に基づいた作曲で
はなく，偶発性や即興性を大切にして，表現したいイメージを発見さ
せ，音楽が形づくられていくプロセスを重要視する。　2　都節音階
(みやこぶしおんかい)は一般的にはミファラシドミと構成されている
ものが多い。今回は主音をハとするので，いわゆるC都節音階という
ことになる。これはC−Des−F−G−As−Cである。

【3】1　アルマンド　　2　ラプソディ　　3　ハバネラ　　4　マズルカ
5　ロンド
〈解説〉基本的なものばかりであり，それぞれに決定づけるキーワードが
あるので見落とさないようにしたい。例えば，4などは「弱拍にアク
セントがおかれる」と「ポーランドの民族舞曲」が重要なキーワード
である。

【4】1　①　こぶし　　②　囃しことば　　2　追分様式…はっきりとし
た拍節がなく，自由なリズムで歌う様式。　　八木節様式…拍節がは

っきりしている様式。

〈解説〉1　装飾的な節まわしで歌う歌唱法をこぶしという。演歌などでも用いられる。歌の前後にはさむ掛け声のことを囃子詞(はやしことば)という。似たようなものに歌舞伎の大向こうがある。　2　民謡の追分様式は，拍節感がなく自由なリズムで歌うもの。「南部牛追い歌」などがそうである。八木節様式は拍節感がはっきりしていて，大人数で歌うのに適している。「こきりこ節」などがそうである。

2018年度　実施問題

【中高共通】

【1】次の楽譜は，ある管弦楽曲の総譜の一部である。あとの問いに答え
なさい。

1 曲名と楽章，作曲者名をそれぞれ書きなさい。
2 楽譜中の　①　に入る楽器名をカタカナで書きなさい。
3 楽譜中の　　　　で囲まれた②の実音を主音とする長調の平行調の
　同主調は何か，日本語で書きなさい。
4 楽譜中の　　　　で囲まれた③の部分の和音を，コードネームで書
　きなさい。
5 楽譜中の　　　　で囲まれた④の実音を，ドイツ音名で書きなさい。
　(アルファベットを使うこと。)
6 「con sord.」の意味を書きなさい。

(☆☆☆◎◎◎)

【2】次の楽譜は，ある楽曲の第1楽章の一部である。下の問いに答えな
　さい。

1 この楽曲の作曲者名を書きなさい。
2 次の文は，この楽曲を説明したものである。空欄(　①　)，
　(　②　)にあてはまる最も適切な語を書きなさい。

> この楽曲は，(　①　)と呼ばれる14行からなる詩が添えられ
> ており，独奏バイオリン，弦楽合奏，(　②　)のための協奏曲
> として作曲された。

3 鑑賞の授業において，楽曲や演奏について言葉で説明したり根拠
　をもって批評したりする活動を取り入れたとき，どのようなことに
　配慮して指導する必要があるか。「知覚」と「感受」の二つの言葉
　を使って，簡潔に説明しなさい。

(☆☆☆◎◎◎)

【3】次の問いに答えなさい。
1 次の楽譜に記載されたコードネームをもとに，コードに合う旋律

を創作し，かきなさい。

2　コード進行をもとにして，それに合う4小節の簡単な旋律をつくる
ものとする。その際，生徒が試行錯誤しながら活動できるようにす
るためには，どのような指導が必要か。簡潔に説明しなさい。

（☆☆☆☆◎◎◎）

【4】次の楽譜は，「虹の彼方へ」の一部である。この楽譜を，下の条件
に従って編曲しなさい。

＜条件＞

1　吹奏楽部の生徒の金管五重奏用で，編成は以下のとおりとす
る。
(1)　トランペットin B♭　　(2)　トランペットin B♭
(3)　ホルンin F　　(4)　トロンボーンin B♭
(5)　チューバin B♭
2　各パートには音部記号，調号を記すこと。(ただし，生徒が演
奏しやすいように，原曲の調を移調してもかまわない。)
3　金管アンサンブルの響き合いの美しさが味わえるように配慮
すること。

（☆☆☆☆◎◎）

【中学校】

【1】次の文は，「中学校学習指導要領」(平成20年3月告示)音楽「第3
指導計画の作成と内容の取扱い」の一部である。あとの問いに答えな
さい。

2　第2の内容の指導については，次の事項に配慮するものとする。

(1)　歌唱の指導については，次のとおり取り扱うこと。

　　イ　変声期について気付かせるとともに，変声期の生徒に対しては(①)な面についても配慮し，適切な(②)と声量によって歌わせるようにすること。

　　ウ　相対的な(③)などを育てるために，適宜，移動ド唱法を用いること。

(2)　器楽の指導については，指導上の必要に応じて<u>和楽器</u>，弦楽器，管楽器，打楽器，鍵盤楽器，電子楽器及び(④)の楽器を適宜用いること。なお，和楽器の指導については，(⑤)学年間を通じて(⑥)種類以上の楽器の表現活動を通して，生徒が我が国や郷土の伝統音楽のよさを味わうことができるよう工夫すること。

1　空欄(①)～(⑥)にあてはまる語句や数字を，それぞれ書きなさい。

2　音楽の授業で<u>和楽器</u>を用いることでどのような態度を養うことを目標としているのか，音楽科の目標と関連づけて簡潔に説明しなさい。

(☆☆☆☆◎◎◎)

【2】次の楽譜は，ある楽曲の楽譜の一部である。下の問いに答えなさい。

はるよはるよと　　　　④

1　この楽曲の曲名，作詞者名，作曲者名を，それぞれ書きなさい。

2　　①　の部分の強弱記号を書きなさい。

3　②の音をアルトリコーダーで演奏するとき，正しい運指を，以下

75

のリコーダーの図のトーンホールを黒く塗り，答えなさい。ただし，
アルトリコーダーでその音を演奏するとき，楽譜の音より1オクター
ブ高くなるので注意すること。

4　③の小節の旋律をかき入れなさい。

5　│　④　│の部分の1番の歌詞を書きなさい。

6　この楽曲を歌唱教材として取り扱うとき，どのように歌うかについ
いて思いや意図をもたせるための指導のポイントを，歌詞の内容と
音楽を形づくっている要素を関連づけて簡潔に書きなさい。

(☆☆☆◎◎◎)

【高等学校】

【1】次の文は，「高等学校学習指導要領」(平成21年3月告示)芸術(音楽)
〔音楽Ⅲ〕の目標である。下の問いに答えなさい。

> 音楽の諸活動を通して，(　①　)にわたり音楽を(　②　)と音
> 楽文化を尊重する態度を育てるとともに，(　③　)を磨き，個性
> 豊かな音楽の能力を高める。

1　空欄(　①　)〜(　③　)にあてはまる語句をそれぞれ書きなさい。

2　「音楽Ⅲ」では，個性豊かな音楽の能力を高めることを強調して
いる。強調している理由を簡潔に説明しなさい。

(☆☆☆◎◎◎)

【2】次の楽譜について，下の問いに答えなさい。

あ あ ー そ う だ よ

1 この曲の曲名を書きなさい。

2 この曲の作詞者名，作曲者名を書きなさい。

3 □の部分に入る1番の歌詞を書きなさい。

(☆☆☆◎◎◎)

【3】次の問いに答えなさい。

1 次の(1)〜(3)のコードネームについて，その和音構成音を全音符で
五線譜に書きなさい。また，その和音をギターで演奏する際に，押
さえる場所をダイヤグラムに●で書きなさい。

(1) Dsus4

(2) A7

(3) CM7

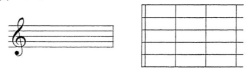

2 ギターの奏法の一つである「アル・アイレ奏法」とはどのような
奏法か。簡潔に説明しなさい。

(☆☆☆◎◎◎)

【4】箏について，次の問いに答えなさい。

1　箏の代表的な調弦の一つである平調子を，五線譜に全音符で書きなさい。ただし，一の糸をホとする。

2　次の文は，箏の奏法についての説明である。この奏法名を書きなさい。

> 　隣接する2本の糸を向こう側から手前に，最初は人差し指で，次に中指で弾く奏法。

(☆☆☆◎◎◎)

解答・解説

【中高共通】

【1】1　曲名…交響曲第9番　新世界より　　楽章…第2楽章　　作曲者名…ドボルザーク　　2　イングリッシュホルン　　3　変ロ長調　　4　D♭　　5　D　　6　弱音器をつけて

〈解説〉1・2　楽器①のイングリッシュホルンの旋律から，ドボルザーク作曲の交響曲第9番「新世界より」の第2楽章の冒頭部分と判断できる。この曲は4つの楽章からなり，この第2楽章は日本では，「家路」の名称で親しまれている。　3　楽譜よりクラリネットはA管なので実音は記譜音より短3度低くなり，②の実音は嬰ハ音(変ニ音)になり，これを主音とする長調の平行調は変ロ短調となる。　4　楽譜より，ファゴットとトロンボーンは実音と記譜音が同じなのでここから和音構成音を読み取ることができる。　5　楽譜より④はホルンE管の音なので，

実音は記譜音より短6度低い。　6　「sord.」は「sordino」の略でミュートを意味する。

【2】1　ヴィヴァルディ　　2　①　ソネット　　②　通奏低音
3　音楽を形づくっている要素を知覚することと，それらの働きを感受することとを関連づけて，自分にとっての楽曲や演奏の価値を表すことができるように指導する。

〈解説〉1　楽譜より，ヴィヴァルディ作曲のヴァイオリン協奏曲集「四季」の第1番の第1楽章の主題であることが判断できる。　2　①　ソネットは「小さな歌」という意味をもち，13世紀には14行からなる定型詩を意味するようになった。「四季」の「春」「夏」「秋」「冬」という呼称はヴィヴァルディがつけたものではないが，この4つの協奏曲に春夏秋冬を詠んだソネットが添えられており，音楽はこのソネットの内容を表現している。　②　バロック音楽の特徴で，三和音についての約束事に沿って，低音に数字や記号をつけて楽譜に記してあるもので，作曲や演奏を容易にさせる方法である。　3　中学校学習指導要領解説　音楽編(第2章　第2節　2　(2)　②など)より，音楽を鑑賞する上では，対象となる音楽がどのようにできているか，どのような形となってあらわれているかなどをとらえることが重要となる。それには音楽を形づくっている要素そのものや要素同士の関わり方及び音楽全体がどのように成り立っているかなど，音や要素の表れ方や関係性，音楽の構成や展開の有り様など，音楽の構造をとらえることが必要となる。言葉や根拠をもって批評するには，これらの音楽の構造を理由としてあげながら音楽のよさや美しさなどについて自分にとっての価値を述べなければならない。

【3】1　解答省略　　2　生徒が，音のつながり方を十分試すことができるなど，実際に音を聴いて判断できるよう指導する。

〈解説〉1　コードから和音構成音と非和声音を使い，メロディーを作曲することができる。　2　「中学校学習指導要領解説　音楽編　第3章

第2節　2　(1)　A　表現　(3)　ア」には「指導に当たっては，生徒が音のつながり方を十分試すことができるような活動を設定し，旋律を作る楽しさや喜びを実感できるように指導を工夫することが重要である。」とあり，コード進行によって生み出される雰囲気などを感じ取るためにも，生徒が実際にコードを鳴らして特徴を感じ取り，それを基にして旋律を考えることが大切である。

【4】解答省略

〈解説〉各楽器の限界音域ではなく常用音域で音を考え，楽器の役割を考え，たまにメロディーの役割の交代や楽器特有の音の動きを入れたり，伴奏の役割の楽器も動きを取り入れたりして編曲する。

【中学校】

【1】1　①　心理的　　②　声域　　③　音程感覚　　④　世界の諸民族　　⑤　3　　⑥　1　　2　我が国や郷土の伝統音楽のよさを味わうことで，音楽文化についての理解を深めることにつながる。

〈解説〉1　①・②　中学校学習指導要領解説　音楽編　第4章の2　イには，変声に伴う不安や羞恥心をもつことがないよう配慮し，自分の声に自信をもって表現することを大切にするような指導の工夫が望まれることが記されている。変声中の生徒に対しては，無理のない声域，声量で歌わせるように留意することが大切である。　③　移動ド唱法により，音同士の相対的な関係に着目することができる。それは，相対的な音程感覚をはぐくむことに役立つのである。　④　様々な地域の楽器に触れることで，諸外国の文化に対する理解を深め，国際社会に生きる日本人の育成を図るために役立つのである。　⑤・⑥　表現活動を通して，生徒が自国や郷土の伝統音楽の良さを味わうことができるよう和楽器の指導を充実させた。　2　音楽科の目標では，「音楽文化についての理解を深め」ることを，従前からの改訂により目標の中に規定している。和楽器で表現したり，その背景となる文化や歴史と関連付けて鑑賞したりする活動はこの音楽文化の理解につながり，

自国や郷土の伝統音楽に対する理解を深め，自国の音楽文化に愛着をもつとともに諸外国の音楽文化を尊重する態度の育成に役立つと考えられている。

【2】1 曲名…花の街　　作詞者名…江間章子　　作曲者名…團伊玖磨

2 *mp*

3

4

5 かけていったよ　　6 歌詞の内容と強弱の変化との関係を感じ取り，フレーズのまとまりを意識して表現を工夫する。

〈解説〉1 中学校歌唱の共通教材，團伊玖磨作曲，江間章子作詞の「花の街」である。　2 歌唱の共通教材の楽曲は頻出で，旋律，歌詞，強弱などを一緒に覚えておく必要がある。楽譜より，この部分は旋律が一番盛り上がった後の部分である。　3 リコーダーの運指の問題は頻出であり，なかでも，変ロ音はバロック式とジャーマン式で異なる運指のため，よく出題される。実際にアルトリコーダーを使って演奏することで運指を覚えることができる。　4 歌唱共通教材はどの曲も実際に歌ったり，教材研究をしたりしているはずである。旋律はどの調でも書けるように準備しておくこと。　5 出題の部分は，1番の歌詞の最後の部分であるが，2番，3番の歌詞についても問われることがあるので，すべて覚えておくこと。　6 中学校学習指導要領

解説　音楽編　第3章　第2節　2　内容　(1)　A　表現　(1)　ア　の説明より，「思いや意図を表現するには，要素の働かせ方を試行錯誤し，曲にふさわしい表現の方法を見いだして歌うことが大切である。楽譜に記されている用語や記号についても，なぜその部分に記号が付けられたのかを考え，どのようにすれば曲にふさわしい表現になるかを工夫する活動が大切である。」とあるので，歌詞の内容や曲想を味わい，曲にふさわしい表現を工夫して歌うことが大切である。

【高等学校】

【1】1　①　生涯　　②　愛好する心情　　③　感性　　2　芸術科音楽における最終の科目であり，生徒一人一人の個性に応じた豊かな音楽の能力を身に付けさせることを目指しているから。

〈解説〉1　①・②　高等学校学習指導要領解説　芸術(音楽)編より，生涯学習社会の一層の進展に対応して，生涯にわたって音楽への永続的な愛好心をはぐくむことを重視した，改訂点である。　　③　同解説より，「音楽Ⅰ」や「音楽Ⅱ」で高めた感性を一層洗練させていくことを目指している。　　2　同解説より，音楽Ⅲの目標では「芸術科音楽における最終の科目であり，生徒一人一人の個性に応じた豊かな音楽の能力を身に付けさせることを目指している」と記されている。

【2】1　曲名…この道　　2　作詞者名…北原白秋　　作曲者名…山田耕筰　　3　あかしやの

〈解説〉1・2　楽譜より，北原白秋作詞，山田耕筰作曲の「この道」と判断できる。　　3　1番と2番の歌詞は北原白秋が晩年に旅行した北海道の様子が書かれている。

【3】1　(1)

(2)

(3)

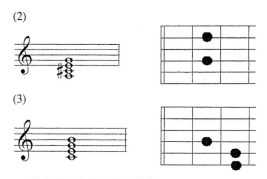

2　弦を弾いた指を離す奏法

〈解説〉1　ギターのコードの押さえ方はコードネームの意味から和音の種類，構成音を知ることから始まる。　(1)　「Dsus4」は第3音が半音上がるのでニ音を根音とする長三和音の第3音を半音あげた和音となる。　(2)　イ音を根音とする属七和音。　(3)　ハ音を根音とする長三和音に根音から短7度の音を加えたもの。　2　「アル・アイレ」はスペイン語で「指は空中へ，空気をつかむ，空間に」という意味をもつ。ゆえに弦にタッチしたあとの指は次の弦に触れることなく空間に止まる。

【4】1

一　二　三　四　五　六　七　八　九　十　斗　為　巾

2　割り爪

〈解説〉1　平調子の音列は一と五が同じ音，二は一より完全5度低い音，三は一より完全4度低い音，四は三より半音高い音，六は五より半音高い音，七〜巾は二〜八の1オクターブ上の音，となる。　2　隣接した2本の絃を中指で手前にかくように弾く奏法は「かき爪」といい，「割り爪」は「かき爪」と同じことを人差し指，中指に2度分けて弾くので，「割り」爪と呼ぶ。

2017年度　実施問題

【中高共通】

【1】次の楽譜は，管弦楽用に編曲された組曲の総譜の一部である。下の
　問いに答えなさい。

　1　組曲名，曲名，作曲者名をそれぞれ書きなさい。

　2　ピアノ組曲として作曲されたこの組曲を，この総譜のように編曲

した作曲家名を書きなさい。

3　「sempre maestoso」の意味を書きなさい。

4　楽譜中に□で囲まれた①の部分の和音を，コードネームで書きなさい。

5　楽譜中に□で囲まれた②の実音を主音とする長調の属調の平行調は何か，日本語で書きなさい。

(☆☆☆◯◯◯)

【2】雅楽について，次の問いに答えなさい。

1　次の雅楽に関する文を読み，空欄（　①　）〜（　⑤　）にあてはまる最も適切な語句を書きなさい。

> 雅楽の種類には，5〜9世紀にアジア各地から伝来した音楽を起源とする（　①　）や（　②　），日本に古くからあったと思われる音楽に基づいた歌や舞である（　③　），平安時代に日本でつくられた歌い物である（　④　）や（　⑤　）がある。

2　次の篳篥の奏法に関する文を読み，空欄（　①　）〜（　③　）にあてはまる最も適切な語句を書きなさい。

> 篳篥には，（　①　）と呼ばれる独特の奏法があり，（　②　）のくわえ方と（　③　）の吹き込み方で音程を変化させ，旋律に装飾的な動きを付けることができる。

3　次の表は，雅楽で扱われる楽器を「吹きもの」「弾きもの」「打ちもの」の種類別に分けてまとめたものである。空欄（　①　）〜（　⑥　）にあてはまる適切な楽器名を，下の語群ア〜コの中からそれぞれ一つずつ選び，記号で答えなさい。

表

吹きもの			弾きもの		打ちもの		
篳篥	（①）	（②）	（③）	（④）	鞨鼓	（⑤）	（⑥）

語群

ア　楽琵琶　　イ　竜笛　　ウ　篠笛　　エ　小鼓　　オ　鉦鼓

　　カ　三味線　　キ　笙　　　ク　楽箏　　ケ　尺八　　コ　釣太鼓
４　もともとは雅楽の用語で，演奏が進むにつれて速度がしだいに速
　　くなる状態を表す言葉を漢字で書きなさい。

(☆☆☆◎◎◎)

【３】次に示した条件で，生徒が創作の学習に主体的に取り組めるように
　　するためには，どのような学習活動が考えられるか。考えられる具体
　　的な学習活動例を，簡潔に二つ書きなさい。
　　＜条件＞
　　　・「おおぞら　たかく　まいあがる」の歌詞に合う短い旋律をつく
　　　　ること。
　　　・歌詞の抑揚を生かして旋律をつくること。

(☆☆☆◎◎◎)

【４】次の楽譜は，「アニー・ローリー」の一部である。この楽譜を，下
　　の条件を満たして編曲しなさい。

　　＜条件＞
　１　吹奏楽部の生徒の木管五重奏用で，編成は以下のとおりとする。
　　　(1)　フルート in C　　　　　(2)　オーボエ in C
　　　(3)　クラリネット in B♭　　(4)　ファゴット in C
　　　(5)　ホルン in F
　２　各パートには音部記号，調号を記すこと。ただし，楽曲の途中の
　　　楽譜であるため，拍子は書かなくてもよい。(生徒が演奏しやすい
　　　ように移調してもかまわない。)
　３　木管アンサンブルの響き合いの美しさが味わえるように配慮する
　　　こと。

(☆☆☆☆◎◎)

【中学校】

【1】次は,「中学校学習指導要領」(平成20年3月告示)音楽〔第2学年及び第3学年〕「2　内容　A　表現　(2)」である。下の問いに答えなさい。

> (2)　器楽の活動を通して，次の事項を指導する。
> 　　ア　<u>曲想を味わい</u>，曲にふさわしい表現を工夫して演奏すること。
> 　　イ　楽器の(　①　)を理解し，(　②　)な奏法を生かして演奏すること。
> 　　ウ　<u>声部の役割と全体の響きとのかかわりを理解して</u>，表現を工夫しながら(　③　)演奏すること。

1　空欄(　①　)～(　③　)にあてはまる語句をそれぞれ書きなさい。
2　下線部<u>曲想を味わい</u>について,「中学校学習指導要領」(平成20年3月告示)音楽〔第1学年〕「2　内容　A　表現　(2)　ア」には「曲想を感じ取り，表現を工夫して演奏すること。」とある。「曲想を味わう」とはどのようなことか,「曲想を感じ取る」ことと関連付けて説明しなさい。
3　下線部<u>声部の役割と全体の響きとのかかわりを理解して</u>について,生徒が声部の役割と全体の響きとのかかわりを理解するために考えられる学習活動を，簡潔に二つ書きなさい。

(☆☆☆◎◎◎)

【2】次の楽譜は，ある楽曲の楽譜の一部である。下の問いに答えなさい。

1　この楽曲の曲名，作詞者名，作曲者名を，それぞれ書きなさい。
2　アの部分の旋律を書き入れなさい。
3　イの部分の強弱記号を書きなさい。
4　ウの部分の一番の歌詞を，ひらがなで書きなさい。

5　エとオの音を，それぞれ日本音名で書きなさい。

6　中学校の歌唱「共通教材」七曲のうち，この楽曲の拍子と同じ楽曲名を書きなさい。

7　この楽曲を歌唱教材として取り扱う場合，どのように歌うかについて思いや意図をもたせるための具体的な指導方法を書きなさい。

(☆☆☆◎◎◎)

【高等学校】

【1】次は，「高等学校学習指導要領」(平成21年3月告示)芸術(音楽)〔音楽Ⅰ〕「2　内容　A　表現　(2)　器楽」である。下の問いに答えなさい。

> ア　曲想を楽曲の背景とかかわらせて感じ取り，(　①　)をもって演奏すること。
>
> イ　楽器の(　②　)や奏法の特徴を生かし，表現を工夫して演奏すること。
>
> ウ　様々な(　③　)による器楽の特徴を生かし，表現を工夫して演奏すること。
>
> エ　音楽を形づくっている要素を(　④　)し，それらの働きを(　⑤　)して演奏すること。

1　空欄(　①　)～(　⑤　)にあてはまる語句をそれぞれ書きなさい。

2　下線部について，曲想を楽曲の背景とかかわらせて感じ取らせるために考えられる学習活動を具体的に説明しなさい。

(☆☆☆◎◎◎)

【2】次の問いに答えなさい。

「評価規準の作成，評価方法等の工夫改善のための参考資料」(平成24年7月　国立教育政策研究所教育課程研究センター)に示されている，芸術科(音楽)における評価の観点を四つすべて書きなさい。

(☆☆◎◎)

【3】次の(1)～(3)の楽器の説明として最も適切なものを，下のア～オの
　中からそれぞれ一つずつ選び，記号で答えなさい。
　(1)　シタール　　(2)　カンテレ　　(3)　チャランゴ

> ア　マンドリンに似た楽器で，元来は胴にアルマジロの甲羅が
> 　使われていたが，近年は木製のものが多い。
> イ　イランの音楽に用いられ，台形の共鳴箱の上に金属弦が張
> 　られており，2本の細い棒でたたいて演奏する。
> ウ　夕顔の実で胴が作られており，7本の演奏弦と11～13本の共
> 　鳴弦をもち，針金状のピックで弦をはじいて演奏する。
> エ　木製の台形の箱に金属弦が5～9本張られ，膝の上や卓上に
> 　置いて，指または木製や金属製の細い棒ではじいて演奏する。
> オ　円筒形や多角形の胴に蛇の皮を張り，弦は2本で，弦と弦の
> 　間に弓の毛を通し，こすって音を出し演奏する。

(☆☆◎◎◎)

【4】三味線について，次の問いに答えなさい。
　1　三味線の調弦は，一般的に三種類ある。本調子以外の調弦を二つ
　書きなさい。
　2　次の文は，三味線の奏法についての説明である。この奏法名を書
　きなさい。

> 　ある勘所を弾いたあとに指を棹に沿って滑らせるように移
> 動させ，余韻の音程を上げたり下げたりする奏法。

(☆☆◎◎◎)

89

解答・解説

【中高共通】

【1】1　組曲名…組曲「展覧会の絵」　　曲名…キエフの大門
作曲者名…M. ムソルグスキー　　2　M. ラヴェル　　3　常に威厳を
もって　　4　Cm　　5　ニ短調

〈解説〉1　楽譜よりムソルグスキーの作曲した組曲「展覧会の絵」の第
10曲目「キエフの大門」と判断できる。　2　ピアノ曲であるがピア
ニストにはほとんど無視されたこの組曲は，大勢の作曲家がオーケス
トレーションすることを試みた。その中でもこの曲を世界的に有名に
させたのはフランスのラヴェルの編曲である。　3　イタリア語で
「センプレ」は「常に。引き続いて」，「マエストーソ」は「威厳をも
った。荘厳に」の意味。キエフに造られることになった大きな門の設
計図から着想を得て作られた曲なので，威厳のある雰囲気で始まる。
4　弦楽器のパートからC・E♭・Gの短三和音とわかる。　5　ホルン
F管の②の実音は記譜音より完全5度低い変ロ音，これを主音とする長
調の属調は完全5度上となり，その平行調はそこから短3度下になる。

【2】1　①　舞楽　　②　管絃　　③　国風歌舞　　④　催馬楽
⑤　朗詠　　2　①　塩梅　　②　ろぜつ　　③　息　　3　①　イ
②　キ　　③　ク　　④　ア　　⑤　オ　　⑥　コ　　4　序破急

〈解説〉1　雅楽は大きく分けて大陸系の楽舞と，③の国風歌舞，謡物に
分けられる。大陸系の楽舞は唐楽と高麗楽に分けられるが，演奏形態
としては楽器のみの演奏を②の管絃，舞を伴う演奏を①の舞楽という。
国風歌舞は日本古来の歌謡をもとに完成された歌舞で，神楽・東遊・
倭歌(歌)・大歌・久米舞(歌)などを含む。歌物は日本古来の民詩や漢詩
に節づけしたもの④の催馬楽，⑤の朗詠などを含む。　2　篳篥の
代表的な奏法である①の塩梅はポルタメント的な奏法で，同じ指使い
で連続的に音程・音色を変化させることができる。②は「ろぜつ(盧

舌)」と呼ばれるリードのくわえ方で，③の息の調節により旋律になめらかさを与える効果がある。 3 中心となる楽器は一般的に三管(笙・篳篥・竜笛または高麗笛，または楽笛)，三鼓(楽太鼓・鉦鼓・鞨鼓)，両絃(楽琵琶・楽箏または和箏)の8種類といわれる。ウの篠笛は上流階級で使われてきた竜笛とは違い，庶民階級に愛好されてきた楽器で主にお祭りなどで使用されている。エの小鼓は能楽囃子，歌舞伎囃子，長唄囃子に使用される。カの三味線は長唄，歌舞伎音楽等で使用される。ケの尺八は三曲合奏で使用される。 4 曲を構成する三つの部分のことで，「序」が無拍子かつ低速度で展開され，「破」から拍子が加わり，「急」で加速する三部構成となる。

【3】・生徒が言葉を繰り返し発音して，言葉のリズムを手がかりに旋律のリズムをつくる学習活動。 ・生徒が言葉を繰り返し発音して，言葉の抑揚を線で表し，旋律の音高を工夫するなどの学習活動。
〈解説〉中学校編学習指導要領解説を理解して解く問題。解説に，「言葉や音階などの特徴を生かし，表現を工夫して旋律をつくること。」とある。言葉の特徴には抑揚，アクセント，リズムなどがあげられ，それらを旋律作りのためのヒントとして感じ取り，それを基に旋律のリズムや音高を工夫することが大切である。そのために必要な学習活動を考える。例えば，手がかりになりそうな言葉を繰り返し発音する。用いる音を限定するなどして音のつながりを容易に試すことができるように指導することが必要である。旋律を作る手がかりとする具体的な手だてが書けているとよいだろう。

【4】解答省略
〈解説〉和音進行を分析し，メロディーとベースの役割を決め，対旋律やハーモニーを担当する楽器を決める。その際，楽器の音域や音色を考慮すること。また記譜時に移調楽器は実音と記譜音の関係を把握し音高を正確に記譜することが大切である。

【中学校】

【１】１　①　特徴　　②　基礎的　　③　合わせて　　２　感じ取ったことを，自分なりに価値付け，判断すること。　　３　・テクスチュアや形式など，音楽の構造について理解する学習。　　・それぞれの声部をどのような音色，強弱，奏法で演奏すると全体の響きがよりよくなるかを聴き取って，表現に生かすような活動。

〈解説〉１　中学校学習指導要領解説音楽編より，①　楽器の構造，音色や響き，奏法，楽器の様々な組み合わせによる表現などの特徴を理解することが学習内容となっている。また楽器がどのような曲種で用いられてきたのかということや，その楽器を生み出した風土や文化・歴史などについても学習し特徴を理解する助けとする。　　②　楽器の特徴や曲想に基づいて，曲にふさわしい音色を工夫したりアーティキュレーションを生かした奏法を工夫したりする活動を通して，基礎的な奏法を身につけ，それを生かした表現となるように配慮する。
③　伝統音楽のように歌唱と合わせて演奏することもあり，また表現意図を互いに確認し合い更なる工夫につなげていく上でも合わせて演奏することは必要である。　　２　中学校学習指導要領解説音楽編より，「曲想を感じ取る」とは音楽を形づくっている要素や構造の働きをとらえること。「曲想を味わう」とは対象から感じ取ったものの価値を自らの感性によって確認することで，それには価値を判断することが含まれる。　　３　中学校学習指導要領解説音楽編より，テクスチュアや形式に着目しながら構造をとらえ，それぞれの声部をどのような音色，強弱，奏法で演奏すると全体の響きがよくなるかを聴きとって，表現に活かす活動を具体的に考える。

【２】１　曲名…夏の思い出　　作詞者名…江間章子　　作曲者名…中田喜直
２

3 mf　　4　しゃくなげいろにたそがれる　　5　エ 嬰ヘ　　オ イ
6　荒城の月　　7　言葉のリズムと旋律や強弱とのかかわりなどを感
じ取り，曲の形式や楽譜に記された様々な記号などをとらえて，情景
を想像しながら表現を工夫する。

〈解説〉1　楽譜より，江間章子作詞，中田喜直作曲の「夏の思い出」と
わかる。　　2　アは曲の最後の部分である。楽譜のニ長調に合わせて
音を書き込む。　　3　盛り上がるフレーズだが「はるか遠く」に運び
たい気持ちが込められる部分なのでフォルテほど強くならない。
4　日没後に尾瀬の空がシャクナゲの花のような紅紫色に染まるとい
う意味の言葉，「石楠花色に黄昏る」が入る。　　5　エはF#，オはA音。
6　7曲中「赤とんぼ」は4分の3拍子，「早春賦」「浜辺の歌」は8分の6
拍子，「花」と「花の街」は4分の2拍子。「荒城の月」と「夏の思い出」
が同じ4分の4拍子である。　　7　「夏の思い出」は，夏の日の静寂な尾
瀬沼の風物への追憶を表した叙情的な曲である。言葉のリズムと旋律
や強弱とのかかわりなどを感じ取り，曲の形式や楽譜に記された様々
な記号などをとらえて，情景を想像しながら表現を工夫できるように
指導する。

【高等学校】

【1】1　①　イメージ　　②　音色　　③　表現形態　　④　知覚
⑤　感受　　2　楽曲が作曲された時代を概観したり，その時代の楽
器の演奏を試聴するなどして文化的・歴史的背景をとらえ，それらが
音楽を形づくっている要素にどのように表れているかを考え，曲想の
感じ取りを深める。

〈解説〉1　高等学校学習指導要領解説音楽編より，①は改訂された部分
で，楽譜に記されていることをそのまま再現するような演奏ではなく，
表現したい音楽のイメージを膨らませながら，思いや意図をもって演
奏することを重視している。②は改訂で指導内容をより明確にした記
述になった部分で，楽器固有の音色や奏法によって生みだされる響き
や表情などを感じ取って，表現に結びつける事が大切である。③も改

訂部分で，より幅広い表現形態による器楽の特徴を生かして演奏すること。つまり演奏形態による表現の違いやそれぞれの持ち味を十分に感じ取りながら，各楽器の特徴を生かし，曲種にふさわしい表現ができるように工夫することが大切である。④⑤は表現，鑑賞のそれぞれに共通に位置づけている部分。「知覚」とは聴覚を中心とした感覚器官を通して音や音楽を判別し，意識することであり，「感受」とは音や音楽の特質や雰囲気などを感じ，受け入れること。　2　高等学校学習指導要領解説音楽編より，「曲想」とはその音楽固有の表情や味わいなどのことで，音楽を形づくっている要素の働きなどによって生み出されるものである。またそれは，その音楽が生まれ，はぐくまれてきた国，地域，風土，人々の生活，文化や伝統などの影響を受けている。ゆえに，楽曲が作られた時代を概観したり，その時代の特徴的な演奏を試聴したりして文化的・歴史的背景をとらえ，それらが音楽の要素にどのように表れているかを考え，曲想の感じ取りを深めていくことができる。

【2】・音楽への関心・意欲・態度　　・音楽表現の創意工夫　　・音楽表現の技能　　・鑑賞の能力
〈解説〉国立教育政策研究所の参考資料より，「音楽への関心・意欲・態度」，「音楽表現の創意工夫(思考・判断・表現)」，「音楽表現の技能」および「鑑賞の能力(知識・理解)」の4分野の評価の観点を整理したものである。本資料からも出題されるので，読み込んでおこう。

【3】(1)　ウ　　(2)　エ　　(3)　ア
〈解説〉(1)は北インド発祥の民族楽器。　(2)はフィンランドの民族楽器。(3)はスペイン人が持ち込んだ古い型のギターを手本にして，アンデス中部の先住民が作ったといわれる楽器。形がマンドリンに似ている。イはサントゥール，オは中国の楽器で二胡。

【4】1　二上り，三下り　　　2　スリ

〈解説〉1　基本となる「本調子」に対して2の糸が高いのが「二上り」，3の糸が低いのが「三下り」となる。　　2　勘所に当てた指を擦るように動かして余韻を上げ下げすること。「スリ上げ」と「スリ下げ」がある。

2016年度 実施問題

【中高共通】

【1】次の楽譜は，ある交響詩の総譜の一部である。次の問いに答えなさい。

1　この交響詩の曲名と作曲者名を書きなさい。

2　①「Hb」，②「Pos.」，③「Becken」は，何の楽器を指したものか，楽器名を書きなさい。

3　□で囲まれた④の部分は，何の和音を構成しているか，コードネームで書きなさい。

4　□で囲まれた⑤の実音を，ドイツ音名で書きなさい。(アルファベットを使うこと。)

5　□で囲まれた⑥の実音を主音とする短調の平行調の属調は何か，日本語で書きなさい。(Hrの楽譜は「in F」である)

(☆☆☆◎◎)

【2】次の音階を楽譜に表しなさい。ただし，主音は括弧内に示された音
名とする。

1 都節音階(ホ音)

2 沖縄音階(ハ音)

(☆☆◎◎)

【３】次の歌舞伎に関する文章を読み，空欄(　①　)～(　⑤　)にあては
まる最も適切な語句を書きなさい。

　歌舞伎は，江戸の民衆が作り上げた，当時の流行の最先端を行く演
劇で，その舞台空間には他に類のない花道や廻り舞台，(　①　)など
がある。また，色鮮やかな(　②　)をする化粧法，目をむいて睨む
(　③　)など，演技をクローズアップさせる独特の演技様式をもって
いる。ナレーションの役目をする演奏者は上手に座り，効果音を出す
(　④　)は下手の黒御簾の中で演奏され，(　⑤　)に使われる音楽は，
流派によって演奏する場所が変わる。

(☆☆◎◎)

【４】次の楽譜に記載されたコードネームをもとに，コードに合う旋律を
創作し，記入しなさい。

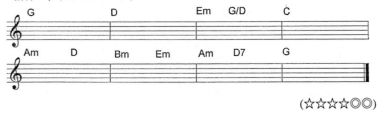

(☆☆☆☆◎◎)

【５】次の楽譜は，「仰げば尊し」の一部である。この楽譜を，下の内容
を満たして編曲しなさい。

1　吹奏楽部の生徒のサクソフォーンアンサンブル用で，編成は以下
　のとおりとする。
　　(1)　ソプラノサックス　in B♭　　(2)　アルトサックス　in E♭
　　(3)　テナーサックス　in B♭　　(4)　バリトンサックス　in E♭

2　各パートには音部記号，調号を記すこと。ただし，楽曲の途中の
　楽譜であるため，拍子は書かない。(生徒が演奏しやすいように移

調してもかまわない。)

3　同族楽器の響き合いの美しさが味わえるように配慮すること。

(☆☆☆☆◎◎)

【中学校】

【1】「中学校学習指導要領」(平成20年3月告示)音楽について，次の問い
に答えなさい。

1　次の文章は，第1学年の「2内容」のB鑑賞(1)である。下の問いに答
えなさい。

(1)　鑑賞の活動を通して，次の事項を指導する。

ア　音楽を形づくっている要素や(①)と(②)とのかか
わりを感じ取って聴き，<u>言葉で説明するなどして</u>，音楽のよ
さや美しさを(③)こと。

イ　音楽の特徴をその背景となる(④)・歴史や他の(⑤)
と関連付けて，鑑賞すること。

ウ　我が国や郷土の(⑥)及びアジア地域の諸民族の音楽の
特徴から音楽の(⑦)を感じ取り，鑑賞すること。

(1)　空欄(①)～(⑦)にあてはまる語句をそれぞれ書きなさ
い。

(2)　下線「<u>言葉で説明するなどして</u>」とあるが，生徒が音楽につい
て言葉で表すために必要な指導は何か，簡潔に書きなさい。

2　〔共通事項〕アで示されている「音楽を形づくっている要素」を
八つ書きなさい。(順不同)

3　第1学年の「2内容」のA表現(3)創作イには，「表現したいイメージ
をもち，音素材の特徴を感じ取り，反復，変化，対照などの構成を
工夫しながら音楽をつくること。」と示されている。創作活動の源
となるイメージを豊かにするために考えられる学習活動は何か，簡
潔に二つ書きなさい。

(☆☆☆◎◎)

【2】次の楽譜は，ある楽曲の楽譜の一部である。下の問いに答えなさい。

1 この楽曲の曲名と，作曲者名を書きなさい。

2 上の楽譜で抜けている部分の旋律を書き入れ，楽譜を完成させなさい。

3 この楽曲を歌唱教材として取り扱う場合，表現を工夫させるために，どのようなことを感じ取らせることが必要と考えられるか，三つ書きなさい。

4 ①と②の音をアルトリコーダーで演奏する場合の運指を，次の(例)にならって書きなさい。ただし，アルトリコーダーでその音を演奏する場合，楽譜の音より1オクターブ高くなるので注意すること。

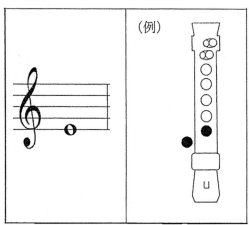

(☆☆☆◎◎)

100

【高等学校】

【1】「高等学校学習指導要領」(平成21年3月告示)芸術(音楽)について,
次の問いに答えなさい。

1　次の文章は，音楽Ⅰの「2内容」のB鑑賞である。空欄(　①　)～
(　⑦　)にあてはまる語句をそれぞれ書きなさい。

　　鑑賞に関して，次の事項を指導する。

　　ア　声や楽器の(　①　)の特徴と表現上の(　②　)とのかかわり
　　　を感じ取って鑑賞すること。

　　イ　音楽を形づくっている要素を(　③　)し，それらの働きを
　　　(　④　)して鑑賞すること。

　　ウ　楽曲の(　⑤　)・歴史的背景や，作曲者及び(　⑥　)による
　　　表現の特徴を理解して鑑賞すること。

　　エ　我が国や郷土の(　⑦　)の種類とそれぞれの特徴を理解して
　　　鑑賞すること。

2　下線部「音楽を形づくっている要素」とあるが，その要素を八つ
書きなさい。(順不同)

3　鑑賞の指導において，楽曲や演奏について根拠をもって批評する
活動などを取り入れる場合，指導する際の留意点を簡潔に書きなさ
い。

(☆☆☆☆◎◎)

【2】次の問いに答えなさい。

1　次の(1)～(3)の楽譜は，ある楽曲の一部を音符のみで示したもので
ある。作曲者名と曲名をそれぞれ書きなさい。

2 次の(1)〜(3)の和音について，それを表すコードネームと，その和音をギターで演奏する場合の運指を，次の(例)にならって書きなさい。

(例)

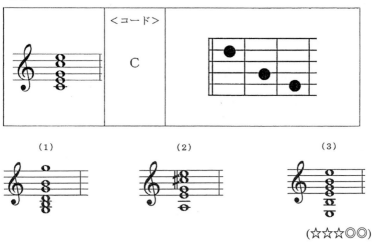

(☆☆☆◎◎)

解答・解説

【中高共通】

【1】1　曲名…フィンランディア(FINRANDIA)　　作曲者名…J.シベリ
ウス(Jean Sibelius)　2　①　オーボエ　　②　トロンボーン
③　シンバル　3　A♭　4　B　5　ロ長調，または変ハ長調
〈解説〉1　問題の楽譜は2つの序奏の後の三部形式の冒頭部分で，フィン
ランディア賛歌が含まれている。　2　いずれもドイツ語で，①がオ
ーボエ(Hoboe)，②がポザーヌ(Posaune)，③がベッケン(Becken)である。
3　楽譜より，変イ長調の主和音になる。　4　アルト譜表の変ロ音。
5　F管ホルンの実音は記譜音より完全5度下で，⑥は変ニ音となる。
平行調はその短3度上，属調はその完全5度上となる。

【2】1

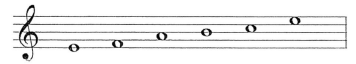

2

〈解説〉日本の伝統音楽の基本となる4つの音階「民謡音階」「律音階」
「都節音階」「琉球音階」の特徴をよく整理しておこう。　1　短2度＋
長3度の組み合わせを繰り返す音階。　　2　長3度＋短2度の組み合わ
せを繰り返す音階。

【3】①　せり　　②　隈取　　③　見得　　④　下座音楽　　⑤　舞踊
〈解説〉①　舞台の一部が上下する仕組みのこと。花道に設けられている

「スッポン」もセリの一つ。　②　「隈」は道や川の入り組んだ所や，そのような所にできる物影を表す言葉で，そこから派生して色彩で濃淡や陰影をつけることを「隈取る」という。　③　「見得を切る」という言葉は歌舞伎のこの所作からきている。　④　黒御簾音楽とも陰囃子ともいわれる。　⑤　歌舞伎舞踊には三味線音楽が使われる。主に長唄・義太夫・常磐津・清元の4種類がある。

【4】解答省略

〈解説〉コード進行から和音構成音を取り出し，経過音や刺繍音などの非和声音と共に音進行を作り，リズムをつけて旋律を作る。反復や対照，変化などの構成を用いて全体をまとめよう。

【5】解答省略

〈解説〉条件に留意しながら編曲することが求められている。もとの楽譜からハーモニー進行を考え，各楽器の音域に注意して，旋律，副旋律，ハーモニー，ベースラインなど，各楽器の役割を決める。アンサンブル全体の音域が中音域に集中しないように気をつけること。移調楽器譜なので，実音と記譜音の違いに注意しよう。

【中学校】

【1】1　(1)　①　構造　　②　曲想　　③　味わう　　④　文化　　⑤　芸術　　⑥　伝統音楽　　⑦　多様性　　(2)　生徒が音楽活動を通して音楽に関する用語や意味などを知り，それらを適切に用いて表すことができるように指導する。　　2　音色，リズム，速度，旋律，テクスチュア，強弱，形式，構成　　3　鳴らした音を聴く，言葉で表してみる

〈解説〉1　(1)　①②　鑑賞の活動では要素や構造，またその働きによって生み出される曲想を感じ取って聴く活動が重要となる。　③　鑑賞領域での改善点。音楽について言葉で表すことは自己感情やイメージを認識し，感性を磨くのに役立つ。　④⑤　「背景となる文化・歴史」

だけでなく，「他の芸術」にも目を向けるよう指導するよう改訂され
ている。　⑥⑦　教科目標の改善点の「音楽文化についての理解を深
める」と調和した内容。　　(2)「中学校音楽学習指導要領解説」より，
音楽を形づくっている要素や構造などを理由に挙げながら音楽のよさ
や美しさについて述べるための指導。　2「中学校学習指導要領解説」
より，構成要素と表現要素に分けていたものが改訂・整理され，8つの
要素となった。　3「中学校学習指導要領解説」より，鳴らした音に
よってイメージが形成されたり，言葉に表すことによってイメージを
膨らませることができる。

【2】1　曲名…荒城の月　　作曲者名…滝廉太郎
　　　2

　　　3　歌詞の内容や言葉の特性，短調の響き，旋律の特徴
　　　4　　　　　　　

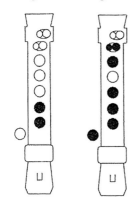

〈解説〉1　楽譜からこの楽曲であることが判断できる。　2　楽譜はロ短
　　調で，曲の最後の部分であることがわかる。　　3「中学校音楽学習
　　指導要領解説」より，歌唱表現の工夫は歌詞の内容や曲想を感じ取る
　　こと，言葉の特性を生かすことなどが求められている。

4　アルトリコーダーはF管なので最低音はヘ音，そこから音が上がるのに合わせて運指も決まる。#や♭がつく音の運指は変則的になるので注意。

【高等学校】

【1】1　①　音色　②　効果　③　知覚　④　感受　⑤　文化的　⑥　演奏者　⑦　伝統音楽　2　音色，リズム，速度，旋律，テクスチュア，強弱，形式，構成　3　音楽を形づくっている要素や構造などを客観的な理由としてあげながら，それらと曲想とのかかわりや，楽曲や演奏に対する自分なりの評価などを表すことができるように指導する。

〈解説〉1　①②　「声や器楽の特性と表現上の効果」から改訂され，指導内容がより明確になった。　③④　中学校音楽科の共通事項と同じである。　⑤⑥　「楽曲の歴史的背景」から改訂され，音楽は地域や文化，伝統などの影響を受け，また演奏者の解釈や個性などによって様々な様式や音楽表現が生み出されることを理解して鑑賞することが求められている。　⑦　自国および諸外国の様々な音楽文化について理解を深める学習が求められる。　2　中学校音楽科での既習内容。3　「高等学校学習指導要領解説」の音楽I「内容の取扱い　(6)」より，音楽によって喚起されたイメージや感情を音楽の要素とそれらの働きに関連付けて述べることができ，その関連付けを通して楽曲や演奏に対する価値も述べることができるように指導することが求められている。

【2】1　(1)　作曲者名…モーツァルト　曲名…交響曲第40番
(2)　作曲者名…ワーグナー　曲名…ワルキューレの騎行
(3)　作曲者名…リムスキー＝コルサコフ　曲名…シェエラザード

2

(1) コード…G   (2) コード…A7   (3) コード…Em

〈解説〉1　いずれも有名なメロディーである。　(1)　第1楽章第1主題。短2度下降の音型は「ため息のモチーフ」とも呼ばれている。

(2)「ニーベルングの指環」の第一夜の楽劇「ワルキューレ」の第3幕の前奏曲。　(3)　第1楽章の序奏部分，シャリアール王のテーマである。　2　(1)　ト音を根音とする長三和音。　(2)　イ音を根音とする属七和音。　(3)　ホ音を根音とする短三和音。ギターの調弦は第1弦から第6弦に向かってホ・ロ・ト・ニ・イ・ホ音になっており，1フレットずつ半音上がる。

2015年度　実施問題

【中高共通】

【1】次の楽譜は，ある交響曲の第1楽章の楽譜です。次の問いに答えな
さい。

1　この曲の作曲者名を書きなさい。また，交響曲第何番か書きなさい。

2　①，②のパートの楽器名を書きなさい。

3　下線部(a)，(b)のpesante及び，Un poco sostenutoの意味を書きなさい。

4　交響曲は，少なくとも一つの楽章がある形式で作曲されることが
定義である。その形式名を書きなさい。

（☆☆☆○○○）

【2】 リコーダーの演奏をする際，様々なアーティキュレーションを生か
して表現するために必要な奏法を2つ書きなさい。

（☆☆○○○○）

109

【３】次の用語について，簡潔に説明しなさい。
　１　オペラ
　２　国民楽派

（☆☆○○○○）

【４】能について，次の問いに答えなさい。
　１　能で扱う面は，少しあお向けると喜びの表情，下を向けると悲し
　　みの表情が表れるように作られている。その喜びの表情と悲しみの
　　表情の名称を書きなさい。
　２　能の音楽は，謡と呼ばれる声楽の部分と，囃子という器楽の部分
　　からできている。囃子で扱われている楽器名を3つ書きなさい。

（☆☆☆○○○○）

【５】次の楽譜に記載されたコードネームをもとに，コードに合う旋律を
　創作し，記入しなさい。

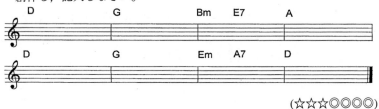

（☆☆☆○○○○）

【６】次の楽譜は「主人は冷たい土の中に」の一部である。この楽譜を，
　下の内容を満たして編曲しなさい。

　１　吹奏楽部の生徒の金管アンサンブル用で，編成は以下のとおりと
　　する。
　　(1)　トランペット　in B♭　　(2)　ホルン　in F
　　(3)　トロンボーン　in C　　(4)　チューバ　in C

110

2 各パートには音部記号，調号を記すこと。ただし，楽曲の途中の楽譜であるため，拍子は書かない。
(一般的な吹奏楽用の記譜とする。また，生徒が演奏しやすいように移調してもかまわない。)
3 金管楽器の響き合いの美しさが味わえるように配慮すること。
4 速度記号，発想記号など，曲想を表現するための記号も必ず記入すること。

(☆☆☆○○○○)

【中学校】

【1】「中学校学習指導要領」(平成20年3月告示) 音楽について，次の問いに答えなさい。

1 次の文章は，第1学年A表現の(1)及び(3)を抜粋したものである。空欄(①)〜(⑩)に当てはまる語句をそれぞれ書きなさい。なお，同じ番号には同じ語句が入る。

(1) 歌唱の活動を通して，次の事項を指導する。
　ア 歌詞の(①)や(②)を感じ取り，表現を工夫して歌うこと。
　イ 曲種に応じた(③)により，(④)の特性を生かして歌うこと。
　ウ 声部の役割や全体の(⑤)を感じ取り，表現を工夫しながら合わせて歌うこと。

(3) 創作の活動を通して，次の事項を指導する。
　ア (④)や(⑥)などの特徴を感じ取り，表現を工夫して簡単な(⑦)をつくること。
　イ 表現したい(⑧)をもち，音素材の特徴を感じ取り，反復，(⑨)，対照などの(⑩)を工夫しながら音楽をつくること。

2 〔共通事項〕で示されている「用語や記号」の中の「動機」に視点を当て，ベートーベン作曲の交響曲第5番ハ短調を授業で取り扱

111

う場合，生徒に知覚させたい指導内容を書きなさい。

3　「第3　指導計画の作成と内容の取扱い」に，「和楽器の指導については，3学年間を通じて1種類以上の楽器の表現活動を通して，生徒が我が国や郷土の伝統音楽のよさを味わうことができるよう工夫すること。」と示されているが，和楽器を用いるに当たって配慮することを書きなさい。

(☆☆○○○○)

【2】次の楽譜について下の問いに答えなさい。

1　この楽曲の曲名と，作詞者名，作曲者名を漢字で書きなさい。

2　楽譜で抜けている部分の旋律を書き入れ，楽譜を完成させなさい。

3　この楽曲を歌唱教材として取り扱う場合の指導内容を書きなさい。

(☆☆○○○○)

【高等学校】

【1】「高等学校学習指導要領」(平成21年3月告示)　芸術(音楽)について，次の問いに答えなさい。

1　次の文は，音楽Ⅱの目標である。空欄(①)～(④)にあてはまる語句を書きなさい。

　音楽の諸活動を通して，(①)にわたり音楽を愛好する心情を育てるとともに，(②)を高め，個性豊かな表現の能力と(③)な鑑賞の能力を伸ばし，(④)についての理解を深める。

2　音楽ⅠのA表現について，次の問いに答えなさい。

(1)「ウ　様々な表現形態による歌唱の特徴を生かし，表現を工夫して歌うこと。」と示されているが，西洋音楽に見られる無伴奏の合唱では，どのような特徴を感じ取って表現を工夫することが考

えられるか書きなさい。

(2)「エ　音楽を形づくっている要素を知覚し，それらの働きを感受
して歌うこと。」と示されているが，「感受」について説明しなさ
い。

(☆☆○○○○)

【2】次の問いに答えなさい。

1　コードネームを，次の(例)にならってそれぞれ全音符で書きなさい。
(例)

(1)　Dm　　(2)　Eaug　　(3)　C7　　(4)　Fdim7

2　次の(1)～(3)の文章は，主な声楽曲について簡単に説明したもので
ある。それぞれに合う適切な名称を書きなさい。

(1)　おおむね宗教的なテーマによる劇音楽。演奏会形式で上演され
る。

(2)　16～17世紀前半に多く作られた多声的な声楽曲。

(3)　「死者のためのミサ」の典礼文を歌詞としたもの。

3　次の作曲家の3大バレエ音楽を，作曲された年代順に答えなさい。

(1)　ストラヴィンスキー

(2)　チャイコフスキー

(☆☆○○○○)

解答・解説

【中高共通】

【1】1　作曲者名…ブラームス　　交響曲第1番　　2　①　オーボエ
②　ティンパニ　　3　(a)　pesante…重々しく　　(b)　Un poco
sostenuto…少し音を長めに保って　　4　ソナタ形式

〈解説〉2　一般的なスコアは上から木管楽器群，金管楽器群，打楽器群
(ティンパニ)，弦楽器群になっている。そのような視点から判断する
と，おおよその楽器は答えられる。　4　交響曲は原則として4つ程度
の楽章で構成され，少なくとも1つの楽章にソナタ形式を用いて(多く
は第1・4楽章)作曲されていることが定義である。

【2】スタッカート奏法，テヌート奏法，レガート奏法，ノンレガート奏
法　から2つ。

〈解説〉タンギングで音を短く切るのがスタッカート奏法。最初の音でタ
ンギングをし，あとは息を流し込むのがレガート奏法。滑らかなタン
ギングで息の流れを切らないのがテヌート奏法(ポルタート奏法ともい
う)。一音一音を軽くタンギングしていくのがノンレガート奏法。

【3】1　オペラ…独唱，重唱，合唱と管弦楽を中心に，文学的な要素，
美術的な要素，舞踏的な要素，演劇的な要素などを統合して構成され
る総合芸術。　　2　国民楽派…ロマン派後期に，北欧や東欧，スラ
ブ諸国において，ドイツ，フランス，イタリアなどで形成された音楽
を受け継ぎながらも，自国の民族的な要素を取り入れた芸術音楽。グ
リーグやスメタナなどがいる。

〈解説〉1　オペラは，台本(文学的要素)，演出(演劇的要素)，美術(舞台
美術や衣装)，舞踊(バレエ)，そしてオーケストラを伴った音楽劇であ
る。　　2　国民楽派には，ロシア5人組(キュイ・バラキレフ・ボロディ
ン・ムソルグスキー・リムスキー＝コルサコフ)，ドヴォルジャーク，

スメタナ(チェコ)，グリーグ(ノルウェー)，シベリウス(フィンランド)
らがいる。

【4】1　喜びの表情…テラス　　悲しみの表情…クモラス　　2　笛(能
管)，小鼓，大鼓，太鼓　から3つ

〈解説〉1　能では主人公が面をかけることが多い。面をかけることで
「テラス」「クモラス」のような独特の表情によって感情を表すが，特
に，悲しんで泣く場合では，左手を面の少し前に上げて，「シオリ」
という型をつくって悲しみを表現する。　2　囃子方が演奏する楽器
は「四拍子(しびょうし)」と総称される。座る位置は決まっており，
鏡板(松が描かれている)を背にして，左から太鼓・大鼓・小鼓・笛(能
管)が座る。

【5】解答例

〈解説〉ここでの課題は旋律創作であるが，その前提であるコードネーム
とその構成音を理解しているか問われている。そこで，旋律創作の手
順としては，①各小節に提示されたコードの構成音を書く。②調性を
判断する。この場合はニ長調である。③拍子を決める。④拍子感を活
かし形式や反復・対照・変化などを意識し，リズム構成を考える。
④各小節のリズムに構成音を踏まえて音付けをしていく。⑤旋律の流
れによっては，非和声音(経過音，逸音など)を用いる。参考例として
実際の旋律創作を掲載する。

【6】解答例

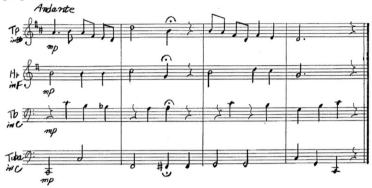

〈解説〉「主人は冷たい土の中に」の楽曲はaa′ba′の二部形式の曲で，譜例
　　　で示された部分は，4段目のa′の部分である。編曲にあたっては，C dur
　　　の楽譜に対して，in　B♭のトランペットはD dur，in FのホルンはG
　　　durになることを念頭において，この課題に取り組むことが大事になる。

【中学校】

【1】1　①　内容　　②　曲想　　③　発声　　④　言葉　　⑤　響き
　　　⑥　音階　　⑦　旋律　　⑧　イメージ　　⑨　変化　　⑩　構成
　　　2　動機の繰り返しにより，主題及び楽曲全体が構成されていること
　　　を知覚させる。　　3　学校や生徒の実態に応じる。　　　可能な限り
　　　郷土の伝統音楽を取り入れる。　　姿勢や身体の使い方。
〈解説〉1　出題の中でも最も基本的な指導事項の穴埋め問題である。第
　　　2・3学年と合わせてA表現B鑑賞の指導事項を覚えること。　　2　共通
　　　事項イに関する実践的な問題である。各社の教科書でこの楽曲は取り
　　　扱っているので，「動機」の扱いなどについて把握しておくこと。
　　　3　器楽の指導についての項目に関する問題であるが，学習指導要領
　　　解説　音楽編　第4章　2「内容の取扱いと指導上の配慮事項」の項目
　　　と解説は必読し，理解することが大切である。

【2】1　曲名…浜辺の歌　　作詞者名…林古渓　　作曲者名…成田為三

2

3　拍子や速度が生み出す雰囲気，歌詞の内容と強弱の変化との関係を感じ取り，フレーズのまとまりや形式などを意識して表現を工夫する。

〈解説〉3　歌唱共通教材7曲についての基本的な指導内容については，『中学校学習指導要領解説　音楽編』の第4章の「2　内容の取扱いと指導上の配慮事項」に示されている。どの教材でも「共通事項」の要素や要素同士の関連を知覚させ，それらの働きが生み出す特質や雰囲気を感受させることを学びのねらいとしている。

【高等学校】

【1】1　①　生涯　　②　感性　　③　主体的　　④　音楽文化

2　(1)　各声部における旋律などのかかわり合い。あるいは，一体感のある音色や全体的な調和。　　(2)　感受とは，音や音楽の特質や雰囲気などを感じ，受け入れること。

〈解説〉1　目標については，音楽Ⅰ・Ⅱ・Ⅲを並べて理解するとともに，文言の意味も把握しておくこと。　2　(1)　アカペラの合唱をイメージして記述するとよい。　(2)　知覚と感受は一体的な関係にあるので，2つの文言の定義は同一に理解しておくこと。学習指導要領では「知覚は，聴覚を中心とした感覚器官を通して音や音楽を判別し，意識すること」と明記している。

【2】1
(1)　　　　　　　　(2)

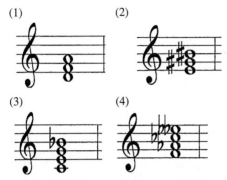

(3)　　　　　　　　(4)

2　(1)　オラトリオ　　(2)　マドリガル　　(3)　レクイエム
3　(1)　火の鳥　　ペトルーシュカ　　春の祭典　　(2)　白鳥の湖
眠りの森の美女　　くるみ割り人形

〈解説〉1　コードに付いているaugはaugmented(オーグメント)の略で5th
の音を半音上げる。dimはdiminished(ディミニッシュ)の略で，5thの音
を半音下げる。　2　(1)　オラトリオの作品としては，ヘンデルの
「メサイヤ(ハレルヤ・コラースを含む)」が有名である。　(2)　マドリ
ガルはイタリア発祥の歌唱形式である。代表的な作曲者としてモンテ
ヴェルディがいる。　(3)　多くの作曲者が作品を作っているが，中で
も有名なのが，モーツァルト，ブラームス，ヴェルディ，フォーレな
どの作品である。　3　(1)　火の鳥は1910年，ペトルーシュカは1911
年，春の祭典は1913年の作品である。　(2)　白鳥の湖は1877年，眠り
の森の美女は1888年，くるみ割り人形は1891年の作品である。

2014年度　実施問題

【中学校】

【1】「中学校学習指導要領」(平成20年3月告示)音楽について，次の問いに答えなさい。

1　次の文章は第1学年の目標である。空欄(①)〜(⑩)にあてはまる語句を下の〈語群〉の中からそれぞれ一つずつ選び，記号で答えなさい。なお，同じ語句を2回以上選んでもよい。

(1)　音楽活動の(①)を体験することを通して，音や音楽への(②)を養い，音楽によって(③)を明るく豊かなものにする(④)を育てる。

(2)　(⑤)な音楽表現の豊かさや美しさを感じ取り，(⑥)的な(⑦)の技能を身に付け，創意工夫して(⑧)する能力を育てる。

(3)　(⑨)な音楽のよさや美しさを味わい，幅広く主体的に(⑩)する能力を育てる。

〈語群〉

ア	表現	イ	歌唱	ウ	器楽	エ	創作
オ	鑑賞	カ	具体的	キ	多様	ク	応用
ケ	基礎	コ	基本	サ	関心・意欲	シ	興味・関心
ス	態度	セ	姿勢	ソ	生活	タ	気持ち
チ	生涯	ツ	楽しさ	テ	喜び	ト	おもしろさ

2　「第3　指導計画の作成と内容の取扱い」に，「変声期について気付かせるとともに，変声期の生徒に対しては心理的な面についても配慮し」と示されているが，具体的にはどのような配慮が考えられるか書きなさい。

3　「第3　指導計画の作成と内容の取扱い」に「(1)第2の各学年の内容の〔共通事項〕は表現及び鑑賞に関する能力を育成する上で共通

に必要となるものであり，表現及び鑑賞の各活動において十分な指導が行われるよう工夫すること。」と示されているが，この〔共通事項〕の内容を指導する場合，どのようなことに留意する必要があるか書きなさい。

4　各学年の内容の〔共通事項〕のアに示された，音楽を形づくっている要素の一つである「テクスチュア」に関連する学習の指導例を考えて書きなさい。

5　創作の指導において，「音を音楽へと構成していく体験を重視すること」と示されているが，その活動例を考えて書きなさい。

(☆☆☆☆◎◎◎)

【2】次の楽譜は，「夏の日の贈りもの」(高木あきこ作詞/加賀清孝作曲)の冒頭部分である。この楽曲を教材とした歌唱の授業において，旋律の特徴を感じ取らせる場合，この部分ではどのようなことを扱えばよいか考えて書きなさい。

(☆☆☆◎◎)

【3】スメタナ作曲「ブルタバ(モルダウ)」を教材として鑑賞の授業を行う場合について，次の問いに答えなさい。

1　題材の指導目標を考えて書きなさい。

2　関連教材としてふさわしい楽曲を選び，その楽曲名と作曲者名を書きなさい。また，その楽曲を選んだ観点を書きなさい。

(☆☆☆☆◎◎◎◎)

【4】次の楽譜は，あるオペラのスコア譜の一部である。このスコア譜を
含むオペラやその作曲者について，次の問いに答えなさい。

1　このオペラの題名を書きなさい。

2　作曲者の名前と出身国名を書きなさい。

3　「come prima」の意味を書きなさい。

4　形状が特徴的なトランペットが使用されるが，どのような特徴か
書きなさい。

5　この作曲者が作曲したオペラの中から，これ以外の作品を一つ選
び，その題名を書きなさい。

(☆☆☆◎◎◎)

【5】次のコードネームの和音を，(例)にならってそれぞれ全音符で書きなさい。

1 「Am」　　2 「D6」　　3 「E♭sus4」

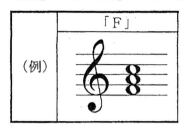

（☆☆☆○○○）

【6】次の表は，雅楽に使われる主な楽器についてまとめたものである。空欄①〜⑧にあてはまる楽器名を，下の＜楽器名群＞から選び，記号で答えなさい。ただし，⑤と⑥及び⑦と⑧の順は問わない。

種類	楽器名	主な役割
管楽器	①	主旋律を演奏する。
	②	やや修飾した主旋律を演奏する。
	③	和音を演奏する。
打楽器	④	一定のリズムパターンを繰り返し演奏し，速度を決めたり，終わりの合図を出したりして合奏を統率する。
	⑤	リズムパターンの区切り目を示す。
	⑥	
弦楽器	⑦	一定の音形を演奏し，拍を明確にする。
	⑧	

〈楽器名群〉

ア　鉦鼓　　イ　琵琶　　ウ　尺八　　エ　篳篥　　オ　太鼓

カ　篠笛　　キ　箏　　ク　竜笛　　ケ　三味線　　コ　鞨鼓

サ　笙　　シ　鐘

（☆☆☆○○○）

123

【7】次の音をアルトリコーダーで演奏する場合の運指を，(例)にならって書きなさい。

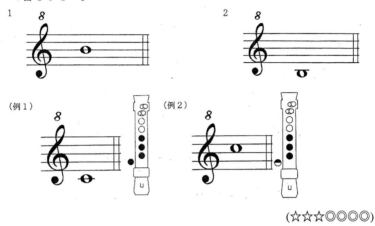

(☆☆☆◎◎◎◎)

【8】次の楽譜は「ラバースコンチェルト」の一部である。この楽譜を，下の内容を満たして編曲しなさい。

1　吹奏楽部の生徒のサクソフォンアンサンブル用で，編成は以下のとおりとする。
　(1)　S.Sax　inB♭　　(2)　A.Sax　inE♭　　(3)　T.Sax　inB♭
　(4)　B.Sax　inE♭
2　各パートには音部記号，調号，拍子を記すこと。
　　(一般的な吹奏楽用の記譜とする。また，生徒が演奏しやすいように，示された楽譜を移調してもかまわない。)
3　サクソフォンアンサンブルの響きの美しさが味わえるように配慮すること。
4　速度記号，発想記号など，曲想を表現するための記号を記入すること。

(☆☆☆☆◎◎)

解答・解説

【中学校】

【1】1 ① ツ ② シ ③ ソ ④ ス ⑤ キ ⑥ ケ
⑦ ア ⑧ ア ⑨ キ ⑩ オ 2 変声は健全な成長の
一過程であり，誰もが体験することであるということに気付かせる。
3 表現及び鑑賞の各活動と切り離して単独に指導するものではない
ことに留意する必要がある。 4 音や旋律の組合せ方，和音や和声
について指導する。 5 音と音とを連ねて短い旋律をつくる。

〈解説〉1 各学年の目標は全て覚えることが望ましいが，本問のように
選択式の場合は迷わず選択できるように，内容をよく理解しておきた
い。本問で問われている箇所は，〔第2学年及び第3学年〕でも用いら
れている音楽科の目標のキーワードでもあるので，よく学習しておこ
う。 2 具体的には『中学校学習指導要領解説 音楽編』に書かれ
ているので，その内容に基づいて解答したい。『中学校学習指導要領
解説 音楽編』「第4章」「2 内容の取扱いと指導上の配慮事項」によ
れば，変声については，それに伴う「不安や羞恥心をもつことがない
よう配慮すること」も重要であるとされている。 3 〔共通事項〕
は現行学習指導要領から新たに加えられたが，これは表現及び鑑賞に
関する能力を育成する上で共通に必要となるものであり，単独に指導
するものではない，ということが最も重要な留意点である。

4 〔共通事項〕の「音楽を形づくっている要素」について，各要素
に関連する学習の指導例は，『中学校学習指導要領解説 音楽編』「第
3章」「第1節」の「2 内容」の(3)〔共通事項〕に示されている。「テ
クスチュア」については解答例のほか，「多声的な音楽，我が国の伝
統音楽に見られる様々な音と音とのかかわり合い」などもあげられて
いる。 5 これも『中学校学習指導要領解説 音楽編』「第4章」「2
内容の取扱いと指導上の配慮事項」に書かれた事項。解答例の他には，
「複数の音を重ねて和音をつくったりすること」などもあげられてい

る。重要なのは，個別の音からまとまった音楽へと構成する体験が活
動の中に盛り込まれていることである。

【２】旋律の中心となる音(長くのばす音)が，だんだん下がっている。
〈解説〉示された部分の旋律は，類似した形(同じリズム)で2回繰り返さ
　　れており，中でも中心となる音(長くのばす音)が1回目と2回目でだん
　　だん下がっていっていることが特徴である。

【３】１　曲が生まれた背景を理解し，作曲者の思いを感じとらせる。
　　２　楽曲名…フィンランディア　　作曲者名…シベリウス
　　観点…祖国に対する作曲者の思いを感じ取るのにふさわしい作品。
〈解説〉１　スメタナ(1824〜84)が連作交響詩『我が祖国』を作曲した当
　　時のチェコは，オーストリア帝国の厳しい支配を受けており，スメタ
　　ナはこの曲にもチェコの独立への願いや祖国への思いを込めたといわ
　　れている。このような音楽のつくられた背景や作曲者の思いを盛り込
　　んだ指導目標がよいだろう。　２　『我が祖国』と同様，他国からの
　　支配に苦しみ独立を願った国への思いがみてとれる作品として，シベ
　　リウス(1865〜1957)の交響詩『フィンランディア』をあげることがで
　　き，関連教材として鑑賞させるのに非常に適している。

【４】１　アイーダ　　２　名前…ヴェルディ　　　出身国名…イタリア
　　３　初めのように　　４　直管部分が長い　　５　ナブッコ
〈解説〉１　示された楽譜は，オペラ『アイーダ』の第2幕第2場，『凱旋行
　　進曲』のものである。　２　イタリアの作曲家ヴェルディ(1813〜1901)
　　は，ドイツの作曲家ヴァーグナー(1813〜83)とともに19世紀を代表す
　　るオペラ作曲家である。　３　comeは「〜のように」，primaは「最初」
　　という意味のイタリア語である。「最初と同じように」という意味の
　　音楽用語としてよく用いられる。　４　アイーダで用いられる直管部
　　分が長いトランペットは「アイーダ・トランペット」とも呼ばれる。
　　もともとはエジプト風の音を音楽に取り入れようとしたヴェルディが

特注で作らせたものである。　5　その他,『リゴレット』『椿姫』などがある。

【5】1　Am　　　　2　D6　　　　3　E♭sus4

〈解説〉コードネームは, 和音の種類が理解できれば難しくない。
　1　Aを根音とする短三和音。　2　Dを根音とする長三和音に第6音を付加したもの。　3　sus4とは, 和音の第三音を半音上げたもののことである。和音の第三音を第四音にしたものということもでき, 第三音を第四音へ吊り上げた(suspend)音という意味から, sus4と呼ばれる。E♭を根音とする長三和音で, 第三音(G)のかわりにA♭を書けばよい。

【6】①　エ　　②　ク　　③　サ　　④　コ　　⑤　ア　　⑥　オ　　⑦　イ　　⑧　キ
〈解説〉雅楽で使われる楽器(管絃)は三管(管楽器), 三鼓(打楽器), 両弦(弦楽器)といわれ, それぞれに役割が決まっている。それぞれの名称と楽器の形状はもちろん, 管絃における主な役割も合わせて覚えておこう。

【7】　　1　　　　　2

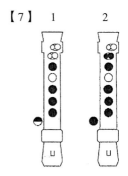

〈解説〉リコーダーの運指は頻出。アルトリコーダー及びソプラノリコーダーの運指はよく確認しておこう。バロック(イギリス)式とジャーマ

ン(ドイツ)式があるが，解答例はバロック式の運指である。

【8】解答省略

〈解説〉短いフレーズなので，あまり凝ったことをせず，シンプルにまと
　める方がよいだろう。ただし，あるパートの動きがとまっている時(例
　えば2小節目の付点2分音符の時など)に他のパートが多少動くなど，ア
　ンサンブルのあり方は意識できるとよい。少なくとも和音の構成音を
　間違えないこと(音と音がぶつからないように気を付ける等)，サクソ
　フォンの適した音域を使うことに留意しよう。

2013年度　　実施問題

【中学校】

【1】「中学校学習指導要領」(平成20年3月告示)音楽について，次の問い
　に答えなさい。

1　次の文章は教科の目標である。空欄(①)～(⑦)にあてはま
　る語句をあとの〈語群〉の中からそれぞれ一つずつ選び，記号で答
　えなさい。

　　(①)及び(②)の幅広い活動を通して，音楽を(③)する
　心情を育てるとともに，音楽に対する(④)を豊かにし，音楽活
　動の(⑤)的な能力を伸ばし，音楽(⑥)についての理解を深
　め，豊かな(⑦)を養う。

　〈語群〉

ア　愛情	イ　愛好	ウ　嗜好	エ　歌唱	オ　器楽
カ　創作	キ　鑑賞	ク　表現	ケ　情操	コ　感性
サ　感動	シ　基盤	ス　基礎	セ　基本	ソ　歴史
タ　日本	チ　文化	ツ　伝統		

2　第1学年のA表現について，次の問いに答えなさい。

(1)　「ア　歌詞の内容や曲想を感じ取り，表現を工夫して歌うこと。」
　　と示されているが，この「表現を工夫して歌う」とはどのように
　　歌うことか説明しなさい。

(2)　「イ　曲種に応じた発声により，言葉の特性を生かして歌うこ
　　と。」と示されているが，この「曲種に応じた発声」とはどのよ
　　うな発声か説明しなさい。また，この事項の学習における留意事
　　項を書きなさい。

(3)　取り扱う表現教材の範囲について，「我が国及び諸外国の様々
　　な音楽」と示されているが，その趣旨を書きなさい。

3　内容の取扱いと指導上の配慮事項に，「適宜，移動ド唱法を用いる

129

こと」と示されているが，その趣旨を書きなさい。

(☆☆☆◎◎◎◎)

【2】次の楽譜は，「中学校学習指導要領」(平成20年3月告示)音楽に示された歌唱共通教材「夏の思い出」の一部である。①～⑧の位置にあてはまる記号をあとの〈記号群〉の中からそれぞれ一つずつ選び，ア～ケの記号で答えなさい。ただし，同じものを2度選んでもよい。

〈記号群〉

| ア f | イ mf | ウ mp | エ p | オ pp |
| カ $dim.$ | キ ⌢ | ク ＜ | ケ ＞ | |

(☆☆◎◎◎)

【3】次の楽譜は，ある交響曲の第4楽章の楽譜の一部である。この楽譜を含む交響曲について，次の問いに答えなさい。

1　この曲の作曲者名及び国籍を書きなさい。また，交響曲第何番で何調か書きなさい。

2　①，②のパートの楽器名を書きなさい。

3　Allegro non troppo の意味を書きなさい。

4　平成23年5月，日本人指揮者がこの交響曲を演奏し，「ベルリン・フィルハーモニー管弦楽団を指揮する」という子どもの頃からの夢を実現して話題になった。この日本人指揮者の氏名を書きなさい。

IV

(☆☆☆◎◎)

【4】次のコードネームの和音を，(例)にならってそれぞれ全音符で書き
入れなさい。

(例)　F

　1　「F7」　　2　「F sus4」　　3　「F m7-5」　　4　「F9」

(☆☆☆☆☆◎)

【5】箏の奏法である「押し手」と「合せ爪」について，簡潔に説明しな
さい。

(☆☆☆◎◎◎)

【6】次の楽譜は，混声三部合唱曲「心の中にきらめいて」(田崎はるか
作詞／橋本祥路　作曲)の出だしの部分である。歌唱の学習において，
この部分ではどのような指導をすればよいか，二つ考えて簡潔に書き
なさい。

あ　の　ひ　うたっ　た　メ　ロディー　　　　ずっ　と　わ　た　しは－　わ　す　れ　な　い－

(☆☆☆☆☆◎◎◎)

【7】 三味線の調弦で「本調子」を下の楽譜の音程(実際は1オクターブ下)に合わせた時,「二上り(にあがり)」と「三下り(さんさがり)」の調弦はどの音程に合わせるか,次の「本調子」の楽譜を例にして書きなさい。

「本調子」

(☆☆☆☆◎◎◎)

【8】 日本の民謡について,次の問いに答えなさい。

1 山形県の民謡「最上川舟唄」の出だしの歌詞をカタカナで書きなさい。ただし,5文字以上10文字以内で書くこととし,言葉の途中で切れてもよい。

2 歌い方の特徴である「コブシ」と「産字(うみじ)」について簡潔に説明しなさい。

(☆☆☆☆◎◎)

【9】 次の楽譜は,我が国や郷土の伝統音楽の中から,主な四つの音階を五線譜表記でまとめたものである。「都節音階」を例に,四角の中に音符を書き入れそれぞれの音階を完成させなさい。

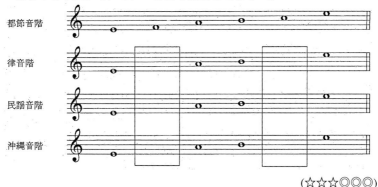

(☆☆☆◎◎◎)

【10】「山形のお米『つや姫』のコマーシャルソングを作ろう」を課題として創作の授業を行う際の，生徒に示す作品例を作り楽譜に書きなさい。ただし，歌詞，旋律とも自作し，2小節で作ること。

(☆☆☆◎◎◎)

【11】次の楽譜は，山形県民の歌「最上川」の一部である。この楽譜を，下の内容を満たして編曲しなさい。

1　吹奏楽部の生徒の金管アンサンブル用で，編成は以下のとおりとする。
　　(1)　トランペット　in B♭　　(2)　ホルン　in F
　　(3)　トロンボーン　in C　　(4)　チューバ　in C
2　一般的な吹奏楽用の記譜とし，各パートには音部記号，調号，拍子を記すこと。
3　生徒が演奏しやすいように，示された楽譜を移調してもかまわない。
4　金管アンサンブルの響きの美しさが味わえるように配慮すること。
5　速度記号，発想記号など，曲想を表現するための記号も必ず記入すること。

(☆☆☆◎◎)

解答・解説

【中学校】

【1】1 ① ク ② キ ③ イ ④ コ ⑤ ス ⑥ チ
⑦ ケ　2 (1)　表現したい思いや意図をもち，要素の働かせ方を
試行錯誤し，よりよい表現の方法の方法を見いだして歌うこと。
(2)　・発声…楽曲の特徴を表現することができる発声　・留意事項
…何通りもの発声の方法を身につけることがねらいではない。
(3)　音楽的視野を広げるとともに，多様な音楽文化についての理解を
深めることにもつながっていくため。　3　相対的な音程感覚などを
育てるため。

〈解説〉1　『中学校学習指導要領　音楽』の教科目標である。正確に書け
るように全文を覚えておこう。また，「音楽活動の基礎的な能力とは
何か。」など，目標に使われている言葉の意味が問われることも多い
ので，それらの意味が説明できるようにしておくとよい。このほか，
「第1学年」「第2学年及び第3学年」の目標については，2つの表現を比
べ，異なる部分の用語を中心に覚えておくとよいだろう。
2　(1)～(3)の解答の内容については，すべて『中学校学習指導要領解
説　音楽編』の「内容」の中に記されている。こうした形で出題され
ることを想定し，「A 表現」「B 鑑賞」「共通事項」の指導事項について
は，「第1学年」と「第2学年及び第3学年」での表現の違いに気をつけ
ながらその趣旨や指導方法，留意事項などを確認しておこう。
3　趣旨については，『中学校学習指導要領解説　音楽編』の「指導計
画の作成と内容の取扱い」の中に記載されている。中学校音楽の指導
では，音と音とがどのように関係し合って音楽が形づくられているか
という点が重視されており，その1つとして「移動ド唱法」により相
対的な音程感覚を育むというねらいがある。

【2】① ク　② ケ　③ オ　④ ケ　⑤ カ　⑥ ク
　　⑦ キ　⑧ エ

〈解説〉取り上げられている「記号群」は，いずれも基本的な用語・記号
　である。『中学校学習指導要領解説　音楽編』の「指導計画の作成と
　内容の取扱い」に示されている用語・記号に加え，小学校学習指導要
　領解説の各学年の〔共通事項〕の「音符，休符，記号や音楽にかかわ
　る用語」に示された記号は確実におさえておきたい。なお，歌唱共通
　教材は全部で7曲あり，ここに取り上げられている「夏の思い出」の
　ほかに，「赤とんぼ」「荒城の月」「早春賦」「花」「花の街」「浜辺の歌」
　がある。これらについては，歌詞，譜面をすべて記せるようにし，さ
　らに，作曲者名，作詞者名や彼らの生い立ちまでをおさえておくとよ
　いだろう。教科書にその曲にまつわることとして時代背景などが載っ
　ている場合には，その内容にも目を通しておくと安心である。

【3】1　・作曲者…ショスタコービッチ　　・国籍…ロシア(ソビエト)
　　・交響曲…第5番，ニ短調　　2　① トロンボーン　② ティンパニ
　　3　速く，しかし過度にならないように　　4　佐渡裕

〈解説〉1　ショスタコービッチ(1906～1975年)はロシアの交響曲作曲家
　として名高い人物である。なかでも，交響曲第5番，第7番，第10番が
　特によく知られている。示されている第5番第4楽章の冒頭部は，木管
　楽器のトリルと金管楽器のメロディーが印象的である。　2　①は，
　アルト譜表で記載されていることからトロンボーンであることがわか
　る。②は，譜面上で金管楽器の下に記載されていること，打楽器で音
　程があることからティンパニと予想できる。実際の曲を聴いたことが
　あれば，冒頭の8分音符がティンパニであることがわかるはずだ。ス
　コアになれておくことも大切である。　3　Allegroは「速く」，nonは
　「しかし」，troppoは「過度にならないように」という意味である。基
　本的な用語は意味だけでなく，読みも確認しておきたい。　4　佐渡
　裕は，テレビ番組「題名のない音楽会」の司会者を務めており目にし
　たことがある人も多いはずである。レナード・バーンスタインに師事

した日本人としても知られ，指揮者として世界で活躍する。

【4】

〈解説〉コードFのルートに短7度上の音「ミ♭」を足すと「F7」である。属七の和音ともいう。「F sus4」は「F4」の第3音を完全4度の音にした和音である。「Fm7-5」は「Fm7」の第5音を減5度とした和音である。ここでは複雑な和音を問われているが，基本的な理論は確認しておきたい。

【5】 ・押し手…左手で弦を押して音程を上げる。 ・合せ爪…2本の弦を右手の親指と中指にはめた爪で同時に弾く。

〈解説〉「押し手」で，全音上げる場合を「強押し」，半音上げる場合を「弱押し」という。「合せ爪」はオクターブで異なった音を出すときなどに使う。箏に関しては，各部の名称や調弦方法も確認しておきたい。近年，日本の伝統音楽に関する出題が増えてきている。ほかに，三味線，尺八，大太鼓などについても確認しておこう。

【6】 ・言葉のまとまりに注意して歌わせる。 ・促音に注意して歌わせる。

〈解説〉歌唱についての指導事項は，『中学校学習指導要領解説 音楽編』の「内容」に記載されているが，ここでは，「この部分(楽譜)ではどう指導すればよいか」を問われているので，この楽譜から，歌う際に難しいと思われるところや工夫するとよい点などを探し，解答する。ここでは，2箇所に促音を含む言葉があること，言葉をまとまりとしてとらえること，「わ」の発音に気をつけることなどがあげられよう。なお，〔共通事項〕の，音色，リズム，速度，旋律，テクスチュア，強弱，形式，構成などの「音楽を形づくっている要素」については頻

出であるので，1つ1つの意味やそれに関連する学習内容について，学習指導要領解説で確認しておくようにしよう。

【7】

〈解説〉三味線の調弦法は，基準の音の高さが固定されていないので，他の楽器や声に合わせて高さを変えることができる。「二上がり」は，本調子に比べて二の糸が2律(長2度)高い。また，「三下がり」は，本調子に比べて三の糸が2律(長2度)低い。記譜法や奏法についても学習しておこう。

【8】1　ヨーイサノマガショ　　2　・コブシ…音を細かく揺らすような歌い方　　・産字…母音を延ばす歌い方
〈解説〉「最上川舟唄」は，山形県最上川中流に位置する左沢（あてらざわ）に伝わる舟唄である。近年，日本の伝統音楽に関する問題として，日本全国の仕事歌(酒造り歌や田植え歌など)や祝い歌などの民謡や，追分など，伝統音楽に関する出題が増えている。地図から場所を選択する問題も見受けられるので，特徴を覚えるだけでなく，日本地図で発祥地などを確認しておくとよいだろう。

【9】

律音階

民謡音階

沖縄音階

〈解説〉日本の音階の分類にはさまざまな説があるが，今日では「都節音階」「律音階」「民謡音階」「沖縄音階」の4つに分けられることが多い。これらについては，実際に聴いて音を確かめておきたい。　・都節音階…日本の陰音階の1つで，五音音階である。長唄や義太夫などで多く使われる。　・律音階…日本の陽音階の1つで，五音音階である。「雅楽音階」とも呼ばれ，雅楽や声明で多く使われる。国歌「君が代」もこの音階の曲である。　・民謡音階…日本の陽音階の1つで，「短3度＋長2度」の組み合わせからできた五音音階である。民謡のほか，わらべ歌などにも使われている。　・沖縄音階…近年，歌謡曲で使われることも多く，身近なものになっている。

【10】

おいしい おこめ　つやひめ イエイ！

〈解説〉この問題には，2小節ということ以外に制限がない。表記する際，楽典的な誤りがないようにすること，さらに，「生徒に示す作品例」

であることを考慮し，複雑でなく，親しみやすい曲にすることを心が
けるとよいだろう。

【11】解答省略

〈解説〉楽器に応じて音部記号を使い分ける必要がある。また，移調楽器
　　については「in B♭」「in F」と記されているので，それを手がかりに
　　移調するとよい。楽器に親しむ経験がないと難しく感じられるかもし
　　れないが，スコアを読む技術の習得は欠かせないものであるので，勉
　　強し，慣れておくようにしよう。

2012年度　実施問題

【中高共通】

【1】次の1～5の文は，器楽曲について簡単に説明したものである。何について説明しているか，適切な器楽曲の名称を下の〈語群〉の中からそれぞれ一つずつ選び，番号で答えなさい。

1　急速なテンポによる3拍子の器楽曲。叙情的な中間部をもつことが多い。

2　オペラ，バレエ，組曲などの冒頭に置かれる器楽曲。単独で作られることもある。

3　19世紀に多く作られた，愉快で気まぐれな性格をもつ器楽小品。

4　劇やオペラの幕間に演奏される器楽曲。

5　19世紀半ばに生まれた，管弦楽による標題音楽の一種。

〈語群〉

① ロンド　　　② ラプソディ　　③ 交響詩
④ 夜想曲　　　⑤ 序曲　　　　　⑥ 幻想曲
⑦ 間奏曲　　　⑧ カプリッチョ　⑨ コラール
⑩ エチュード　⑪ スケルツォ　　⑫ マーチ

(☆☆☆◎◎◎)

【2】次の楽譜は，ある交響曲の第1楽章の楽譜です。この楽譜を含む交響曲やその作曲者について，次の問いに答えなさい。

1　この曲の作曲者名を書きなさい。また，交響曲第何番か書きなさい。

2　①，②のパートの楽器名を書きなさい。

3　この交響曲の第2楽章を授業の鑑賞教材として取り上げる場合，あなたはどんなねらいを設定するか。1つ書きなさい。

4　この作曲家の交響曲は，スコアに書かれた標題などにより「○○

交響曲」と通称で呼ばれるものが多い。第3番と第6番の通称を書きなさい。

(☆☆☆◎◎◎)

【3】次のコードネームの和音を，(例)にならってそれぞれ全音符で書き入れなさい。

（例）

1 「B aug」　　2 「B sus4」　　3 「B m7」　　4 「B 9」

(☆☆☆○○○)

【4】尺八の奏法を具体的に2つあげて，その奏法を簡潔に説明しなさい。

(☆☆○○○)

【5】次の用語について，授業で扱う程度の内容で説明しなさい。

1 「歌舞伎」
2 「フーガ」

(☆☆☆☆○○○)

【6】混声四部合唱「ふるさと」の指導で，次のような課題があった場合，どのような指導をすればよいか書きなさい。

1 全体を通して歌詞が聴き取りにくい。
2 曲の特徴を生かした表現になっていない。

(☆☆☆○○○)

【7】次の表は，音楽史上の有名な作曲家と合唱を含む作品を整理したものである。空欄(①)～(⑩)にあてはまる適切な作品名をあとの〈語群〉の中からそれぞれ一つずつ選び，記号で答えなさい。

	中世・ルネサンス	バロック	古典派	ロマン派	近代・現代
作曲家・合唱を含む作品	パレストリーナ (①)	ヘンデル. (②)	モーツァルト (③)	プッチーニ (④)	オルフ (⑤)
作曲家・合唱を含む作品	ジョスカン・デプレ (⑥)	J.S.バッハ (⑦)	ベートーベン (⑧)	ブラームス (⑨)	R.シュトラウス (⑩)

〈語群〉

ア	サロメ	イ	三角帽子
ウ	教皇マルチェルスのミサ曲	エ	トリスタンとイゾルデ
オ	交響曲第5番	カ	トスカ
キ	アルルの女	ク	ドイツ・レクイエム
ケ	森の歌	コ	フィガロの結婚
サ	ミサ・パンジェ・リングァ	シ	幻想交響曲
ス	メサイア	セ	魔弾の射手
ソ	カルミナ・ブラーナ	タ	ノベンバー・ステップス
チ	ファウスト	ツ	交響曲第9番
テ	ピーターと狼	ト	マタイ受難曲

(☆☆☆◎◎◎◎)

【8】次の楽譜は「ふるさと」の一部である。この楽譜を，下の内容を満たして編曲しなさい。

1　吹奏楽部の生徒のサクソフォンアンサンブル用で，編成は以下のとおりとする。

　　(1)　A.Sax　inE♭　　(2)　A.Sax　inE♭　　(3)　T.Sax　inB♭
　　(4)　B.Sax　inE♭

2　各パートには音部記号，調号，拍子を記すこと。
　　(一般的な吹奏楽用の記譜とする。また，生徒が演奏しやすいように，示された楽譜を移調してもかまわない。)

3　サクソフォンアンサンブルの響きの美しさが味わえるように配慮すること。

4　速度記号，発想記号など，曲想を表現するための記号も必ず記入すること。

(☆☆☆☆◎◎)

【中学校】

【1】「中学校学習指導要領」(平成20年3月告示)音楽について，次の問い
に答えなさい。

1　次の文章は，〔共通事項〕に示された内容である。空欄にあてはま
る語句をそれぞれ書きなさい。

〔共通事項〕

(1)「A表現」及び「B鑑賞」の指導を通して，次の事項を指導する。
　　ア　(①)，リズム，(②)，旋律，(③)，強弱，(④)，
　　　構成などの音楽を形づくっている要素や要素同士の関連を
　　　(⑤)し，それらの働きが生み出す特質や雰囲気を(⑥)
　　　すること。
　　イ　音楽を形づくっている要素とそれらの働きを表す用語や記号
　　　などについて，(⑦)を通して理解すること。

2　歌唱共通教材が7曲示されているが，その題名を書きなさい。

3　指導計画の作成と内容の取扱いに，次の(1)，(2)のことが示されて
いるが，それぞれのねらいと配慮事項を書きなさい。

(1)　各学年の内容の「A表現」及び「B鑑賞」の指導については，
　　それぞれ特定の活動のみに偏らないようにすること。

(2)　各学年の「A表現」の指導に当たっては，指揮などの身体的表
　　現活動も取り上げるようにすること。

(☆☆☆◎◎◎◎)

【2】シューベルト作曲「魔王」を教材にした鑑賞の授業において，根拠
をもって批評する活動として，生徒に作品の紹介文を書かせる場合の，
紹介文の例を考えて書きなさい。

(☆☆☆◎◎◎)

【高等学校】

【1】「高等学校学習指導要領」(平成21年3月告示)芸術(音楽)について，次の問いに答えなさい。

1　次の文は，「音楽Ⅰ」の目標である。空欄は，新しく加えられた部分の一部であるが，あてはまる語句をそれぞれ書きなさい。また，それらが加えられた趣旨を書きなさい。

　　音楽の幅広い活動を通して，（　①　）にわたり音楽を愛好する心情を育てるとともに，感性を高め，創造的な表現と鑑賞の能力を伸ばし，（　②　）についての理解を深める。

2　下のア～エの文は，「音楽Ⅰ」の(3)創作の内容である。これについて次の問いに答えなさい。

(1)　空欄にあてはまる語句をそれぞれ書きなさい。ただし，同じ番号のところには，同じ語句が入るものとする。

(2)　下線部音楽を形づくっている要素には，どのようなものがあるか。具体的に5つ書きなさい。

　　ア　音階を選んで旋律をつくり，その旋律に（　①　）な旋律や和音などを付けて，（　②　）をもって音楽をつくること。

　　イ　音素材の特徴を生かし，（　③　），（　④　），対照などの構成を工夫して，（　②　）をもって音楽をつくること。

　　ウ　音楽を形づくっている要素の働きを変化させ，（　②　）をもって（　⑤　）や編曲をすること。

　　エ　音楽を形づくっている要素を（　⑥　）し，それらの働きを（　⑦　）して音楽をつくること。

3　「B鑑賞」の指導に当たっては，楽曲や演奏について根拠をもって批評する活動などを取り入れるようにすると示されているが，この場合の「批評」とは，どのような活動か説明しなさい。

(☆☆☆◎◎◎)

【2】創作の指導における配慮事項を書きなさい。

(☆☆☆◎◎)

146

解答・解説

【中高共通】

【1】1　⑪　　2　⑤　　3　⑧　　4　⑦　　5　③

〈解説〉特に注意したいのが3のカプリッチョ(奇想曲)で，19世紀に多く
　　作られたキャラクター・ピースに入り，自由な形式の小品のため，ラ
　　プソディやファンタジー(幻想曲)と混同する恐れがある。1は「スケル
　　ツォ」で諧謔曲(かいぎゃくきょく)とも言われ，冗談，いたずらの意
　　味の曲。ベートーヴェンが交響曲にメヌエットの代わりに使用した。
　　「叙情的な中間部」がヒントとなるが，3にある「愉快で気まぐれな」
　　に気をとられるとカプリッチョ(奇想曲)とも混同しやすい。2の「序曲」，
　　4の「間奏曲」，5の「交響詩」は分かり易いだろう。

【2】1　作曲者…ベートーヴェン　交響曲…第7番　　2　①　オーボエ
　　②　クラリネット　　3　葬送行進曲風なイ短調の主旋律が楽器を変
　　えながら繰り返され，美しい対旋律を伴ってより豊かな表現に徐々に
　　発展していくことを聴き取ることができるようにする。　4　第3番…
　　英雄　　第6番…田園

〈解説〉1　ベートーヴェンの第7交響曲の冒頭のスコアであるが，ここは
　　導入の部分であり，6/8拍子で躍動感に満ちた♪♩♪　♪♩♪の有名
　　なリズムはまだ現れていない。　2　①　パートはオーボエとすぐ上
　　のフルートを見れば分かる。　②　パートは移調楽器でA管クラリネ
　　ット。　3　イ短調2/4拍子で♩♩♩｜♩♩♩のひきずるような主題が印
　　象的であるが，解答にある「葬送行進曲風」については，第3交響曲
　　「英雄」の第2楽章「葬送行進曲」があるので注意したい。

【3】1　B aug　　　2　B sus4　　　3　B m7　　　4　B 9

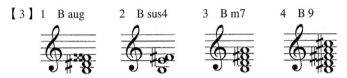

〈解説〉1　B augは増三和音であり，B(ロ音)を根音とした長三和音の第5音を半音上げるので，第5音はダブルシャープになる。　2　B sus4は第3音を含まないもので，根音の完全4度上に第3音があるコード(サスペンデッド・4thコード)。B－E－F♯の和音。　3　m7は短七の和音で，短三和音に根音から短7度上の音を加えたコードである。　4　9(ナインス)コードで，B9はB7の和音に，さらに根音から長9度上の音を加えた和音である。

【4】(奏法：説明の順)　・メリ：あごを引いて吹き，音程を下げる。・カリ：あごを出して吹き，音程を上げる。

〈解説〉解答のメリやカリ以外にも，ムラ息(息を強く吹き入れて雑音的な独特の音を出す)，ユリ(ビブラートのように音を細かくふるわせる)，コロコロなどがある。

【5】1　歌舞伎…日本の伝統的な演劇の1つ。音楽・舞踊・演奏が一体となって成り立っている。　2　フーガ…始めに示された主題が，追いかけるように加わる他の声部によって繰り返され，多声的に発展していく形式。

〈解説〉「授業で扱う程度」のとらえ方が難しく，解答では簡潔に大きくとらえた内容になっている。実際の授業では「歌舞伎」の説明を長時間かけるよりも，とりあげる「演目」の聴き所や見所の説明が重要で中心となるであろうから，概要を述べるのがよいと思える。さらに，以下のようなことを入れるとよい。　歌舞伎…江戸時代初期に始まる。「歌」が歌や音楽を，「舞」が踊りを，「伎」が演劇や演技を表す総合芸術である。　フーガ…遁走曲とも訳され，主題が他の声部に次々と規則性をもって模倣反復される高度な対位法技法の曲。

【6】(例) 1 演奏の録音を聴き，課題となる部分を練習する。
　　2　範唱CDと聴き比べて，どう歌いたいかイメージを共有する。
〈解説〉解答以外では，合唱指導の具体的要点を答えるのもよい。例えば，
　歌詞が聴き取りにくいのはハ行に多く，「いかにいます父母…」のハ
　ハがアアにならぬような練習を。また，四パートの中のどれかを抜い
　て二部や三部合唱で歌わせ，曲の特徴を生かす練習の指導などがあげ
　られる。

【7】① ウ　　② ス　　③ コ　　④ カ　　⑤ ソ　　⑥ サ
　　⑦ ト　　⑧ ツ　　⑨ ク　　⑩ ア
〈解説〉10人はよく知られた作曲家であるが，⑥のジョスカン・デプレ
　(1440頃～1521・フランドル楽派最大の作曲家)のミサ曲「パンジェ・
　リングァ」は難問である。歌劇は「サロメ」(R.シュトラウス)，「トス
　カ」(プッチーニ)，「フィガロの結婚」(モーツァルト)である。オラト
　リオが「メサイア」(ヘンデル)，「マタイ受難曲」(J.S.バッハ)，オルフ
　作曲「カルミナ・ブラーナ」は中世の世俗詩歌にもとづいた劇的カン
　タータである。パレストリーナ(伊.1525頃～94)の「教皇マルチェルス」，
　「パンジェ・リングァ」(J.デプレ)はミサ曲，ブラームスの「ドイツ・
　レクイエム」──ソプラノ・バリトン・合唱と管弦楽など，合唱を含
　む作品ばかりである。

【8】解答略
〈解説〉本問では(1)アンサンブルとしての編曲，(2)移調楽器としてE♭管
　とB♭管の記譜の2つの課題がある。ここでは吹奏楽(サックス)でそのま
　ま演奏できるよう(2)の記譜についてのみ述べたい。① E♭管のA.Saxは，
　実音より長6度高く記譜する。② B♭管のT.Saxは，実音より長9度高く
　記譜する。③ E♭管のB.Saxは，実音より1オクターヴと長6度高く記譜
　する。したがって，①は示されたヘ長調とニ長調に移調する。②はヘ
　長調をト長調に移調する(ヘ音記号を用いるのも可)。③のB.Saxはヘ長
　調をニ長調に移調しヘ音記号を用いる。移調楽器用に記譜する前に

Sax用の4重奏用編曲をしなければならず，手数がかかるが，先ず編曲をしてから①～③のような記譜をしたい。

【中学校】

【1】1　①　音色　　②　速度　　③　テクスチュア　　④　形式　⑤　知覚　　⑥　感受　　⑦　音楽活動　　2　赤とんぼ，荒城の月，早春賦，夏の思い出，花，花の街，浜辺の歌　　3　(ねらい：配慮事項の順)　(1)　幅広い活動を通して，生徒の関心・意欲を引き出す：歌唱・器楽・創作・鑑賞の4つの内容のバランスを考慮し，年間指導計画を作成する　　(2)　身体の動きを通して音楽の特徴をとらえ，表現を工夫させる：指揮法の専門的な技術を習得するような活動にならないようにする

〈解説〉1　共通事項は，テクスチュアという新しい語句も入った音楽を形づくっている要素などであり，かなり学習した人も多いであろう。⑤の「知覚し」や⑥の「感受する」といった語句も大切である。2　7曲の歌唱共通教材は，各学年ごとに1曲以上を含めて取り扱うよう示されている。実技テストで出題されることも多いことから，受験生としては全問正解したい。

【2】魔王の呼びかけに，息子の恐怖がだんだん高まってくるのを感じました。それは，お父さんを呼ぶ音程がだんだん高くなっているからです。特にすごいと思ったのは，歌だけでなくピアノ伴奏が様子を表しているところです。ぜひ聴いてみてください。

〈解説〉教員が生徒に説明する文ではなく，あくまでも生徒が根拠をもってこの曲の紹介文を書くといった設問の意図に留意すること。

【高等学校】

【1】(語句：趣旨の順)　①　生涯：生涯学習社会の一層の進展に対して，音楽への永続的な愛好心をはぐくむため。　　②　音楽文化：人間が生活や社会の中でどのように音楽を生み出しはぐくんできたかを学習す

るため。 2 (1) ① 副次的 ② イメージ ③ 反復
④ 変化 ⑤ 変奏 ⑥ 知覚 ⑦ 感受 (2) 音色, リズ
ム, 旋律, 強弱, テクスチュア 3 音楽のよさや美しさなどにつ
いて, 言葉で表現し他者に伝えること。

〈解説〉1 ①の「生涯」, ②の「音楽文化」はともに, 改訂により新たに
目標に加わった語句である。なお, この2つの語句は, 音楽Ⅱ及び音
楽Ⅲの目標にも入っているので確認しておきたい。 2 改訂により
〈A 表現〉〈B 表現〉ともに詳細な記述で示されるようになったので,
かなり深い学習が必要である。 (2)「音楽を形づくっている要素」は,
中学校学習指導要領の新設された共通事項に音色, リズム, 速度, 旋
律, テクスチュア, 強弱, 形式, 構成の8項目が示されている。
3 「根拠をもって批評する」は中学校の〈B 鑑賞〉の指導事項として
示されている。音楽のよさや美しさなどについて, 音楽を形づくって
いる要素や構造などの客観的な理由をあげながら, 言葉でそれを表現
し他者に伝えることである。

【2】創作に関する理論や技法の学習を選考させ過ぎたり, 曲を完成させ
ることのみをねらいにしたりすることなく, 創作する楽しさや喜びを
味わうことができるよう配慮する。

〈解説〉学習指導要領解説の音楽Ⅰ「内容の取扱い」には,「即興的に音
を出しながら音のつながり方を試すなど, 音を音楽へと構成すること
を重視するとともに, 作品を記録する方法を工夫させる」とある。解
答にある「創作する楽しさや喜びを味わうことができる」よう工夫し,
配慮することが重要である。

2011年度　実施問題

【中学校】

【1】中学校学習指導要領音楽(平成20年3月告示)について，次の問いに
答えなさい。

1　次の文章は，第2学年及び第3学年のA表現の一部である。空欄にあ
てはまる適切な語句をそれぞれ書きなさい。なお，同じ番号には同
じ語句が入るものとする。

(1)　歌唱の活動を通して，次の事項を指導する。

ア　歌詞の内容や(①)を味わい，曲にふさわしい表現を工夫
して歌うこと。

イ　曲種に応じた(②)や(③)の特性を理解して，それら
を生かして歌うこと。

ウ　声部の役割と全体の響きとの(④)を理解して，表現を工
夫しながら合わせて歌うこと。

(3)　創作の活動を通して，次の事項を指導する。

ア　(③)や(⑤)などの特徴を生かし，表現を工夫して旋
律をつくること。

イ　表現したい(⑥)をもち，(⑦)の特徴を生かし，反復，
(⑧)，(⑨)などの構成や全体のまとまりを工夫しなが
ら音楽をつくること。

2　和楽器を取り扱う上で，どのような工夫や配慮をすることとして
いるか書きなさい。

(☆☆☆◎◎◎)

【2】次の楽譜は，中学校学習指導要領音楽(平成20年3月告示)に示された歌唱共通教材の一部である。この楽譜及び楽曲について，下の問いに答えなさい。

おわれて　みたのーはー　いつのーひーか

1　抜けている旋律を書き入れなさい。
2　下線部の歌詞「おわれて」の意味を書きなさい。
3　この曲が作曲されたのはいつか，下から選び番号で答えなさい。
　(1)　明治33年　　　(2)　大正5年　　　(3)　昭和2年
4　この曲の作詞者と作曲者の名前を漢字で書きなさい。
5　歌唱の共通教材の中から，この曲以外の2曲を選択し，曲名とその曲の指導内容を書きなさい。

(☆☆☆◎◎◎)

【3】次の楽譜及びこの楽譜を含む楽曲について，次の問いに答えなさい。
1　楽曲名を書きなさい。
2　作曲者の名前と出身国名を書きなさい。
3　この楽譜は，第何楽章のものか書きなさい。
4　①，②のパートの楽器名を書きなさい。
5　③の用語「dolce」及び④の用語「Sordina」の意味を書きなさい。

(☆☆☆○○○)

154

【4】次のコードネームの和音を，下の(例)にならってそれぞれ全音符で
書き入れなさい。

1「Cm」　　2「C7」　　3「Cmaj7」　　4「Cdim7」

（例）

（☆☆☆○○○）

【5】アルトリコーダーの高音をきれいに出せるようにするための，生徒
への指導のポイントを二つ書きなさい。

（☆☆☆○○○）

【6】次の用語について，中学校の授業で扱う程度の内容で説明しなさい。

1「序破急」
2「ソナタ形式」

（☆☆☆☆○○○）

【7】創作の授業において，「走って跳んで楽しいね(はしって　とんで　た
のしいね)」の言葉を手掛かりとして旋律をつくらせる場合の，授業の
展開例を考えて書きなさい。また，例として生徒に示すための旋律を
作りなさい。ただし，旋律は4分の4拍子で2小節とすること。

（☆☆☆○○○）

【8】次の各文について，その内容の正しいものを五つ選び，番号を番号
順に記入しなさい。

1　「ジャズ」とは，19世紀の終わりごろにアフリカで生まれたポピ
ュラー音楽で，20世紀以降のさまざまなジャンルの音楽に大きな影
響を与えました。

2　「ラテン」とは，サンバ，ルンバ，マンボなどの，中南米諸国の
音楽の総称で，ラテンパーカッションと呼ばれる打楽器類が効果的

155

に用いられます。

3　「ロック」は，20世紀の半ばごろにアメリカで生まれたポピュラー音楽で，その後世界中に広まり，さまざまなスタイルに分かれていきました。エレキギターやスチールドラムが用いられるのが特徴です。

4　「フラメンコ」は，歌と踊りとギターが一体となったスペイン南部の音楽で，三者のかけ合いによって激しく感情を表現します。

5　「オペラ」は，音楽だけでなく，文学(台本)，演劇(演出)，美術(舞台美術や衣装)，舞踊など，さまざまな要素をあわせもつので，複合芸術といわれます。

6　「文楽」は，江戸時代に発展した日本の伝統的な人形劇です。太夫・三味線・人形，この三つの役割が一体となって，物語に展開される人間の喜怒哀楽を描き出していきます。これを「三業一体」といいます。

7　「アドリブ」とは，ラテン語の「ad libitum」(アド　リビトゥム)の略で，「今すぐに」という意味です。多くの場合，伴奏のリズムや響きに乗って，旋律を即興的に演奏していくことをいいます。

8　「パイプオルガン」は，1本のパイプから一つの音しか出ないので，たくさんのパイプを必要とします。鍵盤の横には，ストップと呼ばれるたくさんのボタンが付いており，それらを操作することによって音色を選ぶことができます。

9　「シタール」は，3本の弦をはじいて音を出す弦楽器です。演奏する弦のほかにも多数の共鳴弦が張られています。

10　歌舞伎「勧進帳」は，京都から平泉に向かう源義経一行が，加賀の国，安宅の関所にさしかかったときの，弁慶と関守の富樫左衛門との緊張感に満ちた場面を描いたものです。

(☆☆☆◎◎◎)

【9】次の楽譜は「エーデルワイス」の一部である。この楽譜を，あとの内容を満たして編曲しなさい。

0

1　吹奏楽部の生徒の金管アンサンブル用で，編成は以下のとおりとする。

(1)　トランペット　in B♭　　(2)　ホルン　in F

(3)　トロンボーン　in C　　(4)　チューバ　in C

2　各パートには音部記号，調号，拍子を記すこと。

(一般的な吹奏楽用の記譜とする。また，生徒が演奏しやすいように移調してもかまわない。)

3　金管楽器の響き合いの美しさが味わえるように配慮すること。

4　速度記号，発想記号など，曲想を表現するための記号も必ず記入すること。

（☆☆☆☆○○○）

解答・解説

【中学校】

【1】1　①　曲想　　②　発声　　③　言葉　　④　かかわり

⑤　音階　　⑥　イメージ　　⑦　音素材　　⑧　変化　　⑨　対照

2　・3学年を通じて1種類以上の楽器の表現活動をする。　　・生徒が我が国の郷土の伝統音楽のよさを味わうことができるよう工夫する。

・姿勢や身体の使い方についても配慮する。　など

〈解説〉1　各学年の目標と内容を確実におさえておくことが求められる設問である。各学年の目標は重要事項なので熟読しておくこと。

2　「第4章 指導計画の作成と内容の取り扱い 2.内容の取扱いと指導上の配慮事項」において示されている。

【2】1

2　背負われて　　3　(3)　　4　作詞者…三木露風　　作曲者…山田
耕筰　　5　・曲名…荒城の月　　指導内容…歌詞の内容や短調の響
きなどを感じ取る　　・曲名…花の街　　指導内容…強弱の変化と旋
律の緊張や弛緩との関係を感じ取る　　など

〈解説〉1　ヨナ抜きとも呼ばれる，第4音と第7音以外の五音音階で書か
れている曲である。　　2　「負われて」という字である。「追われて」で
はない。　　3　詩に旋律を付した童謡が日本ではじめて作られたのは
大正8年であるので，山田耕筰が童謡として作曲を始めたのはその後
である。　　4　山田耕筰の「筰」に注意。　　5　その他の共通教材は
「荒城の月」(作詞者・土井晩翠，作曲者・滝廉太郎)，「早春賦」(作詞
者・吉丸一昌，作曲者・中田章)，「花の街」(作詞者・江間章子，作曲
者・團伊玖磨)，「浜辺の歌」(作詞者・林古溪，作曲者・成田為三)，
「花」(作詞者・武島羽衣，作曲者・滝廉太郎)，「夏の思い出」(作詞
者・江間章子，作曲者・中田喜直)である。

【3】1　アランフェス協奏曲　　2　名前…ロドリーゴ　出身国名…スペ
イン　　3　第2楽章　　4　①　イングリッシュホルン　　②　ギター
5　③　柔らかく，優しく　　④　弱音器を使って

〈解説〉1　アランフェス協奏曲第2楽章の冒頭部分である。　　2　ホアキ
ン・ロドリーゴは，20世紀に活躍した盲目の作曲家である。
3　全3楽章から成る協奏曲であるが，この第2楽章が最も有名である。
4　イングリッシュホルンは別名コーラングレとも呼ばれる，オーボ
エ属の楽器である。アランフェス協奏曲の独奏楽器はギターである。
5　イタリア語の楽語である。独奏楽器のギターは音量が小さいため，
オーケストラはそれに合わせて弱音器をつけたり音量を弱くしたりす
ることがある。

【4】 1　2　3　4

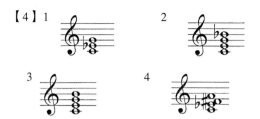

〈解説〉4　Cdim7は根音(ド)＋短三度(ミ♭)＋減五度(ソ♭)＋減七度(シ♭♭)である。これを異名同音として読み替えると，ド＋ミ♭＋ファ♯＋ラとなる。

【5】・やや強めに「ティ」というイメージでタンギングさせる。

　　・サミングですき間の大きさを調整させる。すき間を小さくさせる。

〈解説〉サミングホールはあまり広く開けすぎると，空気が漏れてしまう。同様に，他の孔もしっかり塞いでいることが大切。また，高い音を出す時は息を細く鋭く吹き込むイメージを持つとよいだろう。

【6】序破急……我が国の伝統音楽において，速度が次第に速くなる構成や形式上の三つの区分を表すもの。　ソナタ形式……主題や動機をもとに，提示部・展開部・再現部で構成されたもの。

〈解説〉1　そもそもは雅楽のひとつ唐楽から生まれた言葉である。箏曲「六段」の構成を序破急に則して説明することもある。　2　ソナタ形式は18世紀古典派の時代に大きく発展したといわれる。

【7】授業の展開例……・言葉をもとに，リズムを感じ取り，リズム譜をつくる。　・言葉の抑揚をもとに，音の高低のイメージをつかむ。

　　・リズムと音の高低を合わせて旋律をつくる。

　　例として示す旋律……　(例)

〈解説〉言葉を題材とする場合には，言葉と密接な関係があるリズムに着目して授業を組み立てることがオーソドックスな方法だろう。

【8】2，4，6，8，10

〈解説〉1　ジャズはアメリカにおいて，アフリカ系音楽がもととなって生まれたものである。　3　スチールドラムは別名スチールパンとも呼ばれる，トリニダード・トバコの民族楽器である。　5　オペラは総合芸術と呼ばれる。　7　アドリブは「自由に」の意である。9　一般的なシタールの演奏弦は7本である。

【9】

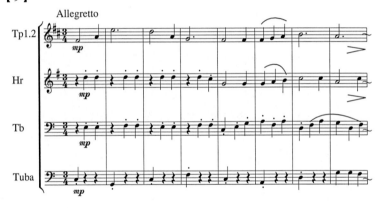

〈解説〉吹奏楽に関する知識や経験があるとよいだろう。記譜の際には移調楽器に注意するべきである。トロンボーンとチューバは実音で記譜する。また音部記号については，トロンボーンとチューバはヘ音記号で記譜する。さらに4の条件を満たすように，ダイナミクスや楽語もふさわしいものを選択するとよい。

2010年度　実施問題

【中高共通】

【1】次の楽譜は，ある組曲の一部である。この楽譜及びこの楽譜を含む
組曲について，あとの問いに答えなさい。

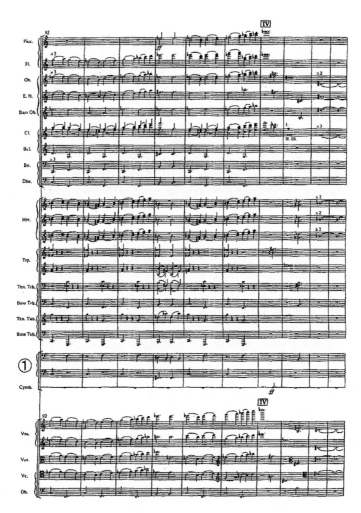

1　組曲名と作曲者名を書きなさい。

2　この楽譜は，第何楽章のものか書きなさい。また，この楽章の題
　　名を日本語で書きなさい。

3　①のパートの楽器名を書きなさい。

4　第1楽章の冒頭の弦楽器に「col legno」という記号がついているが，

その意味を書きなさい。

5 最終楽章にはどのような指示があるか。「合唱団」「ドア」の二つ
の言葉を使って書きなさい。

6 この楽曲は，当初，オーケストラとは別の楽器編成で作曲されて
いるが，その編成を書きなさい。

7 この作曲家と同じ国で生まれた作曲家の名前を書きなさい。

(☆☆☆☆☆◎)

【2】次の文の空欄(①), (②)にあてはまる適切な言葉を，カタ
カナで書きなさい。

能は，音楽と舞踊を融合させた日本の伝統的な演劇の一つです。能
では，主人公の多くが面をかけますが，この面は，少しあお向けると
喜びの表情，少し下を向けると悲しみの表情が表れるように作られて
います。この，少しあお向けることを(①)と言い，少し下を向け
ることを(②)と言います。

(☆☆☆☆☆◎)

【3】次の1~5の文章は，ある打楽器の説明である。それぞれの楽器の名
称を書きなさい。

1 ロバ，馬などの下あごの骨を乾燥させて作った打楽器。たたくと，
あごに付いている歯がカタカタ鳴る。

2 2つまたは3つのカウベルを鉄の棒でつないだ打楽器。スティック
でたたいたり，カウベルどうしを打ち合わせたりする。

3 お椀型のベルを1本の軸に，大きい順に上から下へ開口部を下に向
けて縦に並べた打楽器。上から下へすべらすようにたたく。

4 ドラム缶の底をハンマーでたたいて窪みを付け，いくつかの面に
分け，その面ごとに音程を出せるように作った打楽器。

5 胴の片面に皮が張られ，その内側の中心に棒が付けられている打
楽器。この棒を湿った布でこすって音を出す。指で皮を押して音程
を変化させることもできる。

(☆☆☆☆◎◎)

【４】次の楽譜の1，2に合うコードネームと，それをギターで弾く場合の
　　　ポジションを下の(例)にならって書きなさい。

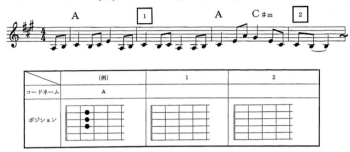

(☆☆☆☆◎◎◎◎)

【５】この楽譜は，ボディーパーカッションの基本パターンを作っている
　　　途中のものである。下の＜条件＞1～2を満たすようにして②～④のパー
　　　トを考えて書きなさい。

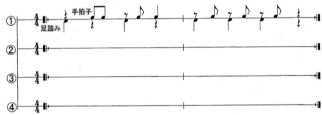

　　　＜条件＞
　　　1　4つのパートがすべて重なった部分とし，全休符は使わないこと。
　　　2　体のどの部分を使って音を出すか分かるように，①にならって書
　　　　くこと。

(☆☆☆☆◎◎)

【６】生徒が考えた詩に旋律をつけるという創作の授業を行う場合の，指
　　　導計画(毎時間の目標と活動内容)を考えて書きなさい。ただし，時数
　　　は3時間とし，生徒がどのような手順で旋律を作っていくのかが分か

るように書くこと。また，詩は既に出来上がっているものとする。

(☆☆☆☆◎◎)

【7】このリコーダー4重奏の楽譜を，下の内容を満たして，金管アンサンブル用に書きかえなさい。

1　吹奏楽部の生徒の金管アンサンブル用で，編成は以下のとおりとする。

  (1)　トランペット　　(2)　ホルン　　(3)　トロンボーン

  (4)　チューバ

2　各パートには音部記号，調号，拍子を記すこと。(原調のままで，一般的な吹奏楽用の記譜とする)

3　速度記号，発想記号など，曲想を表現するための記号も必ず記入すること。

(☆☆☆◎◎◎)

【中学校】

【1】新学習指導要領中学校音楽(平成20年3月告示)について，次の問いに答えなさい。

1　これまでの教科目標と比較し，教科目標に新たに記載されたものを書きなさい。また，新たに記載された目標部分の主旨について説明しなさい。

2　歌唱共通教材が提示された観点を書きなさい。

3　次の文章は，〔共通事項〕の内容である。空欄にあてはまる適切な語句をそれぞれ書きなさい。

  ア　音色，リズム，速度，旋律，(　①　)，強弱，形式，構成など

の音楽を形づくっている要素や(　②　)を知覚し，それらの働き
が生み出す特質や雰囲気を感受すること。

イ　音楽を形づくっている要素とそれらの働きを表す用語や記号な
どについて，(　③　)を通して理解すること。

(☆☆☆☆◎◎◎)

【2】箏曲「六段の調」について，次の問いに答えなさい。

1　次の文章は箏曲「六段の調」に関する解説である。空欄①〜⑧に
あてはまる適切な語句を下の〈選択語群〉から選び，それぞれ記号
を書きなさい。

六段の調は，(　①　)の一つで，曲は，六つの段から構成されて
いる。その最初の部分は,(　②　)半ばごろ流行していた「すががき」
という曲の旋律をもとにしている。原則として初段を除く各段
が(　③　)に統一されている。この曲のテンポはしだいに(　④　)
くなるが曲尾では(　⑤　)くなる。作曲者の(　⑥　)は，江戸で箏
を学び(　⑦　)という調弦法を確立するなど箏曲の発展に功績を残
している。

箏は，桐の木で作った胴に13本の弦を張り，奏者の向こう側から
手前に向かって順に，一　二　三　四　五　六　七　八　九　十
(　⑧　)　為　巾　と呼ぶ。

〈選択語群〉

ア　宮城道雄	イ　砧物	ウ　17世紀	エ　段物
オ　八橋検校	カ　十一	キ　18世紀	ク　104拍
ケ　斗	コ　96拍	サ　速	シ　遅
ス　平調子	セ　段合わせ	ソ　柱	タ　本調子

2　この曲を教材として鑑賞の授業を行う場合の，指導目標を考えて
書きなさい。

(☆☆☆◎◎◎◎)

【高等学校】

【1】現行の高等学校学習指導要領芸術(平成11年3月告示)の「音楽Ⅰ」
「音楽Ⅱ」「音楽Ⅲ」について，次の問いに答えなさい。

1 「音楽Ⅰ」「音楽Ⅱ」「音楽Ⅲ」の目標について，空欄にあてはま
る適切な語句をそれぞれ書きなさい。ただし，同じ番号には同じ語
句が入るものとする。

音楽Ⅰ 音楽の(①)を通して，(②)する心情を育てるとと
もに，(③)を高め，創造的な表現と鑑賞の能力を伸ばす。

音楽Ⅱ 音楽の諸活動を通して，(②)する心情を育てるととも
に，(③)を高め，音楽文化についての理解を深め，(④)
な表現の能力と主体的な鑑賞の能力を伸ばす。

音楽Ⅲ 音楽の諸活動を通して，生涯にわたり(②)する心情と
音楽文化を尊重する態度を育てるとともに，(③)を磨き，
(④)な音楽の能力を高める。

2 「音楽Ⅰ」の「3 内容の取扱い」において，視唱力及び視奏力の
伸長については，どのようなことに配慮するものとしているか書き
なさい。

3 「B 鑑賞」において，箏曲，三味線音楽，尺八音楽，能楽，琵琶
楽などを扱うようにするとしているが，そのねらいを書きなさい。

(☆☆☆◎◎◎)

【2】日本の民謡は，音楽的な特徴によって，八木節様式と追分様式の2
種に分類することができる。次の表は，その特徴をまとめたものであ
るが，空欄①～⑨にあてはまる適切な語句を〈選択語群〉から選び，
それぞれ記号を書きなさい。

	八木節様式	追分様式
リ ズ ム	①	②
メ リ ス マ	③	④
音 域	⑤	⑥
歌 唱 形 態	⑦	⑧
伴 奏 楽 器	⑨	尺 八

〈選択語群〉

ア	独唱	イ	斉唱	ウ	輪唱
エ	鐘	オ	箏	カ	太鼓，三味線
キ	広い	ク	狭い	ケ	多い
コ	少ない	サ	古い	シ	新しい
ス	易しい	セ	難しい	ソ	明確(拍節的)
タ	不明確(無拍節)				

(☆☆◎◎◎)

解答・解説

【中高共通】

【1】1　組曲名：惑星　　作曲者名：ホルスト　　2　第6楽章
　題名：天王星－魔術師　　3　ティンパニ　　4　弓の木部で弦をたたく
　5　合唱団は隣室に位置して，部屋のドアは曲の終わりまで開けてお
　き，ゆっくり静かに閉じられる。合唱団，ドア，副指揮者(必要な場
　合)は完全に聴衆から見えないようにする。　　6　ピアノ2台
　7　エルガー　など

〈解説〉示されたオーケストラスコアは，ホルストの組曲「惑星」の第6
　曲「天王星」の1部である。が，ほとんどコンサートでも聴く機会の
　無い「天王星」をなぜとり上げたのか疑問である。しかも，1～7のう
　ちの1の曲名・作曲者名が分からなければ，2，5，6，7は答えようの
　ない不親切なものになっている。難問奇問である。　　2　何楽章かと
　いう問いであるが，これは7曲より成る組曲であり，「何曲めか？」の
　問いにすべきである。混乱をねらって何楽章かの質問にしたとすれば
　受験者に失礼である。　　3及び4　設問は曲名が分からなくとも答えら
　れるもの。　　5　この曲の最終7曲めは「海王星」で，舞台裏(ドアの
　外)の女声6部合唱(歌詞なし)を生かした神秘的な美しい曲である。し

かし，この設問に答えられる人はほとんどいないのではないか。この組曲では第1曲「火星」，第4曲「木星」が多くの人に親しまれている。
6　第6曲がピアノ2台で当初作られたことも，あまり知られていない。なお，第7曲はオルガン用に当初作られたもの。　7　解答例のほか，ヴォーン・ウィリアムズやベンジャミン・ブリテンなど。

【2】①　テラス　　②　クモラス
〈解説〉能における面のしぐさ(表情)のことで，能の経験者でないと答えられないような設問。他にもシオル(泣く)とかツカウ(見わたす)などがある。

【3】1　キハーダ　　2　アゴゴ　　3　ベル・トゥリー　　4　スティール・ドラム　　5　クイーカ
〈解説〉叩けば何でも打楽器になり得るものなので，打楽器は次々に新しく生まれる。例えば4のスティール・ドラムは，中米・西インド諸島のトリニダード島で，ドラム缶の底から考案されたのが第2次世界大戦頃のこと，スティール・パンとも呼ぶという。2のアゴゴはサンバ(ブラジル)に不可欠の金属打楽器。　この設問は難問の部に入るであろう。対策としては，とにかくいろいろな音楽や楽器などに興味を持つことから始まる。

【4】

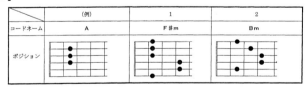

〈解説〉旋律からコードネームを付けて，ギターのダイヤグラムを示す設問。1のコードネームは解答例のF♯mが良いであろうが，1小節前のAのコードでも誤りとはいえない(旋律だけでコードを付ける場合は複数の答もあり得る)。2のコードもBmのほか，Bm7でも可と思われる。

【5】※解答例

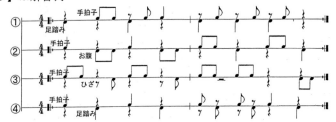

〈解説〉ボディーパーカッションの演奏は，手軽にどこでも楽しく行うこ
とができ，中・高校生のグループを中心に身近な音楽(リズム)の活動
として有意義なもの。その指導ではリーダーシップが重要であり，こ
の出題のように全身を使った(足踏み，手拍子，ひざ，腹や肩を打つ)
リズムパターン作りがよい経験になり得る。解答例を参考にリズム作
りを工夫してほしい。

【6】※解答例

時	目　　標	活　動　内　容
1	曲の構想を考える	1、詩を読み、構成をつかむ。 2、場面ごとに、情景をイメージし、曲の構想を練る。
2	メロディーを考える	1、詩を読み、言葉のリズム、アクセント、 　イントネーションをとらえる。 2、言葉のリズムなどをもとに、メロディーを考える。
3	構成を工夫し、完成させる	1、考えたメロディーをもとに、反復や展開などの工夫をする。 2、詩のイメージと照らし合わせて、曲の山場の旋律を工夫する。 3、完成させる。

〈解説〉詩に旋律をつける創作の授業の指導計画を3時間として書く出題
である。このような活動は学校によっては，「学級歌」作りなどで実
践して効果を上げている例もある。解答例を参照し，やがてはこのよ
うな活動に意欲を向けてほしい。活動内容で配慮したいことは，①自
発的な意欲を大切にし，使用する楽器は何を用いてもよい，複数名や

小グループの協力も可とする。②五線の楽譜以外の図，記号なども自由とし，テープ録音の発表や提出も可(教師が記譜する)などである。

【7】※解答例

〈解説〉C durの4重奏をトランペット・ホルン・トロンボーン・チューバの4重奏用楽譜に書き直す設問である。楽譜はホルストの組曲「惑星」より「木星」の第4主題である。

○トランペットB♭管は実音の長2度上に記譜。→D dur

○ホルンはF管，実音の完全5度上に記譜。→G dur

○トロンボーンとチューバは移調楽器扱いではない。→オクターヴ低い楽譜にする。

【中学校】

【1】1 新たに記載されたもの：音楽文化についての理解を深め

主旨：生徒が音楽文化について理解を深めていくことにつながる学習が行われることや，音楽文化そのものを対象にした学習と言えることといった音楽科の性格を明らかにした。 2 我が国のよき音楽文化を世代を超えて受け継がれるようにする観点。 3 ① テクスチュア ② 要素同士の関連 ③ 音楽活動

〈解説〉新学習指導要領からの出題であるが，すべて記述式解答のため，1の主旨や2の記述では慎重さが要求される。3の〔共通事項〕は新設されて示された指導事項そのままの記述であるが，よく読んで覚えるなどの学習が必要である。

【2】1　① エ　② ウ　③ ク　④ サ　⑤ シ　⑥ オ
　　⑦ ス　⑧ ケ　2　・余韻の変化を味わいながら聴き，箏の音
色に親しませる。　・箏曲の独特な旋律を味わわせる。　など

〈解説〉1　選択語群からあてはまるものを選ぶ設問であるが，「六段の調」
　　についての知識が必要である(①〜⑧に対して語群が16，と2倍あるの
　　で)。文中の「すががき」とは「六段の調」の初段の原曲になったもの
　　である。③の104拍とは各段が52拍子(104拍)に統一されていることを
　　示している。　　2　解答例参照

【高等学校】

【1】1　① 幅広い活動　② 音楽を愛好　③ 感性　④ 個性
豊か　　2　単なる技術の練習に偏ることなく，他の事項との関連に
おいて総合的に扱う。　3　我が国の文化や伝統に対する理解を深め，
これを愛する心を育てる。

〈解説〉現行の高校学習指導要領の出題であり，1〜3の問いはおさえてい
　　なければならぬ設問である。

【2】① ソ　② タ　③ コ　④ ケ　⑤ ク　⑥ キ
　　⑦ イ　⑧ ア　⑨ カ

〈解説〉日本の民謡を2つの様式に分けそれぞれ特徴を答えるもので，八
　　木節(群馬県地方)や追分(全国各地)の曲を少しでも知っていれば正答で
　　きる設問である。

2009年度　実施問題

【中学校】

【1】次の文は，現行の中学校学習指導要領(音楽)の目標である。これについて下の問題に答えなさい。

　　表現及び鑑賞の幅広い活動を通して，(①)を育てるとともに，(②)を豊かにし，音楽活動の<u>基礎的な能力</u>を伸ばし，(③)を養う。

1　空欄①〜③にあてはまる適切な語句をそれぞれ書きなさい。
2　下線部「<u>基礎的な能力</u>」について説明しなさい。

(☆☆☆☆◎◎◎◎)

【2】現行の中学校学習指導要領(音楽)のB鑑賞において，鑑賞教材を取り扱う範囲が示されているが，それを3つ書きなさい。

(☆☆☆◎◎◎)

【3】次の文は，雅楽についての説明である。空欄(①)〜(⑦)にあてはまる適切な語句を，それぞれ書きなさい。

　　雅楽には，管絃と(①)がある。管絃は，雅楽の楽器だけで合奏する楽曲で舞はない。楽器には，吹きもの，弾きもの，(②)ものがある。雅楽「越天楽」で使われている楽器は，吹きものにはひちりきや(③)・(④)，弾きものには楽箏や(⑤)，(②)ものには(⑥)や太鼓・(⑦)が使われている。

　　管絃の演奏に指揮者はいない。おおよそのテンポを決めたり，終わりの合図を送ったりするのは(⑥)の奏者である。

(☆☆☆◎◎◎◎)

【４】スメタナ作曲「ブルタバ(モルダウ)」について，次の問いに答えなさい。

1　鑑賞教材として扱う場合の，題材の指導目標を考えて書きなさい。

2　スメタナは，この曲を含んで6曲の連作交響詩を構成しているが，この曲は第何曲目か書きなさい。

3　この曲を含む連作交響詩の題名を書きなさい。

4　「ブルタバの2つの水源」において，第1水源と第2水源のそれぞれの旋律の出だしを演奏している楽器名を書きなさい。

5　鑑賞の評価の方法として生徒に感想を書かせる場合の留意点を書きなさい。

(☆☆☆◎◎◎◎)

【５】次の1～3の語句について，それぞれ詳しく説明しなさい。

1　スキャット　　2　オペレッタ　　3　バルカロール

(☆☆☆☆◎◎)

【６】次の各文について，その内容の正しいものを5つ選び，番号を番号順に記入しなさい。

1　ムソルグスキーは，友人の画家の遺作展覧会の印象をもとに，ピアノのための組曲として「展覧会の絵」を作曲した。この組曲は，全部で10曲からなり，冒頭のプロムナードが旋律の形や楽器を変えながら曲の間にいくつかはさみこまれている。

2　日本の楽器の多くでは，音楽を覚えたり伝えたりするときに，楽器の音をまねて歌う唱歌(しょうが)というものを用いるが，特に三味線の場合には「口三味線」という。

3　ビートルズは，アメリカで結成されたロックグループで，数々のヒット曲のみならず，そのファッションなど，全世界の若者に影響を与えた。そして，解散から30年以上たった現在でも多くの人々に親しまれている。

4　ヴィヴァルディ作曲の「四季」は，ソネットに基づいてつくられ

ている曲で，独奏ヴァイオリン，弦楽合奏，通奏低音のための協奏曲である。全曲は春・夏・秋・冬の4曲からなり，第1曲である「春」は，三つの楽章にまとめられている。

5　「早春賦」の作曲者である中田章は，「夏の思い出」の作曲者の中田喜直の父であり，東京音楽学校(現在の東京芸術大学)の教授として，またピアニストとしても知られている。

6　ホルストが作曲した「惑星」は，「火星」「金星」「水星」「木星」「土星」「天王星」「海王星」の全7曲からなる組曲である。演奏は，大規模なオーケストラで行われ，終曲の「海王星」では，混声合唱も加えられている。

7　アジア諸国で使われている楽器の一つに「サントゥール」がある。この楽器は，台形の胴体に平行に多数の弦を張り，両手に持った2本の細いスティックで演奏する打弦楽器である。

8　協奏曲は，独奏楽器とオーケストラで演奏され，3楽章形式で成り立っていることが多い。また，独奏者によるカデンツァと呼ばれる独奏部分をもっていることが多い。

9　ギターの奏法で，弦を弾いた後，指をとなりの弦によりかけて止めるのが「アル・アイレ奏法」で，弾いた後に指がとなりの弦に触れないのが「アポヤンド奏法」である。

10　「長崎くんち」は，秋に行われる諏訪神社の祭りであり，そのお囃子は「しゃぎり」と呼ばれる。「しゃぎり」は太鼓，鉦，銅鑼，笛などの楽器によって演奏され，日本の伝統的な雰囲気を醸し出している。

(☆☆☆☆◎◎)

【7】次のギターのポジションによって作られる和音のコードネームを例にならって(　　)の中に書きなさい。

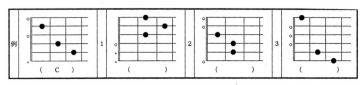

(☆☆☆◎◎◎◎)

【8】ボディーパーカッションを教材として扱う場合のねらいを2つ書きなさい。

(☆☆☆◎◎)

【9】楽譜A及び楽譜Aを含む楽曲について，次の問いに答えなさい。
1　楽曲名と作曲者名を書きなさい。
2　①，②の記号の意味を書きなさい。
3　③の音符の実音を書きなさい。
4　④のパートについて，演奏する楽器名と，この楽曲における特徴を書きなさい。
5　この作曲家は，自作のピアノ曲のいくつかを管弦楽曲に書きかえている。その曲名を2つ書きなさい。
6　次はこの作曲家の作品名であるが，(　　)に当てはまる言葉を書きなさい。
　①「ダフニスと(　　)」　　②「(　　)のためのピアノ協奏曲」
　③「(　　)の戯れ」
7　この作曲家と同じ国で生まれた作曲家2名を書きなさい。

楽譜 A

(☆☆☆○○○○)

【10】 合唱の授業において生徒から次の内容の質問を受けた場合，どのような指導をすればよいか書きなさい。

1　なかなか響く声を出すことができません。どうすればいいですか。

2　歌詞の内容が聴く人に伝わるように歌いたいのですが，どうすればいいですか。

3　変声期で声が出にくいのですが，どうすればいいですか。　(男子
　生徒からの質問)

(☆☆☆○○○)

【11】次の楽譜Bを，下の内容を満たして編曲しなさい。

楽譜B

1　中学校吹奏楽部の生徒のサクソフォーンアンサンブル用で，編成
　は以下のとおりとする。
　(1)　ソプラノ・サクソフォーン　inB♭
　(2)　アルト・サクソフォーン　inE♭
　(3)　テナー・サクソフォーン　inB♭
　(5)　バリトン・サクソフォーン　inE♭
2　各パートには音部記号，調号，拍子を記すこと。(原調のままで，
　一般的な吹奏楽用の記譜とする)
3　サクソフォーン四重奏の響き合いの美しさが味わえるように配慮
　すること。
4　速度記号，発想記号など，曲想を表現するための記号も必ず記入
　すること。

(☆☆☆☆○○○)

解答・解説

【中学校】

【1】1 ① 音楽を愛好する心情 ② 音楽に対する感性 ③ 豊かな情操 2 音色，リズム，旋律，和声，形式などの構成要素を感受するとともに，速度，強弱などの表現活動にそれらを生かす能力であり，さらに曲想や美しさをイメージを持って感じ取る能力も含む。

〈解説〉1 音楽科の目標については暗記し，すらすらと書けるようにしておきたいもの。 2 「基礎的な能力」については〈解説〉に述べられている文章を中心に，全国各地で出題されている。音楽活動の基になる能力として，①音楽の構成要素…音色，リズム，旋律，和声を含む音と音のかかわり合い ②音楽の表現要素…速度，強弱 ①と②をA「音楽の構造的側面」とし，B雰囲気，曲想，美しさ，豊かさなどを「音楽固有の感性的側面」とする。AとBが互いにかかわり合っているのが音楽であり，それらをイメージを持って感じ取る能力が「基礎的な能力」になるとしている。

【2】1 我が国及び世界の古典から現代までの作品 2 郷土の伝統音楽 3 世界の諸民族の音楽

〈解説〉B鑑賞の(2)に鑑賞教材として示されている(共通教材はなし)。

【3】① 舞楽 ② 打ち ③ 竜笛(または横笛) ④ 笙 ⑤ 楽琵琶(または琵琶) ⑥ 鞨鼓 ⑦ 鉦鼓

〈解説〉雅楽については中学校教科書にも載っており，この出題にも正答できるようにしておきたい。管弦の楽器編成は「三管(ひちりき・竜笛・笙)」，「両絃(楽箏・楽琵琶)」，「三鼓(鞨鼓・釣太鼓・鉦鼓)」といわれる。

【4】1　・標題を手がかりにして，様々な情景を思い浮かべながら聴く。
・オーケストラの響きや各楽器の特徴，その組み合わせによる多用な
表現を感じ取る。　・作曲者スメタナのこの曲に込めた祖国を思う気
持ちを感じ取る。　など　2　2曲目　3　「我が祖国」　4　第1
水源　フルート　第2水源　クラリネット　5　音楽の諸要素と標
題からイメージするものを関連させて感想を書かせる。なぜそのよう
な感想をもったのか，音楽用語を使って書くようにさせる。　など
〈解説〉1　「ブルタバ(モルダウ)」の聴かせどころは，(1)標題音楽であり，
それをもとに情景を想像しつつ，(2)オーケストラの豊かな響きや楽器
の音色に耳を傾け，(3)作曲者の祖国チェコ及びブルタバ川への思いを
感じ取ることである。　2・3　連作交響詩6曲「我が祖国」の2曲めが
「ブルタバ」である。1曲め「ビシェフラト」(古城の名)，3曲め「シャ
ルカ」(伝説の女性騎士の名)，4曲め「ボヘミアの牧場と森から」，5曲
め及び6曲め「ターボル」「ブラニーク」(両曲の主題は続編になってお
り宗教戦争を含む祖国の風景や歴史の情景)　4　フルートと続くク
ラリネットにより，ブルタバ川の水源の流れを表現している。

【5】1　歌詞の代わりに「ダバダバ」「シュビドゥワ」など，意味のない
言葉を即興的に使うこと。ジャズをはじめ，ポピュラー音楽で用いら
れることが多い。　2　小規模なオペラ。歌や踊りを伴った，大衆
的で喜劇的な音楽劇。「喜歌劇」「軽歌劇」と訳されることもある。
3　ヴェネツィアのゴンドラ漕ぎの舟歌，またはそれを模倣した器楽，
声楽作品。8分の6拍子，8分の12拍子で，ゆったりとした波の流れを
表す伴奏の音形に特徴がある。
〈解説〉1　「スキャット」と2「オペレッタ」はよく知られており，解答
にも苦労しないと思われるが，3「バルカロール」＝「舟唄」につい
ては，メンデルスゾーンの無言歌，フォーレの舟唄，ショパン作品な
どに触れないと難しいであろう。

【6】1　2　4　7　8
〈解説〉3　ビートルズは，イギリスのリバプールでジョン・レノンら4人
　で結成された。　5　ピアニストが誤りで，中田章はオルガン奏者と
　して知られた。　6　この曲をよく聴いていないと難しい。ほとんど
　の記述は正しいが，最後の「冥王星」の〈混声合唱〉が誤りで〈女性
　3部合唱〉が正しい。「海王星」は「神秘の神」として2組の女性3部合
　唱を使って人魚の声を表している。　9　ギター奏法の名が逆になっ
　ている。「アル・アイレ」は指を空中にはね上げる奏法。アイレをエ
　アー(air：空中)と覚えたい。　10　諏訪神社は長野県の御柱(おんばし
　ら)の祭で有名。長崎県ではない。

【7】

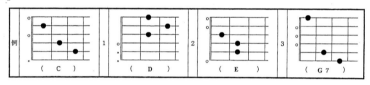

〈解説〉ギターの調弦(高音の①弦からE−B−G−D−A−E)を知っていれ
　ばすぐに分かる設問である。　1＝F♯・D・A・DでコードネームはD
　2＝E・B・G♯・E・B・EでコードネームはE　　3＝F・B・G・D・
　B・GでコードネームはG7

【8】1　音楽の技能が高くない生徒にとっても簡単に音をだすことがで
　き，表現の意欲を高めることができる。　など　2　たたく体の部
　位によって様々な音がでることに気付かせ，表現を工夫させることが
　できる。　など
〈解説〉ボディーとは身体或いは胴体(楽器などの)を指すが，ボディーパー
　カッションといえば手や足を使って，叩いたりこすったり身体を打
　楽器の代りにして表現する活動である。指導者のやり方によって効果
　的な表現が可能となる。

【9】1　楽曲名　ボレロ　　作曲名者　ラヴェル　　2　①　弱音器を取って　　②　弓を使って　　3　C　　4　楽器名　小太鼓(スネアドラム)　　特徴　同じボレロのリズムを終始繰り返して演奏する。
5　クープランの墓　　道化師の朝の歌　　6　①　クロエ　　②　左手
③　水　　7　ドビュッシー　　サン・サーンス

〈解説〉ラヴェルの名曲「ボレロ」のスコアからの出題。　3　①　senza は〈…なしに〉，soedino (sord.)は〈弱音器〉。この逆はcon sord.である。　②　arcoの逆はpizzicatoである。　5　ピアノ曲を管弦楽曲に編曲した他の例では「マ・メール・ロア」や「なき王女のためのパヴァーヌ」がある。また，ムソルグスキーのピアノ曲「展覧会の絵」の編曲も有名である。　6　②「左手のためのピアノ協奏曲」は，第1次世界大戦に従軍し右手を失ったウィーンのヴィットゲンシュタインの注文で作曲した。　7　フランスの作曲家は他にもグノー(1818〜93)，ベルリオーズ(1803〜69)，プーランク(1899〜1963)，オネゲル(1892〜1955)，ミヨー(1892〜1974)など。

【10】1　・模範のCDを聴かせ，響く声のイメージを持たせる。　・姿勢，呼吸，口形，発音に気をつけて発声練習をさせる。　・その生徒のもっとも響く音域を見つけ，響かせる感覚をつかませる。　など
2　・歌詞の内容，メッセージを十分に理解させる。　・子音をていねいに歌い，言葉がはっきり聞こえるように歌う。　・歌詞のイントネーションに合わせた歌い方になるよう，言葉のまとまりに気をつけた歌い方を工夫させる。　など　3　・無理のない声域や声量で歌うようにさせる。　・音域の幅があまり広くない曲を教材として選曲する。　・変声は健康な成長の一過程であり，不必要な不安や差恥心などをもつことのないように配慮する。　など

〈解説〉合唱の授業における指導であり，公開の解答例には詳しく載っている。1や2の指導例に〈鼻濁音〉の指導を入れるのもよい。3の変声期の対応は出題されることが多い。

【11】解説参照

〈解説〉楽譜Bのヘ長調，$\frac{3}{4}$，8小節の旋律(マスカーニ「カヴァレリア・ルスティカーナ」間奏曲の一部)を，サクソフォーン4種類の編成による編曲をせよの出題である。編曲の解答は略，次に留意して記譜したい。　(1)　S.Sax.はin B♭なので実音の長2度高い調に→ト長調

(2)　A.Sax.はin E♭，実音の長6度上の調に→ニ長調　　(3)　T.Sax.も in B♭であるが，実音の長9度(オクターヴ＋長2度)上に記譜を→ト長調

(4)　Br.Sax.はin E♭，実音のオクターヴ＋長6度(長13度)上の記譜で→ニ長調　　この出題は「4重奏の編曲」と「移調楽器の記譜」の両方の課題になっているのでやりにくく，時間もかかるであろう。

2008年度　実施問題

【中学校】

【1】中学校学習指導要領(音楽)のA表現において，音楽の諸要素の働き
を感じ取って表現を工夫することとされているが，その諸要素を「構
成要素(5つ)」と「表現要素(2つ)」に分けて書きなさい。

(☆☆☆◎◎◎)

【2】中学校学習指導要領(音楽)のA表現において，我が国の音楽から歌
唱教材として取り上げる際の観点が示されているが，その観点を3つ
書きなさい。

(☆☆☆◎◎◎)

【3】次の文は，和楽器「箏」についての説明である。空欄(　①　)～
(　⑧　)にあてはまる適切な語句を，それぞれ漢字で書きなさい。
　「さくら」を演奏する場合などの，代表的な調弦法は(　①　)とい
い，調弦は(　②　)を立てる位置を調整して行う。また，糸(弦)の名前
は，奏者の向こう側から手前に向かって順に，一，二，三，四，五，
六，七，八，九，(　③　)，(　④　)，(　⑤　)，(　⑥　)と呼ぶ。
　演奏するときに指にはめる爪は，流派により異なり，その形状から
(　⑦　)爪，(　⑧　)爪と言う。

(☆☆☆◎◎◎)

【4】シューベルト作曲「魔王」を鑑賞教材として扱う場合について，次
の問いに答えなさい。
1　題材の指導目標を考えて書きなさい。
2　関連教材としてふさわしい楽曲を2つ選び，その楽曲名と作曲者名
を書きなさい。また，その楽曲を選んだ観点を書きなさい。

(☆☆☆◎◎◎)

184

【5】次の1～3の語句について，それぞれ詳しく説明しなさい。

　1　交響詩　　2　フラメンコ　　3　義太夫節

(☆☆☆◎◎◎)

【6】次の各文について，その内容の正しいものを5つ選び，番号を番号順に記入しなさい。

　1　「花の街」を作曲した團伊玖磨は，1924年に東京で生まれた。主な作品には，混声合唱組曲「筑後川」，歌劇「夕鶴」などがある。また，随筆家としても活躍した。

　2　パイプオルガンの音の高低はパイプの長さによって決まり，音色はパイプの材質や構造によって決まる。1本のパイプからは2つの音しか出ないため，たくさんのパイプを必要とする。鍵盤の横にはストップがついており，それを操作することで音色を選ぶ。

　3　徳島県の「さんさ踊り」は，四国地方を代表する夏祭りの一つで，何百本もの笛と，その数日本一といわれる5千個の太鼓が通りに鳴り響き，力強いリズムに合わせて踊り手たちが練り歩く。

　4　ラオス周辺の管楽器の1つであるケーンは，竹の管を並べたものである。各管にリードがついており，吹いても吸っても音が出る。

　5　ベートーヴェンが38歳の時に作曲した「交響曲第5番ニ短調」は，第1楽章の最初の動機を「このように運命は扉を叩く」と作曲者本人が語ったとされたことから，日本では「運命」とも呼ばれている。

　6　ラテン音楽とは，サンバやルンバ，マンボなどの，中南米諸国の音楽の総称で，ラテン・パーカッションと呼ばれる打楽器類が効果的に用いられる。

　7　ヨーデルは，スイスのアルプス地方やオーストリアのチロル地方で歌われる独特の民謡で，普通の声とファルセット・ヴォイスを交互に激しく入れ替えるのが特徴である。

　8　箏曲の場合，いくつかの部分から構成される器楽曲を「段物」といい，それぞれの部分を「段」と呼ぶ。六段，八段，九段などの曲がある。それぞれの段の長さは，原則として，初段を除き108拍に

なっている。

　9　篠笛は，祭りばやしや神楽，歌舞伎の音楽などで用いられる竹製の縦笛である。「篠笛」という名前は，篠竹という竹で作ることから名付けられた。

　10　歌舞伎は，能から題材を得たり，文楽と影響を与え合ったりしながら発展してきた。例えば，歌舞伎「勧進帳」は，「安宅」という能の作品をもとに作られた。能を意識して，歌舞伎独特の派手な化粧はせず，背景に松の猫かれた舞台で上演する。

(☆☆☆◎◎)

【7】次の強弱を表す記号の読み方と意味を書きなさい。

　　rin f　　　Accentato　　　poco f

(☆☆☆◎◎)

【8】プッチーニ作曲の歌劇「ちょうちょう夫人」から"ある晴れた日に"の歌われる場面と内容等について簡単に説明しなさい。また，鑑賞教材として扱う際の具体的な指導内容を5つ書きなさい。

(☆☆☆◎◎)

【9】次の楽譜A，B及び楽譜A，Bを含む楽曲について，あとの問いに答えなさい。

楽譜B

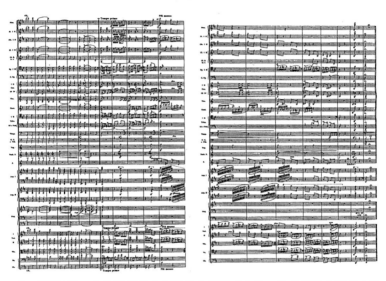

1 　楽譜Aは，ある楽曲のある部分の旋律である。この旋律を演奏する
　　楽器名を書きなさい。

2 　楽譜Bの「Tempo primo」の意味を書きなさい。

3 　楽譜A，Bを含む楽曲名と作曲者名を書きなさい。

4 　この楽曲は中間部に歌詞がつけられ，ある国の第2国歌として親し
　　まれている。その国名を書きなさい。

5 　楽譜Aの①〜③の記号の意味を書きなさい。

6 　次はこの作曲家の代表作であるが，（　　）に当てはまる言葉を書きな
　　さい。

　　　①　「創作主題による変奏曲(　　)」　　　②　「愛の(　　)」

　　　③　オラトリオ「(　　)の夢」

　7　この作曲者は，(　　)の死(1695年)以来，200年間眠っていたこの国

　　　の作曲界の目を覚まさせた画期的な作曲家であると称賛された。

　　　(　　)に当てはまる作曲家名を書きなさい。

　8　上記7以外に，同じ国で生まれた作曲家2名を書きなさい。

(☆☆☆☆◎◎◎)

【10】実際の授業に関連し，次の質問に簡潔に答えなさい。

1	合唱でパートを選択する際に，声の何について確認しなければならないか。	
2	ヘ音譜表について指導する際に，合唱活動への意欲を低下させないために，どのようなことに気をつけるか。	
3	速度の変化がもたらす表現の効果を感じ取らせるために，どのような学習活動を行うか。	
4	独唱教材により独唱の活動を行うことで，生徒に，どのような，学習への取り組みの変化が期待できると考えるか。	
5	世界の諸民族の音楽への興味・関心を高め，幅広い音楽観を育てるために，どのようなことを生徒に理解させたいか。	
6	能などの伝統芸能を支える人達を尊敬する態度を育てるために，生徒たちにどのような指導をするか。	

(☆☆☆◎◎◎)

【11】下のトランペット(inB♭)用の楽譜Cを，あとの内容を満たして編曲
　　しなさい。

楽譜C

```
1　中学校吹奏楽部の生徒の木管アンサンブル用で、編成は以下のとおりとする。
　（1）フルート　inC　　　　（2）オーボエ inC　　　（3）クラリネット inB♭
　（4）ファゴット　inC　　　　　（5）ホルン　inF
2　各パートには音部記号、調号、拍子を記すこと。（原調のままで、一般的な吹奏楽用の記譜とする）
3　木管五重奏の響き合いの美しさが味わえるように配慮すること。
4　速度記号、発想記号など、曲想を表現するための記号も必ず記入すること。
```

(☆☆☆☆◎◎)

解答・解説

【中学校】

【1】構成要素　1　音色　　　2　リズム　　　3　旋律　　　4　形式
　5　和声を含む音と音とのかかわり合い
　表現要素　1　速度　　　2　強弱
〈解説〉学習指導要領の解説をしっかり学習しておく必要がある。音楽の
　〈構成要素〉と〈表現要素〉につき数か所で説明しているからである。
　例えば音楽科の目標に「音楽活動の基礎的な能力」が入ったこととし
　て，「音楽を形作っている諸要素を感受する能力」としている。「諸要
　素を感受する能力」として，音楽の〈構成要素〉と〈表現要素〉を知
　覚し，それらによって生まれる曲想，美しさ，豊かさなど感性的側面
　をイメージをもって感じ取る能力を「基礎的能力」としている。
　　A表現の(1)指導事項のキ及びクの文を，そのような観点から理解し
　把握しておきたい。

【2】1　我が国で長く歌われ親しまれているもの　　　2　我が国の自然や
　四季の美しさを感じ取れるもの　　　3　我が国の文化や日本語のもつ
　美しさを味わえるもの
〈解説〉A表現の(2)のイに示されている文そのものである。

【３】① 平調子　② 柱　③ 十　④ 斗　⑤ 為　⑥ 巾
⑦ 角　⑧ 丸
〈解説〉⑦と⑧は，角爪が生田流で用いられ，丸爪は山田流で使われる。

【４】１　・ドイツリートについて知り，バリトンの声の魅力と豊かな表
現力を感じ取る。・音高や旋律の雰囲気の変化，転調などによる，物
語の進行の巧みな演出を味わって聴く。　２　①　楽曲名　魔王
作曲者名　レーヴェ　選んだ観点　シューベルトと同じく，ゲーテ
の詩に基づいて作曲されている作品。同じ詩でも，作曲者によって雰
囲気が違うことを感じ取らせる。　②　楽曲名　野ばら　作曲者名
シューベルト　選んだ観点　教材の「魔王」の作曲者であるシュー
ベルトの別の作品と聴きくらべ，それぞれのちがいや，良さを感じ取
らせる。
〈解説〉１　解答例以外に指導目標の中に入れたいのは次のもの。
・ピアノ伴奏が効果的に用いられており，歌曲の盛り上がりなど表現
の工夫に重要な役割を果たしている。　２　ゲーテの詩にシューベル
トが作曲した対照的な歌曲の例として「魔王」(通作歌曲)と「野ばら」
(有節歌曲)が挙げられる。〈通作歌曲〉は詩の各節に異なる旋律が付け
られたもの。〈有節歌曲〉は詩の各節が同じ旋律の歌曲である。

【５】１　交響詩　物語や情景などをオーケストラによって表現する音楽。
絵画的，詩的な内容の管弦楽曲。　２　フラメンコ　歌と踊りとギタ
ーが一体となったスペイン南部の音楽で，三者のかけ合いによって激
しく感情を表現する。　３　義太夫節　文楽で太夫と三味線が演奏す
る音楽のことである。竹本義太夫が大坂で始めた音楽で，近松門左衛
門の脚本を用いて，魅力ある声で語った竹本義太夫の音楽は大流行し
た。
〈解説〉１　〈交響詩〉は，ロマン派の音楽が文学的・幻想的など音楽以外
のものとの結び付きを強く求めた結果のもの。リストの功績が大きい
と言われるが，ベルリオーズ，シューマン，メンデルスゾーンなどの

作品にロマン派のそのような傾向の作品が多い。　2　〈フラメンコ〉はスペイン南部のアンダルシア地方のジプシー芸能から出た歌と踊り。　3　〈義太夫節〉は人形浄瑠璃で，〈文楽〉は芝居の文楽座の略(大坂)。この系統の芝居が文楽座のみになったこと(大正初め)からこの名称で呼ばれる。

【6】1　4　6　7　10
〈解説〉誤りのもの　2　1本のパイプから2つの音しか出ない，が誤り。オルガンの鍵盤に所属するストップ(音栓)が多数あり，その操作によって発音パイプや音色が選択される。パイプにもフルー管(たて笛の原理)とリード管(金属リード)があり，ストップ装置により音色を決定できる。　3　徳島県の夏祭りは「阿波踊り」で有名。　5　「運命」の名はベートーヴェンが付けたのではない。弟子のシントラーが「このように運命が戸を叩く」と言ったことからという。　8　段物の格段の拍数は原則として104拍が正しい。108拍が誤り。　9　〈縦笛〉が誤りで〈横笛〉が正しい。篠笛はピッチの違いで12本の調子が(一本調子が最も低い)ある。

【7】1　rin f　読み方　リンフォルツァンド　　意味　急に強く
　2　Accentato　読み方　アッチェンタート　　意味　アクセントを付けて　3　poco f　読み方　ポーコ　フォルテ　　意味　少し強く
〈解説〉1　rfzやrfとも書く。　2　accent(英)やaccento(伊)に似ているが，アッチェンタートはあまり使われない語である。　3　pocoは「少し」の意。

【8】説明　"ある晴れた日に"は，第2幕の冒頭で蝶々さんによって歌われるソプラノのアリアである。彼女は長旅に出た夫に思いをはせ，「ある晴れた日，海の向こうに一筋の煙が上がり」と，いつか戻るであろう夫を乗せた船と夫の姿を思い起こしながら歌う。
指導内容　・ソプラノによるオペラアリアの繊細で美しい表現を感じ

取らせる。　・オーケストラに引けをとらないソプラノ独唱のダイナ
ミックな表現を感じ取らせる。　・"ある晴れた日に"のストーリー
上の背景について理解させ，情景を想像させる。　・場面の雰囲気と
音楽との関係を感じ取らせる。・他のソプラノによるオペラアリアと
の比較により，声による表現の豊かさを感じ取らせる。

〈解説〉"ある晴れた日に"はソプラノのアリア名曲として知られ，鑑賞
　教材として扱うことも多いであろう。解答例のような説明や指導内容
　についてまとめておきたい。

【9】1　ヴァイオリン　　2　最初の速さで　　3　楽曲名　行進曲「威
　風堂々」第1番　　作曲者名　エドワード・エルガー　　4　イギリス
　5　①　下げ弓　　②　上げ弓　　③　前と同様に
　6　①　エニグマ　　②　挨拶　　③　ゲロンティアス
　7　ヘンリー・パーセル　　8　ホルスト　ブリテン

〈解説〉楽譜AとBはエルガーの「威風堂々」より，Aはよく知られてい
　る中間部の堂々たる行進を思わせる旋律，Bは曲の最終部分のスコア
　である。
　1　楽譜Aの中に⊓や∨の弓奏楽器の運弓記号があることと，この曲の
　中間部のおちついた旋律からヴァイオリンパートと判断する。
　2　Tempo primoはTempoⅠとも書かれる。　6　①は「なぞの変奏曲」
　と呼ばれるオーケストラ作品，〈Variation "Enigma"(謎)〉。②はヴァイ
　オリンとピアノのために作った「愛の挨拶」。③のオラトリオ「ゲロ
　ンティアス」(「ジョロンティウスの夢」とも呼ぶ。〈Dream of
　Gerontius〉)は一般にはあまり知られない作品である。　7　ヘンリー・
　パーセルは，17世紀イギリス・バロック音楽を代表する作曲家。
　8　イギリスで20世紀以降に活躍した作曲家として，ホルスト，ブリ
　テン，ウォルトンらがいる。

【10】〔解答例〕1　声域と声質。　2　あまり詳しく説明しすぎると，本来の合唱活動への意欲の低下が予想されるため，最低限の説明にとどめておく。　3　速度の変化を付けた場合と付けない場合の効果の違いを実際に味わわせる活動を行う。　4　より自主的な学習活動と，発展的な学習へのつながりが期待できる。　5　それぞれの音楽が生まれ育った文化的・歴史的な背景などを理解させる。　6　能の演者が専業制で，伝統文化を支え，伝承して行く厳しくも頼もしい姿を生徒たちに感じ取らせる。

〈解説〉1　公開の解答例以外で考えられるのは，男女の比や人数のバランス，そして，パートリーダーの存在と育成など。　2　ト音譜表との関連で大譜表については，分かりやすく説明したい。　3　例えば，メトロノームを指揮者代わりにしてテンポの変化なしで歌わせるなどを行う。

【11】略

〈解説〉楽譜Cは，ヘンデルの「水上の音楽」の一部に似た旋律。木管五重奏の記譜では次に留意したい。

・フルート・オーボエ・ファゴットはin Cなので楽譜Cそのままのへ長調でよい(ファゴットはへ音記号で)。

・クラリネットin B♭は，長2度高く，ト長調で記譜する。

・ホルンin Fは，完全5度高く，ハ長調で記譜する。

2007年度　実施問題

【中高共通】

【1】次のコードネームを全音符で五線譜に記入しなさい。

　1　Gaug　　　　　2　E6　　　　　3　D♭7

(☆☆☆◎◎◎)

【2】次の楽譜A，B及び楽譜A，Bを含む楽曲について，あとの問いに答えなさい。

楽譜A

楽譜B

 1 楽譜Aは，ある楽曲のある部分の冒頭の旋律である。この旋律を最初に演奏する楽器名を書きなさい。

 2 楽譜Bの「TUTTI」の意味を書きなさい。

 3 楽譜A，Bを含む楽曲名(カタカナで)と作曲者名を書きなさい。

 4 この楽曲名は，冒頭に出てくる歌詞に由来するが，その歌詞を日本語で書きなさい。

 5 ① 楽譜Aの音部記号を何というか。日本語で書きなさい。

   ② ①以外の2つの音部記号を日本語で書きなさい。

 6 この作曲者の代表的な歌劇を3つ書きなさい。

 7 この作曲者は，古典派に属するが，古典派音楽の様式の特徴を簡単に書きなさい。

 8 古典派に属する代表的な作曲家を，上記3以外に2名書きなさい。

(☆☆☆◎◎◎)

【3】実際の授業に関連し，次の質問に簡潔に答えなさい。

 1 一般的に合唱での発声は，体のどこを響かせると指導するか。

 2 合唱で互いの声を聴きあって練習させるために，どのような練習形態の工夫をするか。

 3 合唱でアクセントのついた音を大切に歌うために，どのようなことに気をつけさせるか。

 4 伸び伸びとした声で歌わせるために，何を指導するか。

 5 大規模でスケールの大きなオペラを学習する場合，あなたは鑑賞教材として何を取り上げるか。

 6 ソプラノによるオペラアリアの繊細で美しい表現を感じ取らせるために，あなたは鑑賞教材として何を取り上げるか。

(☆☆☆◎◎◎)

【4】次の楽譜C「メヌエット」を，下の内容を満たして編曲しなさい。

楽譜C

1　吹奏楽部の生徒の金管アンサンブル用で，編成は以下のとおりとする。
  (1)　1stトランペット　inB♭　　(2)　2ndトランペット　inB♭
  (3)　ホルン　inF　　　　　　　(4)　トロンボーン　inC
  (5)　チューバ　inC

2　各パートには音部記号，調号，拍子を記すこと。(原調のままで，一般的な吹奏楽用の記譜とする)

3　金管楽器の響き合いの美しさが味わえるように配慮すること。

4　速度記号，発想記号など，曲想を表現するための記号も必ず記入すること。

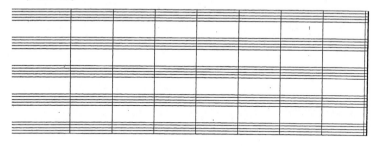

(☆☆☆◎◎)

【中学校】

【1】 中学校学習指導要領(音楽)の捉え方について，次の1～7の各文の内容が正しいものには○印を，正しくないものには×印を，( )に書きなさい。また，正しくないとしたものについては，その理由を簡潔に書きなさい。

1 独唱，輪唱，二部合唱などの表現形態は示されていないが，中学校では混声四部合唱まで経験させる必要がある。
  理由

2 読譜指導は，♯や♭の意味を理解させ，1♯，1♭程度をもった調号の楽譜の視唱や視奏に慣れさせるようにする。
  理由

3 中学校では合唱コンクールが盛んなので，表現(歌唱)の活動に焦点化した年間指導計画を立てる必要がある。
  理由

4 変声期の生徒に対しては，心理的な面にも配慮して，歌わせないようにすることが大切である。
  理由

5 共通教材を示していないので，鑑賞教材のうち世界の諸民族の音楽についても，取り上げる教材の制限は全くない。
  理由

6 音楽科の指導内容を指導するために，授業における教材としてポピュラー音楽の中から選曲してもよい。
  理由

7 歌唱指導においては頭声的な発声で歌わせることが大切である。
  理由

(☆☆☆○○○○)

【2】 中学校学習指導要領(音楽)では，「和楽器について3学年間を通じて1種類以上の楽器を用いること」とされたが，実際に和楽器に触れ，体験することで期待されることについて書きなさい。

(☆☆○○○)

【３】第1学年の旋律創作の授業を3時間計画で下記の主な学習活動の流れ
で指導するとして，指導上の留意点を次の空欄に，5つ箇条書きで書
きなさい。

1　題材	わたしのコマーシャルソングをつくって楽しもう。　～音楽による２０秒以内での自己紹介～	
2指導目標	短い歌詞に旋律を創作して発表し合い，音楽的な要素との関連でそれぞれのよさを捉えることができる。	
3　主な学習活動の流れ		4　指導上の留意点
（1）モデルとなるコマーシャルソングを聴き、活動の見通しをもつ。 （2）わたしのセールスポイントを短い歌詞にまとめる。 （3）曲の感じをイメージしながら創作に使う音素材や歌詞のリズムなどを決めたり歌詞に節付けしたりする。 （4）互いに表現し合いながら練り直す。 （5）発表と考察		・ ・ ・

(☆☆☆◎◎)

【４】次の1～3の語句について，それぞれ詳しく説明しなさい。
1　狂言　　2　セマー　　3　協奏曲

(☆☆☆☆◎◎)

【５】次の各文について，その内容が正しいものを5つ選び，番号を番号
順に記入しなさい。
1　ヴィヴァルディは，イタリアのベネチアに生まれた。ヴァイオリ
ン奏者の父親から音楽の手ほどきを受け，その後ピエタ養育院で音
楽を教えた。
2　鍵盤楽器には，ピアノをはじめ様々なものがあるが，フランス語
のクラブサン，ドイツ語のチェンバロ，英語のハープシコードは，
同じ楽器である。
3　富山県の郷土芸能の「おわら風の盆」は，三味線と尺八で伴奏さ
れる「おわら節」の歌に合わせて，踊りながら町内を練り歩く祭で
ある。祭は毎年9月1日から3日間，夜を徹して行われる。
4　インドの民族楽器である「シタール」は，7本の弦をはじいて音を
出す弦楽器である。演奏する弦のほかにも多数の共鳴弦が張られて

いる。

5　箏曲「六段の調べ」は，六つの部分(段)から構成されている。最初の部分(初段)は，17世紀半ば頃に流行していた「すががき」という曲の旋律をもとにしている。

6　ロックは19世紀の終わり頃にアメリカで生まれたポピュラー音楽で，その後世界中に広まり，さまざまなスタイルに分かれていった。エレキギターやドラムスが用いられるのが特徴である。

7　タヒチ島などのポリネシアの民族音楽である「ヒメネ」は，キリスト教の賛美歌の影響を受けた合唱のスタイルを持っている。張りのある独特の声で，独唱と合唱が呼び交わすように歌われる。

8　東京都の「神田ばやし」は，江戸の情緒を今日まで受け継いでいる祭りばやしの1つで，太鼓・笛・鉦などの楽器で演奏される。曲の中には，即興的に演奏する部分があり，特徴の1つとなっている。

9　シューベルトの「魔王」の作詞者であるゲーテは，ドイツの代表的な文学者で，詩・小説・戯曲などに優れた作品を数多く残している。シューベルトの他にもクープランやベルリオーズなど，多くの作曲家が曲を付けている。

10　文楽は，江戸時代に発展した日本の伝統的な人形劇である。太夫・三味線・人形の三つの役割が一体となって，物語に展開される人間の喜怒哀楽を描き出している。これを「三位一体」という。

(☆☆☆◎◎)

【6】「勧進帳」について簡潔に説明しなさい。(あらすじや音楽について等)また，鑑賞教材として扱う際の具体的な指導内容を5つ書きなさい。

(☆☆☆☆◎◎◎)

【高等学校】

【1】 高等学校学習指導要領芸術「音楽Ⅰ」の捉え方について，次の1〜7の各文の内容が正しいものには○印を，正しくないものには×印を書きなさい。また，正しくないとしたものについては，その理由を簡潔に書きなさい。

1　視唱力の伸長を図るために，技術的な訓練を行い，3#，3♭の調号の楽譜まで視唱や視奏できるようにする。

2　A表現の指導について，生徒の特性や学校の実態を考慮し，表現方法や表現形態を適宜選択して扱うことができる。

3　高等学校では文化祭が盛んなので，表現(歌唱)の活動に焦点化した年間指導計画を立てる必要がある。

4　「音楽Ⅰ」では，和楽器を扱う必要はない。

5　鑑賞指導で世界の諸民族の音楽を扱う場合についても，取り上げる教材の制限は全くない。

6　「音楽Ⅰ」の指導内容を指導するために，授業における教材としてポピュラー音楽の中から選曲してもよい。

7　歌唱指導において頭声的な発声またはベルカント唱法で歌わせることが大切である。

(☆☆☆◎◎◎)

【2】 高等学校学習指導要領「音楽Ⅰ」の3内容の取扱い(4)により，「音楽Ⅰ」における歌唱に関する指導事項「ア　曲種に応じた発声の工夫」でも我が国の伝統的な歌唱を含めて扱うこととなった。あなたが取り上げたい我が国の伝統的な歌唱のジャンルを2つ書きなさい。

(☆☆☆☆◎◎)

【3】 創作指導について次の問いに答えなさい。

1　高等学校学習指導要領「音楽Ⅰ」に記されている「A表現」「(3)創作」の4つの指導事項のうち，下記の指導事項エ以外の3つの指導事項を書きなさい。ただし，アイウの記号を書く必要はない。

　エ　いろいろな音素材を生かした即興的表現
　2　指導事項「エ　いろいろな音素材を生かした即興表現」でいう，
　「いろいろな音素材」とは具体的にどんな音をさすのか，想定され
　る具体的な音を4つ書きなさい。

(☆☆☆◎◎◎)

【4】次の1〜3の語句について，それぞれ詳しく説明しなさい。
　1　長唄　　2　ボサ・ノバ　　3　カンツォーネ

(☆☆☆☆◎◎◎)

【5】次の各文について，その内容が正しいものを5つ選び，番号を番号
　順に記入しなさい。
　1　中国の劇音楽は，旋律の基礎となるふしに歌詞を当てはめるとい
　　う方法で歌われる。歌詞の詞形や文字の声調を配慮しながら旋律が
　　作られるため，同じふしを用いても歌詞が異なれば旋律も微妙に変
　　わる。
　2　オペラの起源は，16世紀末のドイツまでさかのぼる。カメラータ
　　と呼ばれる文化人の集まりが，ギリシャ悲劇を復活させようと準備
　　を重ね，その活動の中からオペラが生まれた。
　3　ゴスペルソングは，1930年頃，ブルースがジャズなどの影響を受
　　けて生まれた。強烈なビート感や叫ぶような歌唱法(シャウト)を特
　　徴としている。
　4　ビートルズは，数多くのヒット曲を生み出しただけでなく，室内
　　楽やオーケストラとの共演や，民族音楽や現代音楽の手法を取り入
　　れて，ロックの可能性を広げた。
　5　「マタイ受難曲」は，J.S.バッハの作曲の教会音楽の傑作といわれ
　　ている。受難曲は，聖書に記された，キリストの受難の物語を音楽
　　化したものである。
　6　ドイツ・リートは「ドイツの歌」という意味で，現在では古典派
　　以降のピアノ伴奏付きのドイツ歌曲を指すことが多い。もともと素

201

朴な歌が多かったが，ドイツ・リートを芸術の域にまで高めたのはロッシーニである。

7　アリランは朝鮮半島の代表的な民謡であり，各地方ごとに独自のものが伝わっている。伴奏には普通，弦楽器のカヤグム，打楽器のチャンゴ，横笛のテグム，笙の一種ピリが用いられる。

8　日本の民謡は，歌う場所や目的によって，仕事歌，祝い歌，踊り歌，座敷歌，子守歌などに分類される。

9　グレゴリオ聖歌は，収集作業に大きく貢献した教皇グレゴリウスⅠ世にちなみ，この名前が付いた。イタリア語の典礼文を歌詞とし，旋律は教会旋法に基づく。

10　篠笛は，篠竹(女竹)を材料とした，基本的には7孔の縦笛で，長唄や民俗芸能などに幅広く用いられている楽器である。曲の調子により長さの異なる管を用いる。

(☆☆☆◎◎◎)

【6】歌唱指導について次の問いに答えなさい。

1　高等学校学習指導要領「音楽Ⅰ」に記されている「A表現」「(1)歌唱」の指導内容を4つ書きなさい。

2　次の歌い方について，息や身体の使い方，響きなど，具体的にどのように指導するか，それぞれ書きなさい。

レガートの歌い方

スタッカートの歌い方

マルカートの歌い方

クレシェンドの歌い方

デクレシェンドの歌い方

(☆☆☆◎◎◎)

解答・解説

【中高共通】

【1】

〈解説〉1　GaugはGを根音とした増三和音　　2　E6はEのコード＋長6度上の音のコード　　3　D♭₇はD♭を根音とする7th(セブンス)コード, 次の(a)～(c)と比べてみよう。(2)のD₇の3つのすべての音を半音下げればD♭₇となる。

【2】1　トロンボーン　　2　全員で　　3　楽曲名：レクイエム
作曲者名：モーツァルト　　4　安息に(安らかに)　　5　①　ハ音記号(中音部記号)　　②　ト音記号(高音部記号)　　③　ヘ音記号(低音部記号)　　6　歌劇「魔笛」　　歌劇「フィガロの結婚」　　歌劇「ドン・ジョバンニ」など　　7　旋律と伴奏という形の確立
8　ハイドン　　ベートーベンなど

〈解説〉1　楽譜Aだけでモーツァルトの「レクイエ」と分かるのは無理であり, また, テノール記号の楽譜だけでトロンボーンのものと答えるのも難しいのではないか。　　5　①　音部記号のハ音記号は, アルト記号(ヴィオラに用いられる)やテノール記号(テノールトロンボーンやチェロの高音部に用いられる)がよく使われる。　　7　古典派音楽の〈様式の特徴〉を簡単に書け, の質問の意味が分からず戸惑うであろう。様式の語はかなり広い意味にも使われるからである。

【3】1　眉や頬を上げて左右の眉の間を響かせるような感じで。
2　パートが混ざり合って練習する。伴奏なしで練習する。など
3　タイミングを合わせる。音程を合わせる。など　　4　歌声のもと

となる「息の流れ」を伸び伸びとさせる。など　　5　ヴェルディ作曲　歌劇「アイーダ」など　　6　プッチーニ作曲　歌劇「蝶々夫人」よりアリア「ある晴れた日に」など

〈解説〉1　合唱での発声についての実践的指導の設問であり，学習指導要領の記載を問うものではないが，中学校のA表現に「曲種に応じた発声により…」があり，高校の音楽Ⅰにも「曲種に応じた発声の工夫」が示されている。したがって，解答の際にそれをひと言入れるのもよい。　　2　公開の解答例以外に入れるとすれば，混三の場合に二パートだけで歌わせて，歌わないパートに両者の響きを比較させるなど具体的に答えたい。　　4　解答例のほかには，歌うことの楽しさや歌唱表現の素晴らしさをまず十分にわからせて，さらに曲想を表現する練習を行う旨を答えたい。

【4】(解答例) (4小節のみ)

〈解説〉出題の楽譜はJ. S. バッハの「メヌエット」の一部である。移調楽器のトランペットin B♭は長2度上に記譜を，ホルンin Fは完全5度上に記譜する。4小節のみ解答例を示した。時間制限があるので早めに仕上げたい。

【中学校】

【1】1　×　理由：学習指導要領では，学校や生徒の実態に応じた表現活動ができるように，表現形態を示すことをやめた。したがって，混声四部合唱まで経験させる必要はないから。　2　○　3　×　理由：表現(歌唱)，表現(器楽)，表現(創作)，鑑賞の活動をバランスよく年間指導計画に盛り込むことが必要であるから。　4　×　変声期の生徒に対しては，心理的な面にも配慮して，適正な声域と音量で歌わせるようにすることが大切であるから。　5　×　理由：鑑賞教材のうち世界の諸民族の音楽については，第1学年においては主としてアジア地域の諸民族の音楽のうちから適切なものを選んで取り上げるように，内容の取扱いに明記されているから。　6　○　7　×　理由：歌唱の幅広い学習を行うためには，発声の方法が常に一律ではないという認識をもつことが必要であり，曲種に応じた発声により歌わせることが大切だから。

〈解説〉1　学習指導要領の〈指導計画の配慮事項〉には，「…学校や生徒の実態に応じ，効果的な指導ができるよう工夫すること」が示されており，特に混三，混四などの記述はない。　3　同じように「特定の活動のみに偏らないようにするとともに相互の関連を図るようにすること」と示されている。　4　適切な声域と声量で歌わせ，人間の成長に重要な時期であることなどを指導したい。　5　2〈内容〉のB鑑賞にも「我が国の音楽及び世界の諸民族の音楽…」と示している。
7　〈内容〉の(1)表現の活動の指導事項イには「曲種に応じた発声により…」が示されている。

【2】実際に和楽器に触れ，我が国や郷土の伝統音楽を体験することで，我が国の伝統的な音楽文化のよさに気付き，尊重しようとする態度がより育成されることが期待される。

〈解説〉我が国の伝統的な音楽文化の尊重，の主旨の解答を述べたいもの。

【3】・活動のねらいや見通しをもつことができるように支援する。
・表現したいイメージや曲想を大切にして，短い歌詞を作ったり創作に使う音素材などを探したり，歌詞のリズムを決めたりするように助言する。　・曲の感じを出すために音楽的な工夫として何ができるか考えながら試行錯誤できるように支援する。　・記譜については，五線譜のほか必要に応じて図形楽譜なども工夫することができるように支援する。　・音楽的な観点で，相互鑑賞したり意見交換したりしながら，作ったり鑑賞し合ったりできるように支援する。

〈解説〉「わたしのコマーシャルソングを…」の旋律創作の指導という現代っ子らしいテーマでの留意点であり，教員の立場になって実践的指導や支援を答えたい。歌詞を決定してから旋律創作をどんな音素材を活用して発表へともっていくかの支援が大切で，興味・関心を高め生徒が自ら，主体的に取り組むような指導にしたい。記譜は解答例にあるように，図形楽譜の工夫もよいが，ギターや簡易な打楽器を活用し，テープ録音による発表を取り入れるなどもよいのではないか。さらに，一人だけのコマーシャルでなく，2〜3人までのグループで工夫し創作させるのも効果的であろう。

【4】1　能の舞台で演じられるセリフ劇のことで，庶民を主人公にすることが多い。大名などを風刺したり，日常の滑稽な場面を描いたりする。面は，ほとんど使用しない。　2　トルコのイスラム教の中でも音楽や踊りを重視す教団で踊られるもので，音楽に乗ってひたすら旋回する。その音楽では，ネイと呼ばれる葦のたて笛が重要な役割を果たしている。　3　一般的には，独奏楽器とオーケストラによる音楽で，ソナタ形式の楽章を含む多楽章の楽曲を言う。独奏楽器とオーケストラとの音色の対比や，両者のかけ合いのおもしろさが味わえる。

〈解説〉1　能と狂言とを総称して能楽という。猿楽本来の笑いを主とする演技がセリフ劇の形を整えて狂言となった。歌舞を主とする能・踊と対立させて演じられる。　2　イスラム教徒の祈りへの呼びかけとしてアザーンが，また，宗教歌謡として繰り返し歌われるワッカーリ

ーがよく知られているが，セマーはあまり知られていないのではない
か。解答例にあるネイは尺八に似た気鳴楽器である。　3　concerto
(協奏曲)はイタリア語で「調和させる」の意をもつ。ソロ楽器とオー
ケストラの協奏として，ソナタ形式がとり入れられ整備されたのは古
典派の時代である。

2についてはともかく，1・3についての設問は答えられるようにした
い。

【5】1，2，4，5，7，8のいずれかを番号順に5つ。

〈解説〉3　誤りは尺八で，これは胡弓が正しい。踊りながら練り歩くた
　　　め，胡弓が活用されているものと思われる。　　6　誤りは19世紀の
　　　終わり頃ではなく，ロック(ロックンロール)は1950年代にアメリカで
　　　生まれたもの。　9　誤りはクープラン(仏，1668〜1733)で，ゲーテ
　　　(独，1749〜1832)よりも100年近く前の人である。　10「三位一体」は
　　　三つの要素が結びついていて，本質的には一つであること。あるいは，
　　　キリスト教で父(神)・子(キリスト)・聖霊の三者を指す。文楽は太夫
　　　(語り手)・三味線・人形の三つの役割が一体となって展開されるが，
　　　三位一体の語は使わない。

【6】説明：勧進帳は歌舞伎十八番の一つとして知られている。兄源頼朝
　　　と不仲になり山伏姿に変装して都を離れた義経主従は，奥州藤原氏の
　　　もとに向かおうとした。頼朝は，奥州までの道筋に多くの関所を作ら
　　　せ，義経一行を探索した。勧進帳は，義経一行が加賀の国の安宅の関
　　　所を通過する時の様子をあらわしたものである。弁慶と関所を守る冨
　　　樫のやり取りが見物で，弁慶の義経への痛切な思いに共感した冨樫は，
　　　一行を通してしまう。長唄「勧進帳」は，三味線音楽であり，四世杵
　　　屋六三郎の作曲である。　指導内容：・歌舞伎の特徴を理解させ，日
　　　本の伝統芸能の魅力を感じ取らせる。　・歌舞伎の歴史的背景等につ
　　　いて理解させることにより，日本の伝統芸能を尊重する態度を育てる。
　　　・歌舞伎の音楽を代表する長唄に親しみ，唄によるさまざまな表現を

味わせる。　・長唄で演奏される楽器に興味・関心をもたせ，その響きの良さや絡み合いのおもしろさを感じ取らせる。　・三味線の音色や劇中での効果を感じ取らせ，その魅力を味わわせる。　・文学や演劇・美術とかかった総合的な芸術であることを理解させる。
など

〈解説〉長唄「勧進帳」(「旅の衣は…海津の浦に着きにけり」の部分)は，旧学習指導要領では中学校第3学年の鑑賞共通教材であった。歌舞伎の出し物でよく知られたもの。能の「安宅(あたか)」が長唄に改作された。公開の解答例は詳細に記述されている。

【高等学校】

【1】1　×　理由：中学校との関連で，生徒の能力に応じて扱う調号の範囲を広げることが大事であり，特に規定はないから。また，技術的な訓練に偏ることなく指導することが肝要であるから。　2　○

3　×　理由：表現(歌唱)，表現(器楽)，表現(創作)，鑑賞の活動について，それぞれ特定の活動のみに偏らないようにするとともに，相互の関連を図るようにすることが大切だから。　4　×　理由：内容A表現(2)器楽「ア　いろいろな楽器の体験と奏法の工夫」について指導する際の内容の取扱いとして，和楽器を含めて扱うようにすることが示されているから。　5　×　理由：アジア地域の諸民族の音楽を含めて扱うようにすることが，内容の取扱いの(7)に規定されているから。

6　○　7　×　理由：我国の伝統音楽及び世界の諸民族の音楽の歌唱には，それぞれ固有の表現方法や美しさがあり，これらの多様性を把握させ，曲種に応じた発声の工夫をさせることが大切であるから。

〈解説〉1　「技術的な訓練を」や，「3♯」，「3♭」などの記述は示されていない。　3　〈内容の取扱い〉に，A表現及びB鑑賞の特定の活動のみに偏らないよう，相互の関連を図るものとすると示されている。

7　A表現の(1)歌唱，ア「曲種に応じた発声の工夫」と指導事項に示されているように，特定の唱法の指導は示されていない。

【2】義太夫節，民謡，謡曲など

〈解説〉「あなたが取り上げたい我が国の伝統的な歌唱のジャンルを」という設問である。解答例のほか，郷土の伝統音楽・芸能などから具体的な曲を述べるのもよい。また，箏曲の中から歌を伴うものを挙げるのもよいであろう。(例，「千鳥の曲」，語り物的な性格の強い山田流箏曲など)

【3】1　・いろいろな音階による旋律の創作　　・旋律に対する和音の工夫　　・音楽の組み立て方の把握　　2　・歌声以外の声も含んだ人の声　　・様々な奏法による楽器の音　　・風・雨・川のせせらぎ，小鳥の声などの自然音　　・人工音としての自動車エンジンの音などの環境音

〈解説〉1　〈(3)　創作〉には，ア～エが示されている。そのうちのエ以外の3つを答える。高校の学習指導要領の示し方は簡潔な文面になっているので，できればそのまま記述できるようにしたい。

2　解答例にほとんど載っている。環境音にしても，寺院の鐘や鉄道の出発合図の音(身近な音楽)など，それらの効果などに耳を傾け創作表現に生かすのもよい。

【4】1　長唄は，歌舞伎の伴奏音楽として生まれ，歌舞伎の変遷とともに発達してきた三味線音楽の一種である。長唄の演奏者は，唄方，三味線方，囃子方に分かれている。　2　ブラジルの民族音楽サンバにモダン・ジャズの要素を加えて1950年代につくりだされた。都会的でけだるい雰囲気が魅力的である。　3　イタリア語で歌という意味であるが，イタリアではポピュラーソングを総称してこの言葉を使う。日本では，ナポリを中心に生まれた流行歌カンツォーネ・ナポレターナのことを呼んでいる。

〈解説〉1　江戸長唄ともいわれ，歌舞伎とともに発達した。　2　ボサ・ノバのリズムは次のようなもの。

　3　ナポレターナ(ナポリ民謡)が起源で，1960年代のサン・レモ祭など
を通じてイタリアのポピュラーソングとして広がった。

【5】1，4，5，7，8，
〈解説〉2　誤りは「ドイツ」の3文字で，イタリアのフィレンツェが正し
　　く，ドイツ以外の文面は正しい。　3　「ブルース」が誤りで，黒人霊
　　歌が正しい。　6　「ロッシーニ」が誤りで彼はイタリアのオペラ作曲
　　家として有名。「リート」は歌曲の王，ドイツ・ロマン派のシューベ
　　ルト。　9　「旋律は教会旋法に基づく」とあるが，単旋律で無伴奏が
　　正しい。ただし，教会旋法とは中世から16世紀までのヨーロッパ音楽
　　の音組織であり，グレゴリオ聖歌の集大成とともに組織化されたもの
　　であるので全く無関連というわけではない。　10　「縦笛」だけが誤り。
　　横笛で7孔も他の記述も正しい。

【6】1　・曲種に応じた発声の工夫　　・視唱力の伸長　　・歌詞及び
　　曲想の把握と表現の工夫　　・合唱における表現の工夫
　　2　レガート：息の流れに乗って，音と音とのつながりが滑らかにな
　　るようにさせる。　スタッカート：1つ1つの音を，横隔膜や腹筋等を
　　使って，口腔などによく響かせる。　マルカート：横隔膜や腹筋等を
　　使って口腔等によく響かせながら，1つ1つの音の響きが弾むようにさ
　　せる。　クレシェンド：息の支えをしっかり保ちながら，響きが増し
　　ていくようにさせる。　デクレシェンド：息の支えをしっかり保ちな
　　がら，響きが柔らかくなっていくようにさせる。
〈解説〉1　「(1)　歌唱」の指導事項はア～エの4つが示されており，解答
　　例の記述そのままである。　2　レガートやスタッカート，マルカー
　　トなどの歌い方の指導についての記述。

2006年度　実施問題

【中高共通】

【1】題材「世界の諸民族の音楽の種類と特徴～弦楽器の響きをきっかけに～」の授業の指導計画メモについて, 次の表の(　　)にあてはまる言葉を記入し, 完成させなさい。

題材名	世界の諸民族の音楽～弦楽器の響きをきっかけに～			
題材のねらい	世界の様々な弦楽器の響きをきっかけにして世界の諸民族の音楽を鑑賞し, その音楽の特徴を感じ取って, 多様な世界の諸民族の音楽に親しむ。			
提示の順序	弦 楽 器 名	国 名 等	指導内容（音楽の総称、楽器や声の響き、表現の特徴等）	
1	馬頭琴	モンゴル	総称（　　　　　　　　）、声を長くのばして歌う民謡、自由なリズム	
2	（　　　）	ロシア	三角の胴体をもつ楽器、トレモロ奏法	
3	シタール	（　　　　）	即興演奏が特徴。伴奏はタブラー、タンブーラー	
4	チャランゴ	アンデス一帯	総称（　　　　　　　）、シーク（葦を束ねた笛）等も用いる。	
5	（　　　）	スペイン	総称（　　　　　　　）、歌と踊りとこの楽器の掛け合いで激しく表現	
6	（　　　）	日 本	これまで以上に日本の弦楽器の音色や奏法、伝統音楽の特徴等を捉える。	

(☆☆☆◎◎◎)

【2】次の1～3の語句について, それぞれ詳しく説明しなさい。

　　1　ガイヤルド　　2　巣鶴鈴慕　　3　ミュージック　セラピー

(☆☆☆◎◎◎)

【3】次の各文について, その内容が正しいものを5つ選び, 番号を記入しなさい。

　　1　スメタナは, チェコを代表する作曲家である。プラハでピアノと作曲を学んだ後, 指揮者や作曲家として活躍した。当時のチェコは, 現在のような独立した国家ではなく, ドイツの強い支配を受けていた。

　　2　バロック時代に盛んに用いられたチェンバロは, 柔らかく繊細な響きを生むが, ピアノのように指先のタッチで強弱をつけることはほとんどできない。

211

3　岩手県民謡の「もっこ」は，古くから歌い継がれている子もり歌である。「もっこ」とはお化けのことで，「寝ないと山からお化け(もっこ)が来るよ」と歌っている。

4　レクイエムの正式名称は「死者のためのミサ曲」であるが，冒頭にレクイエム(安息に)の歌詞があることから，このように呼ばれる。ヴィヴァルディ，モーツァルト，フォーレの作品が特に有名である。

5　管絃の楽器編成は「三管両絃三鼓」と呼ばれ，管楽器が3種類，弦楽器が2種類，打楽器が3種類で構成される。

6　ア　カペラ(a cappella)は，もともと「聖堂ふうに」あるいは「礼拝堂ふうに」という意味を持ち，教会で歌われる合唱のことを指していた。

7　パキスタンの民族音楽「カッワーリー」は，イスラム教徒の宗教的な歌の一種で，何度も同じ旋律を繰り返し，その間にリーダーの即興的な歌が挿入される音楽である。物静かに歌い上げるのが特徴である。

8　沖縄県の郷土音楽「エイサー」は，先祖の霊を慰めるために，踊りを伴って三線や太鼓などで演奏されるもので，沖縄県の各地に伝えられている。

9　「小フーガ　ト短調」を作曲したJ.S.バッハは，ドイツ・バロック音楽の頂点に立つ大作曲家である。オルガニスト，作曲家としてドイツ音楽の基礎を固め，音楽の母と呼ばれた。他の主要作品に，「ミサ・ソレムニス」などがある。

10　甘美なメロディーと華麗なオーケストレーションが特徴のイタリアの作曲家レスピーギは，中世・ルネサンス期のイタリア音楽の研究，復元者としても有名である。

(☆☆☆◎◎)

【4】次のコードネームを全音符で五線上に記入しなさい。

1　GmM7　　2　C7+5　　3　F♯dim

(☆☆☆◎◎)

【5】組曲「展覧会の絵」(原曲及び編曲を問わず)について簡潔に説明しなさい。また，鑑賞教材として扱う際の具体的な指導内容を5つ書きなさい。

(☆☆☆○○○)

【6】次の楽譜A，B及び楽譜A，Bを含む楽曲について，下の問いに答えなさい。

楽譜A

楽譜B

1　楽譜Aは，ある楽曲の冒頭の旋律の一部である。この旋律を演奏する楽器名を書きなさい。

2　楽譜Bのような拍子の変化や交換が行われることを何というか。

3　楽譜A，Bを含む楽曲名と作曲者名を書きなさい。

4　この楽曲のような音楽を「原始主義音楽」と言うが，その特徴を2つ書きなさい。

5　この作曲者による他の代表的な作品を3つ書きなさい。

6　この作曲者が活動した20世紀の音楽を一般的に現代音楽と言うが，現代音楽の代表的な作曲家を他に3名書きなさい。

(☆☆☆○○○)

【7】次の1～6のことについて，生徒に何と説明するか。簡潔に書きなさい。
1　音名
2　響きのある声
3　曲種に応じた発声
4　抑揚をつけて歌う
5　曲想の変化を感じ取る
6　音色

(☆☆☆◎◎◎)

【8】次の楽譜Cは山形県民謡「花笠音頭」の一部である。この旋律を，下の内容を満たし，編曲しなさい。

楽譜C

1　吹奏楽部の生徒の金管アンサンブル用で，編成は以下のとおりとする。
　　(1)　1stトランペットinB♭　　　(2)　2ndトランペットinB♭
　　(3)　ホルンinF　　　(4)　トロンボーンinC　　　(5)　チューバinC
2　各パートには音部記号，調号，拍子を記すこと。(原調のままで，一般的な吹奏楽用の記譜とする)
3　冒頭の2小節間を1stトランペットのsoloとする。下の譜表に記入するのは3小節目から最後までとする。
4　金管楽器の響き合いの美しさが味わえるように配慮すること。
5　速度記号，発想記号など，曲想を表現するための記号も必ず記すこと。

(☆☆☆◎◎◎)

【中学校】

【1】中学校学習指導要領(音楽)の内容について，次の各問いに答えなさい。

　1　中学校音楽科の目標では，「表現及び鑑賞の幅広い活動を通して，…」となっているが，『幅広い活動』とは，具体的にどのような教材を扱い，どのような音楽活動をねらっているのか書きなさい。

　2　「音楽活動の基礎的な能力」とは何か。できるだけ具体的に説明しなさい。

(☆☆☆◎◎◎)

【2】第1学年の表現の内容(1)カでは，「表現したいイメージや曲想をもち，様々な音素材を用いて自由な発想による即興的な表現や創作をすること」となっているが，生徒のどのような能力を育てることがねらいとなっているか書きなさい。

(☆☆☆◎◎◎)

【高等学校】

【1】平成10年度に改訂された高等学校学習指導要領(芸術・「音楽I」)について，次の各問いに答えなさい。

　1　「音楽I」の目標で「創造的な表現と鑑賞の能力を伸ばす」とあるが，「創造的な表現の能力」「創造的な鑑賞の能力」とはそれぞれどういう意味か書きなさい。

　2　A表現(器楽)アの指導事項について，従前の「奏法の工夫」から「いろいろな楽器の体験と奏法の工夫」と改められたが，その改訂のねらいを書きなさい。

(☆☆☆◎◎◎)

【2】内容のBのウ「我が国の伝統音楽の種類と特徴」を取り扱う場合に配慮することを2つ書きなさい。

(☆☆☆◎◎◎)

解答・解説

【中高共通】

【1】1　オルティンドー　　2　バラライカ　　3　北インド　　4　フォ
ルクローレ　　5　ギター，フラメンコ　　6　三味線

〈解説〉1のオルティンドー(長歌)はゆったりしたテンポで，広い音域と
メリスマを特徴とする。6の三味線は近世邦楽の中心的楽器であるが，
それ以前の伝統音楽の弦楽器としては琵琶が挙げられる。

【2】1　イタリア起源の16世紀に流行した舞曲。3拍子系で速く元気なも
の。　　2　尺八の古典本曲の代表的な曲名で，「鶴の巣ごもり」とも呼
ばれる。子鶴の誕生，成長，巣立ち，親鶴の死という一連の流れを描
いた古典本曲には珍しい描写音楽である。　　3　音楽療法と呼ばれ，
音楽の心理学的機能を利用した医療法。音楽の演奏や聴取をとおして，
心身の安定や健康に役立て，あるいは，心身の障害者の治療や犯罪者
の人格矯正にも役立てるもの。

〈解説〉1のガイヤルドは，一般には知られていないバロック組曲のもと
になった舞曲で，ゆっくりしたパヴァーヌのあとに速いガイヤルドが
使われた器楽曲である。

【3】3　5　6　8　10

〈解説〉よく読んで考えないと，どれもが正しいように読みとれるので注
意したい。誤りの部分を次に指摘する。1　ドイツの支配ではなく，
オーストリアである。　　2　「柔らかく」の部分が誤りで，弦を爪で下
から上へはじくことによって発音するため，繊細な響きではあるが柔
らかいとはいえない。　　4　ヴィヴァルディは教会音楽も多数残して
いるとのことであるが，レクイエムは聞かない。ヴェルディと混同し
ないこと。　　7　「物静かに歌い上げる」が誤り，むしろ地声で熱狂的
に歌われる。　　9　「ミサ・ソレムニス」はベートーヴェンの作品が有

名である。

【4】

〈解説〉1では，#を付けないとGm7になる。　2の＋5は，根音から5度上
の音に#を付けることを指す。　3は減7の和音である。

【5】解説参照
〈解説〉解答の参考事項を次に示す。　・原曲はムソルグスキー作曲のピ
アノ用組曲。プロムナードを前奏や間奏として10曲よりなり，展覧会
に陳列された絵画を音楽で描写したもの。・ラヴェルによってオーケ
ストラ用編曲されて以来世界的に知られ，しばしば演奏されている。
ラヴェル以外にもストコフスキーらの編曲がある。・全曲では約28分。
ラヴェルのオーケストラ編曲の多彩で変化に富んだ音色が聴きもの。
終曲の「キエフの大門」の壮大さに耳を傾けるなど部分的な鑑賞(指
導)も可能。展覧会の原画10枚のうち約半分の絵が判明し紹介されてい
る。

【6】1　ファゴット　　2　変拍子　　3　舞踊組曲「春の祭典」，ストラ
ヴィンスキー　　4　(1)　野性的で強烈なリズム　　(2)　大胆な和声
と色彩的効果の管弦楽法　　5　(1)　舞踊組曲「ペトルーシュカ」
(2)　舞踊組曲「火の鳥」　　(3)　バレエ音楽「プルチネルラ」
6　シェーンベルク，プロコフィエフ，ヒンデミット，メシアン，シュ
トックハウゼン，J・ケージなど
〈解説〉楽譜を見て曲名が分からないと3，4，5などの設問に苦慮する。
ストラヴィンスキーは原始主義といわれる時代もあったが，表現主義
的，無調派，複調派，原始派的，ジャズ的色彩など現代音楽の特性を
すべてそなえる音楽家である。

【7】1　主音や調の変化によって移動する階名(ドレミファ…)と違って，固定的な音の高さを示す名称→ハニホヘ…やCDEF…(英・米)

2　自然で無理のない声，曲想に合った伸び伸びとした歌声。声部の役割を感じとり，他の声部とのかかわりや全体の響きに注意を向けた歌唱表現のこと。　3　音楽の種類によって発声や表情，味わいなどが一律ではない認識のもとに，曲種に応じてイメージをもち，それに沿った発声表現のこと。　4　歌唱の調子全体を高揚したり或いは抑えたりして，メリハリを付けて歌うこと。　5　楽曲の構想・モチーフ(動機)はリズムやメロディ，和声，強弱やテンポなどにより変化するものであり，それを感じとること。　6　音の強さや高さが等しくても，それを発する楽器の種類などによって違って感じられる音の感覚的特性のこと。

〈解説〉ふだんよく使っている楽語を分かりやすく説明するのはむずかしい。6の音色などがよい例である。

【8】〈参考〉

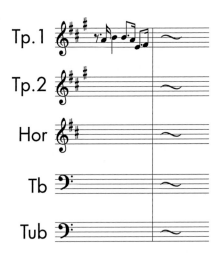

〈解説〉inB♭は長2度高く，inFは完全5度高い調に移調することになる。和声では，西洋音楽ではないので留意して編曲したい。

【中学校】

【1】1 教材…我が国及び世界の古典から現代までの作品。郷土の民謡など日本や世界の民謡の平易で親しみのもてるもの。 活動…芸術音楽，民俗音楽，ポピュラー音楽など幅広い視点から多様な音楽にかかわり，広い視点から世界の音楽文化を取り上げ，音楽的視野を広げ，音楽表現を幅広く深く身に付ける。 2 音色，リズム，旋律，和声，形式などの構成要素を感受すると共に，速度，強弱などの表現活動にそれらを生かす能力である。さらに，曲想，雰囲気，美しさ，豊かさなどを感じ取る能力も含む。

【2】音素材として声や楽器の音のみならず，自然界や日常生活のあらゆる音を活用して，生徒の内面に生じたイメージや曲想を大事にし，即興的に音楽表現したり創作したりなど音楽を構成する能力を育てる。

【高等学校】

【1】1 ・創造的な表現の能力とは，歌唱，器楽，創作の演奏活動を意欲的に工夫し，さらに即興的表現の自己表現を意欲的に活動する能力である。 ・創造的な鑑賞の能力とは，鑑賞を受動的にとらえるのではなく，主体的・能動的な働きをもつものととらえて，音楽的な感動体験を積極的に求める能力である。 2 これまで西洋楽器に偏りがちだった指導を改善し，幅広く音楽を理解する観点から，我が国の伝統音楽及び世界の民族音楽を含めてこれらを尊重し，音楽に対する視野を広げることなどをねらいとしている。

【2】・主として箏曲，三味線音楽(歌い物)，尺八音楽などから音楽的特徴を顕著に示す楽曲を教材として，伝統音楽の特徴や演奏される場の状況，自然や風土，はぐくまれた美意識等に根ざしていることを理解

させる。　・能楽，琵琶楽などを取り上げる場合は，表現との関連から，実際に歌ったり楽器に触れたりという演奏の機会を設けたりする。郷土の伝統音楽については古典音楽ともかかわらせながら学習させる。

2005年度　実施問題

【中学校】

【1】中学校学習指導要領（音楽）について，次の各文の内容が正しいものには○印を，正しくないものには×印を，（　）に書きなさい。

1　（　）　地域や学校，生徒の実態等に応じて，特色ある多様な音楽活動を展開できるようにする趣旨から，表現（歌唱），表現（器楽），表現（創作），鑑賞の活動から選択して年間指導計画を立ててよい。

2　（　）　読譜指導は，1♯，1♭程度をもった調号の楽譜の視唱や視奏に慣れ親しませるようになった。しかし，2♯，2♭などの楽曲を教材として選択することができないわけではない。

3　（　）　歌唱指導や器楽指導，創作指導，鑑賞指導すべてにおいて移動ド唱法で指導しなければならない。

4　（　）　表現と鑑賞は表裏一体であるから，合唱活動や小アンサンブル活動を十分に行えば，鑑賞の活動はできたと言える。

5　（　）　歌唱共通教材は示されなくなったので，これまで歌い継がれてきた我が国の歌曲については取り上げる必要はない。

(☆☆○○○○)

【2】選択教科としての「音楽」において，幅広い内容の学習が考えられるが，そのうち3つを書きなさい。

(☆☆○○○)

【3】第2学年の鑑賞の授業を2時間計画で次の教材を使って実施するとして，主題による題材構成で仕組む場合の指導略案について，各項目の（　）に留意し，あとの表に記入しまとめなさい。

題　材	聴きくらべよう　〜「ボレロ」と「アッピア街道の松」〜	
指導目標 (3観点で記入)	(1) (2) (3)	（関心・意欲・態度） （感受や表現の工夫） （鑑賞の能力）
教　材	鑑賞教材1:ボレロ(ラベル作曲) 鑑賞教材2:「アッピア街道の松」〜「ローマの松」から〜(レスピーギ作曲)	
2つの鑑賞教材に共通する音楽的な特徴(3つ記入)		
学習の 　主な流れ (流れに沿い，1から順に番号をふって書く)		指導上の留意点 (学習の流れに対応して1から順に)

(☆☆☆○○○○)

【4】次の1〜3の語句について，それぞれ詳しく説明しなさい。

1　下座音楽　　2　ad libitum　　3　オルティンドー

(☆☆○○○○)

【5】次の各文について，その内容が正しいものを5つ選び，番号を記入しなさい。

1　千葉県民謡「大漁節」は，江戸時代末期に利根川河口近くにある銚子漁港で，イワシの大漁を祝って作られた「祝い歌」である。

2　バロック音楽は，日本の安土・桃山時代と同時期に位置するヨーロッパ音楽の時代様式の概念で，和声から対位法への移行，調性な

どの試みがなされた。

3　レスピーギが作曲した交響詩『ローマの松』は,「ボルゲーゼ邸の松」「カタコンベ近くの松」「ジャニコロの松」「アッピア街道の松」の4つの部分から構成されている。

4　雅楽の中で舞が伴ったものを舞楽という。舞楽は,伴奏に用いられる音楽の種類によって左舞と右舞に分けられる。左舞には朝鮮半島系の雅楽である高麗楽が用いられ,右舞には中国系の雅楽である唐楽が用いられる。

5　リコーダーはいわゆる縦笛であるが,ドイツ語ではブロックフレーテといい,18世紀半ばまでは大いに流行し,フルートといえばこの楽器を指していた。

6　ストラヴィンスキーの音楽は強烈なリズムや斬新なオーケストレーションなどから「原始主義音楽」といわれた。晩年には穏やかな作風に変わり,ジャズなども取り入れている。晩年の代表作に「浄められた夜」がある。

7　アンブシュアとは,管楽器を演奏するときの適切な唇や口の形のことであり,これにより音色が左右される。

8　尺八はあごの使い方や指の操作によってメリ・カリ・ユリなどと呼ばれる独特な音色や表情を生み出すことができる。
メリは,あごを出して吹き,音が上がり明るく開放的な音色になる。

9　古典派に入るとキーやヴァルブの採用などの管楽器の改良が進み,オーケストラの規模が拡大された。

10　「荒城の月」は,土井晩翠作詞,滝廉太郎作曲で,日本語の語感の美しさを味わうことのできる創成期の日本歌曲である。

(☆☆☆○○○)

【6】次のコードネームを全音符で五線上に記入しなさい。

1　Csus4　　2　Em7　　3　G♯dim7

(☆○○○)

【7】ベートーヴェン作曲「交響曲第5番ハ短調作品67」の特徴を中学生にわかるように簡潔に説明しなさい。また，鑑賞教材として扱う際の具体的な指導内容を5つ書きなさい。

(☆☆☆☆◎◎◎)

【8】次の楽譜A，及び楽譜Aを含む楽曲について，下の問いに答えなさい。

楽譜A

1　この楽譜はある楽曲の冒頭の旋律である。この旋律を最初に演奏する楽器名を書きなさい。

2　この楽譜を含む楽曲名と作曲者名を書きなさい。

3　この作曲家が属した，民族主義の音楽を作り上げた作曲家の一派を書きなさい。

4　この作曲家の名を不朽のものとした，1886年に初演された歌劇名を書きなさい。

5　楽譜Aを含めて，この楽曲は情景を描写しているが，この楽曲が描写する情景のうち，知っているものを4つ書きなさい。

6　楽譜Aの調に対する下属調の調号を低音部譜表に書きなさい。

(☆☆☆◎◎)

【9】次の楽譜B，及び楽譜Bを含む楽曲について，あとの問いに答えなさい。

楽譜B

1 この楽曲の曲名及び拍子を書きなさい。
2 この楽曲の作詞者名及び作曲者名を書きなさい。
3 この楽譜の1番の歌詞を書きなさい。
4 この楽曲の教材性（指導上の観点）について書きなさい。

(☆☆☆◎◎)

【10】次の楽譜Cを，下の内容を満たして編曲しなさい。

楽譜C

1 吹奏楽部の生徒の金管アンサンブル用で，編成は以下のとおりと
する。
(1) 1stトランペット in B♭
(2) 2ndトランペット2 in B♭
(3) テナー　トロンボーン　in C
(4) バス　トロンボーン　in C
2 各パートには音部記号，調号，拍子を記すこと。（原調のままで，
一般的な吹奏楽用の記譜とする）
3 金管楽器の響き合いの美しさが味わえるように配慮すること。
4 速度記号，発想記号など，曲想を表現するための記号も必ず記す
こと。

(☆☆☆☆◎◎◎◎)

解答・解説

【中学校】

【1】1　×　　2　○　　3　×　　4　×　　5　×

〈解説〉(1)第2の各学年の内容の「A表現」及び「B鑑賞」の指導並びに「A表現」の歌唱，器楽及び創作の指導については，それぞれ特定の活動のみに偏らないようにするとともに相互の関連を図るようにすること，と書かれてある。(4)についても同様。

【2】1　課題学習……　　2　創造的な表現活動の学習　　3　郷土の伝統芸能など地域の特質を生かした学習

〈解説〉その他，「表現の能力を補充的に高める学習」「芸術表現を追求する発展的な学習」がある。文部省発行の中学校学習指導要領（平成10年12月），解説，音楽編を参照されたい。

【3】

題　材	聴きくらべよう　～「ボレロ」と「アッピア街道の松」～
指導目標 (3観点で記入)	(1)　それぞれの楽曲の特徴の違いを自ら進んで聴こうとしている。　　　　　　　　　　（関心・意欲・態度） (2)　楽曲を様々な感性でもって受けとめることができ,また,他者に対して自らの感じたことを適格に伝えることができる。（感受や表現の工夫） (3)　楽曲の形式や構成要素等の違いに気づき注意深く聴くことができる。　　　　　　　（鑑賞の能力）
教　材	鑑賞教材1:ボレロ(ラベル作曲) 鑑賞教材2:「アッピア街道の松」～「ローマの松」から～(レスピーギ作曲)
2つの鑑賞教材に共通する音楽的な特徴 (3つ記入)	1　ともに近代の作曲家による管弦楽の作品である。 2　一貫して同一のリズムが用いられている。 3　pではじまり,fで終わる,ダイナミックな作品である。

学習の 主な流れ （流れに沿い, 1から順に番 号をふって書 く）	1　楽曲の概説,作曲者, 曲名について 2　2曲を鑑賞し,両者の 異同を述べる。 3　2曲それぞれからイメ ージできることを述べる 4　初まりから終わりまで の使用されている楽器 について 5　改めて,2曲のそれぞ れの特徴を感じながら 聴き,それぞれのよさを 確認する。	指導上の留意点 （学習の流れに対応して1から順に） 1　説明は必要最低限に とどめ,生徒の意欲を高 めるように務める 2　それぞれの曲の特徴 についてメモのような形 で記録させる 3　生徒達の自由な発想力 を尊重するように務める 4　視聴覚教材等で楽器 について理解しやすい よう務める 5　一定の価値感にとらわ れず,それぞれのよさを 見出すよう促す。

【4】1　歌舞伎, 文楽, 寄席などの舞台の陰で演奏される効果音楽。使用される楽器は以下6種類に分けられる。

(1)　大太鼓の類。　　(2)　締太鼓の類。　　(3)　鼓の類。

(4)　かねの類。　　(5)　笛の類。　　(6)　その他。

2　アド・リビトゥム。〈自由に〉〈随意に〉。演奏者の自由に任せる標語。(1)　テンポを変化させてもよい, (2)　ある声部や楽器パートを省略してもよい, (3)　演奏者の創意による装飾音やカデンツァを加えよ, の意味に用いられる。　3　モンゴルのもので「長い歌」という意味。声を長く伸ばして歌う民謡の形式。拍節感のない自由なリズムで歌われ, 日本の追分節によく似ている。

〈解説〉1, 2は音楽之友社,「新訂　標準音楽辞典」からの引用。
　　3は教育芸術出版社,「中学生の音楽2・3上」から引用。

【5】1　　3　　5　　7　　10
〈解説〉2は, 対位法から和声。4は, 左舞が唐楽, 右舞が高麗楽。
　　6の「浄められた夜」はシェーンベルクの曲。8はメリでなくカリ。
　　9は, ロマン派。

【6】

【7】曲は4つの楽章からなり，第3楽章と第4楽章はつづけて演奏される。第1楽章はじめの動機が運命の扉をたたく音である，と言われている所から「運命」と呼ばれている。全楽章を通して，この「運命の動機」によって支えられている。ベートーヴェンの交響曲の中で最も有名な曲とも言われている。

〈指導内容〉

1　全曲を通して支配している「運命」の動機について感じ取れる。

2　ソナタ形式をはじめ，変奏曲，複合三部形式について理解し，その違いが聴き分けられる。

3　調性や拍子の違い等を理解して聴くことができる。

4　オーケストラを構成している様々な楽器の音色の違いが分かる。

5　全曲を通してベートーヴェンの主張について，各自思慮する。

【8】1　フルート　　2　連作交響詩「我が祖国」からブルタバ（モルダウ），作曲家　スメタナ　　3　チェコ国民楽派　　4　売られた花嫁　　5　①　ビシェフラト　　②　シャルカ　　③　ボヘミアの牧場と森から　　④　ターボル　　その他に　「ブルタバ」「プラニーク」がある。

【9】1　曲名→早春賦　$\frac{6}{8}$　　2　作詞者名：吉丸一昌　　作曲者名：田中　章　　3　春は名のみの風の寒さや　谷の鶯歌は思えど　時にあらずと声も立てず　時にあらずと声も立てず　　4　・詩に込められた情景を思い浮かべながら歌う。　・4小節1フレーズのメロディーをレガートで無理のない声で歌う。　・2部形式を生かした歌い方を工夫する。　・名種記号の意味を理解して歌う。　・$\frac{6}{8}$拍子のリズムに親しむ。

【10】

〈解説〉解答するにあたって，移調譜の記譜法，楽器の音域についての確
認を行う。次に旋律に対する和声（コード）付け。特にバスラインを
最初に設定する事が重要。主題を内声に盛り込んだり，効果的に休符
を使用する事が出来山ばより充実した内容となる。

2004年度　実施問題

【中学校】

【1】学習指導要領の改訂において，「読譜指導」につきどのように変わったか，そのねらいは何かを，小学校との関連も踏まえて述べよ。

(☆☆☆○○○)

【2】学習指導要領の改訂で，「3年間を通じて1種類以上の和楽器を用いること」となった趣旨とその留意点を簡潔に述べよ。

(☆☆☆○○○○)

【3】楽譜(リコーダー2重奏用)を見て，表現上どのようなことに留意させるかを5点挙げよ。

(☆☆☆○○)

【4】次の(1)～(4)の題材，教材から1つを選び，①②をもとに，学習指導案を作成せよ。
(1)　題材「合奏の響きを味わう」
(2)　教材「夏の思い出」
(3)　教材「荒城の月」
(4)　教材「グレゴリオ聖歌」
　　①　題材，教材の目標を4つ挙げること
　　②　指導内容を簡潔に述べること

(☆☆☆☆○○○)

【5】次の①～③につき説明せよ。
　　①　引き色　　②　レクイエム　　③　ズルナ

(☆☆☆☆○○○)

【6】楽譜を見て問(1)～(6)に答えよ。(どのような楽譜かは不明)

(1) 曲名を答えよ。

(2) 作曲者名を答えよ。

(3) 作曲者の生まれた国を答えよ。

(4) この作曲者が音楽史上果たした役割を答えよ。

(5) この曲の第2楽章のテーマの冒頭2小節を書け。

(6) この曲(ホ短調)の長3度下の調でへ音記号に書け。

(☆☆☆◎◎◎)

【7】次の楽譜につき問(1)～(4)に答えよ。

(1) 曲名を答えよ。

(2) 作詞と作曲者名を答えよ。

(3) この楽譜の1番の歌詞を書け。

(4) この曲の特徴を簡潔に述べよ。

(☆☆☆◎◎◎)

【8】「サミングの奏法を身につけ、リコーダーアンサンブルしよう」という題材の学習において、A「学習が遅れがちな生徒」と、B「技能の習得が早い生徒」がいるとき、AとBに対してどのように指導するかを具体的に述べよ。

(☆☆☆☆◎◎)

【9】8小節の旋律が提示され、これを次のように編曲せよ。

ソプラノリコーダー、アルトリコーダーⅠ・Ⅱ、バスリコーダーによる四重奏になるよう楽譜を書け。

(☆☆☆☆◎◎◎)

【10】次の①～③のコードネームの和音を全音符で書け。

① Cmaj7　② D♭m　③ A7-5

(☆☆☆☆◎◎◎◎)

【高等学校】

【1】改訂高校学習指導要領〈芸術〉の音楽Ⅰ及び音楽Ⅱ・Ⅲにおいて，改善が図られた具体的事項を述べよ。(論述問題)

(☆☆☆☆◎◎)

【2】混声四部合唱の活動の際，歌声の大きさのバランスがわるいなど不十分でないとき，その原因に何が考えられるかを挙げ，合唱指導の留意点を述べよ。(論述問題)。

(☆☆☆☆◎◎)

【3】次の(1)(2)の語を簡潔に説明せよ。
  (1)　引き色　　(2)　レクイエム

(☆☆☆◎◎◎◎)

【4】8つの文章から該当するものを選び，記号回答せよ。(文章不明)

(☆☆☆◎◎◎)

【5】別紙の楽譜(不明—リコーダー2重奏)について，演奏するための留意点を4点述べよ。

(☆☆☆◎◎◎◎)

【6】別紙の楽譜についての設問(楽譜不明であるが，ドボルザークの交響曲第9番「新世界より」の一部であった。)
  (1)　曲名，作曲者名とその国名を答えよ。
  (2)　楽譜の一部を長2度下げて書け。
  (3)　この曲の中でイングリッシュホルンが奏する最初の1小節を*Des dur*で書け。
  (4)　この作曲者の音楽史上の功績を述べよ。

(☆☆☆◎◎◎)

【7】次の楽譜につき問(1)〜(3)に答えよ。

(1)　作詞・作曲者名を答えよ。
(2)　1番の歌詞を書け。
(3)　曲の特徴を述べよ。

(☆☆☆◎◎◎)

【8】別紙の楽譜をもとに，ソプラノリコーダー2，アルトリコーダー，バスリコーダーの4重奏用の曲を，自由に編曲せよ。アーティキュレーションも記入のこと。

(☆☆☆☆◎◎◎)

解答・解説

【中学校】

【1】〈解答例〉

　読譜指導について小学校高学年(第5・6学年)では，「ハ長調及びイ短調の旋律を視唱(奏)したりすること」と示されている。中学校では「小学校の学習経験の上に立ち，♯や♭の意味を理解させるとともに，3年間を通じて，1♯，1♭程度をもった調号の楽譜の視唱(奏)に慣れさせるようにすること」となっている。

　このねらいは，「音楽活動の基礎的な能力を伸ばす」とともに，実際の学習では多様な調の曲も扱うため，原則としている「移動ド唱法」の読譜指導に抵抗が少なく，徹底できることになる。読譜の難しさは，調号の数だけで決まるものではなく，リズムや音程その他の要素によるものも大きい。これを機に，音楽活動の基礎的な能力を伸ばし，音楽に親しむ基本を身に付けるよう指導したい。

〈解説〉改訂前には「視唱の指導については…」となっていたものが今回
　　は，「読譜指導については…」と示されていることに触れるのもよい。
　　また，「1♯，1♭程度」の程度ということに触れ，臨時記号の含まれ
　　る楽譜や，場合によってはそれ以上の調号の読譜指導も可能と述べる
　　のもよい。

【2】〔解答例〕
　　　我が国の伝統的な音楽文化のよさに気付き，尊重しようとする態度
　　の育成のためには，実際に和楽器を活用し体験することが大切である。
　　　留意点としては，学校や生徒の実態に応じると共に，可能な限り郷
　　土の伝統音楽や伝統芸能を取り入れること。また，表現活動としての
　　器楽はもちろんのこと，歌唱や創作，鑑賞との関連を図り，実際に体
　　験させ，学習効果を高め，充実させることが大切である。
〈解説〉我が国の伝統音楽の重視，そのための実践的指導という趣旨が述
　　べられればよいであろう。留意点としては，地域や郷土の伝統音楽(芸
　　能)との結びつきや活用，そして何よりも体験させることの大切さを述
　　べたい。

【3】省略(楽譜不明のため)
〈解説〉リコーダーの奏法では，タンギング(舌の使い方)にその特色があ
　　り，次の4つの奏法の違いを知っておきたい。
　　(1)　ノンレガート ― 普通に行う奏法で各音をタンギングすめため，
　　音の間にわずかの休符が入ることになる。
　　(2)　レガート ― スラーの切れるまでタンギングをせず，なめらかな
　　奏法となる。
　　(3)　スタッカート ― 短かめに音を切りタンギングする。
　　(4)　ポルタート ― テヌート(♩)が付き，音と音の間に休符を入れず
　　に「tu－tu－」と吹く。
　　　この設問では，高音域のサミング(裏穴をわずかに空ける技能)や，
　　最低音域でしっかり穴をふさぐことも留意点となるであろう。

【4】〈解答例〉―「夏の思い出」

① ア　よく知られ，親しまれている歌曲を愛唱させる。

イ　歌詞の内容とその情景にふさわしい歌唱を工夫させる。

ウ　旋律の特徴や曲想に関心をもたせ，意欲的に歌唱表現する態度を養う。

エ　曲にふさわしい表現を工夫させ，歌唱表現の技能を伸ばす。

② ア　発声練習，旋律の斉唱

イ　歌詞内容の話し合い，尾瀬沼の情景映像鑑賞

ウ　言葉の特性，旋律の反復・跳躍進行の効果を感じとらせ，歌唱を工夫させる。

エ　2部合唱，声部の交代などの工夫による歌唱表現

オ　3連符などのリズムや言葉の抑揚・語感を生かし，鼻濁音の美しい表現を工夫し，曲想豊かな2部合唱に仕上げる。

〈解説〉学習指導案作りは時間との勝負，ふだんから書き慣れるようにしておきたい。

【5】① 箏の奏法の1つ，柱の左側部分で弦をつまみ，柱の方向に引いて音高を少し低くする手法。　② 死者の霊をなぐさめるためのミサ曲。鎮魂曲とも訳される大規模な合唱曲で，キリエ，サンクトゥス，アニュス・ディなどの構成から成る。　③ アラビア音楽，トルコ・イランなどの管楽器，オーボエの仲間であり，ズルナーイやソルナとも呼ばれる。

〈解説〉①の箏の奏法ではこの他に，押し手(引き色とは逆の効果，柱の左側で弦を左手で押して音を高める)，合せ爪(2本の弦を右手親指と中指で同時にひく)，スクイ爪，引き連など多くあるので学習したい。

【6】〔解答例〕―楽譜不明のため一部省略

(1)　交響曲第9番「新世界より」　　(2)　ドヴォルザーク

(3)　チェコ(ボヘミア)　(4)　国民楽派(ボヘミア)の代表的作曲家としてプラハで活躍，ニューヨークにも招かれ音楽院長として滞在中に，

「新世界より」やチェロ協奏曲，弦楽四重奏曲「アメリカ」などを作曲した。　(5)　省略─有名な「家路」の旋律と思われる。

(6)　省略 ─ 楽譜不明，ホ短調であれば長3度下の調はハ短調であり，♭3つ付した調に移調する。

〈解説〉出題の楽譜がスコア(総譜)なのか，単旋律なのか，第1楽章なのかなど不明であるが，(1)が分からない場合は(2)～(4)は解答できないことになる。

【7】(1)「浜辺の歌」　(2)　林古溪(詞)，成田為三(曲)　(3)　かぜのおととよ　くものさまよ　(4)　ヘ長調で68拍子，aa'ba'の二部形式の全体がレガートに支えられた流れるような旋律であり，さらに，波を思わせるようなピアノの分散和音による伴奏が詩の効果を高めている。

〈解説〉第2学年の歌唱の共通教材であった名曲である。

【8】〈解答例〉

○サミングとは，リコーダーの高音域を出すときに，裏穴をわずかに空けて適正な音を出す奏法の技能である。

○リコーダーの技能習得のための練習は，次の順で行うのがよい。

① 左手の4つの穴の開閉の音域練習 ─ 最も音が出しやすい。

② 右手の人差指，中指，くすり指の穴をふさぐ練習──①から少しずつ音域を広げていく。

③ サミングで高音域を出す練習──うら穴を少し空けるが，その空け方は決して大きすぎぬよう，音によって空ける幅も微妙に違うため，適正な美しい音を出す練習を各人に工夫させる必要がある。

④ すべての穴をふさぐ最低音の練習──ふさいだつもりでも，ほんの少し空いている場合が多い。口の中を大きく開き，吹く息は静かに吹き，すべての穴を完全にふさぐことが大切。

○Aに対しては，上記の①～③をあせらずに1つ1つの音が出せるよう狭い音域のメロディの曲を中心に練習させる。

○Bには，高音ほどサミングの工夫が必要であり，美しい音を出すた

めには一人一人が微妙なサミング技能を身に付けねばならぬことを理
解させ，練習に励ませたい。

○AとBの良い音を出せる音域を考慮し，選曲，編曲を工夫して2重奏
やオブリガードの演奏など，楽しく学べる配慮をする。

○フィンガリング(指の使い方)のみでなく，リコーダー技能では，息
の吹き方(呼吸法)や口の中の広さ，タンギングなどが関連し合ってこ
そ美しい音が出せることを十分に分からせ，実践指導する。

【9】省略(楽譜不明のため)

〈解説〉バスリコーダーは，アルトリコーダーのオクターブ低い音である。
各楽器の鳴り易い音域を考慮しつつ，アルトリコーダーではオブリガ
ード奏を入れるなどの工夫をしたい。

なお，テナーリコーダーはソプラノリコーダーのオクターブ低い楽
器であることも知っておきたい。

【10】

〈解説〉③の−5とは，根音から5度上の音を半音下げることを意味してい
る。

【高等学校】

【１】〈解答例〉

・音楽Ⅰ——これまでは，A表現の「歌唱」，「器楽」，「創作」と，B鑑賞のすべてを学習することとしていたが，改訂では，総合的な学習を基本としつつ，個性に応じて例えば，ある楽曲につき，歌唱や器楽の表現方法・形態を選択して学習できるようになった。

・音楽Ⅱ・Ⅲ——A表現の「歌唱」，「器楽」，「創作」のいずれかに重点を置いて学習できることとしていたが，改訂では，生徒の特性，地域・学校の実態等を考慮し，いずれかを選択して学習できるとした。

【２】〈解答例〉

・男女の比や人数，合唱への取り組み，パートリーダーの役割，伴奏者などの調整をはかり，人間関係を含めて全員で取り組めるよう留意する。

・曲の選択が生徒の心情に合う魅力的なものかを十分に研究する。

・曲の特徴にふさわしい姿勢，呼吸法，共鳴，発声を工夫させる。

・歌詞の理解，表現のための発音，一体感のある音色，声部の調和などを常に考えた実践指導をする。

・生徒が主体的，積極的に協力し合い，歌唱の仕方を工夫するよう，まとまりを大切に合唱を創る喜びを味わえるようにする。

〈解説〉設問がはっきりしないので，合唱指導の留意点の解答例を述べた。

【３】(1)　箏の左手の手法で，柱の左側部分で弦をつまみ，柱の方に引いて音をわずかに低くする奏法。　(2)　死者の霊をなぐさめるミサ(キリスト教の儀式の曲)で，「レクイエム・エテルナム(永遠の休息を)」で始まるイントロイトウス，キリエなど9曲の構成を原則とする。モーツァルトやベルディ，フォーレなどの作品が有名である。

〈解説〉設問は3つであったとのことであるが，1つは内容が不明。

【4】省略──文章不明のため

〈解説〉設問の解答も8つは不明であるが，次の4分野の出題があった模様である。

(1)　能楽について　　(2)　歌舞伎(長唄)について

(3)　ヴェルディの作品について　　(4)　「夏の思い出」について

【5】省略──楽譜不明のため

【6】〈解答例の一部〉

(1)　交響曲第9番「新世界より」，ドボルザーク，チェコ

(2)　省略 ─ 楽譜不明のため

(3)

(4)　チェコ(ボヘミア)の国民楽派の偉大な作曲家，民族的色彩のつよい作品を作った。アメリカ，ニューヨークの音楽院長に招かれ，その間に「新世界より」や弦楽四重奏「アメリカ」，チェロ協奏曲などの名曲を残している。

【7】(1)　林古渓(作詞)，成田為三(作曲)　　(2)　あした浜辺をさまよえば　昔のことぞしのばるる　風の音よ　雲のさまよ　寄する波も　かいの色も　　(3)　6拍子のレガートな旋律で，aa'ba'の二部形式，波を思わせるような分散和音にのって叙情性が表現できる名曲である。

【8】省略──楽譜不明，自由編曲のため

〈解説〉このような自由作曲(編曲)の出題が，府県によっては比較的多い傾向にあるといえよう(高校において)。

2003年度　実施問題

【中学校】

【1】金子みすゞの詩の一節を用い歌を作れ。

『上の雪　寒かろうな　冷たい陽がさしていて』

(☆☆☆◎◎◎)

【2】次の旋律をリコーダー四重奏に編曲せよ。(全16小節)

(☆☆☆◎◎◎)

【3】次の楽譜はある曲の一部分である。下の問いに答えよ。

①　曲名(　　　　)　　　②　作曲者名　(　　　　)

③　作詞者名(　　　)　　④　この作曲者による別の歌曲名(　　　)
⑤　この部分の一番の歌詞(　　　)

(☆☆☆○○○)

【4】次の語句を説明せよ。
①　モティーフ　　②　オラトリオ　　③　ユリ音

(☆☆☆○○○)

【5】下の譜例を見て次の問いに答えよ。
①　曲名(　　　)　　②　作曲者名　(　　　)
③　譜例部分の旋律を演奏する楽器名(　　　)

(☆☆☆○○○○)

【6】〔実技テスト〕
A，B2つの部屋で実施
　A　(1)　新曲視唱
　　　(2)　新曲視奏→移調視奏
　　　(3)　課題曲を歌唱しながら指揮をする
　B　(1)　ピアノ課題曲演奏——バッハ，インヴェンション2声，No. 14
　　　(2)　随意の歌唱又は楽器の演奏，歌唱では伴奏しながら歌う

(☆☆☆○○○)

解答・解説

【中学校】

【1】答えの一例

【2】

【3】① 曲名(夏の思い出) ② (中田喜直) ③ (江間章子)
④ (めだかの学校 雪の降る町を等) ⑤ (みずばしょうの花がさ
いている ゆめみて咲いている みずのほとり)

【4】① 動機と訳される。音楽を構成する要素のうち，独立性を保持で
きる最小の単位。 ② 聖譚曲と訳される。宗教的題材による大規模
な叙事的楽曲で，独唱，合唱，管弦楽を用いた劇的なものだが，動作
や衣裳などは用いない。 ③ 尺八の奏法で，あごを引き吹いて，全
音くらい音を下げる方法

【5】① (アランフェス協奏曲) ② (ロドリーゴ)作曲
③ (イングリッシュホルン)

【6】省略

〈解説〉金子みすゞの詩のうちでも，当地に関わる詩を用いている。日常
　　から音楽と生活の関連を考えて活動しておくこと。四重奏の編曲は，
　　リコーダーという楽器の特性を前提にし，しかも簡単で魅力的な編曲
　　をする事。日常の練習・経験が出るが，限られた時間内という制約が
　　ある。

第3部

チェックテスト

過去の全国各県の教員採用試験において出題された問題を分析し作成しています。実力診断のためのチェックテストとしてご使用ください。

音楽科

【1】 次の(1)～(10)の音楽用語の意味を答えよ。

（各1点　計10点）

(1)　agitato	(2)　comodo	(3)　con fuoco
(4)　marcato	(5)　ma non troppo	(6)　ritenuto
(7)　con brio	(8)　brillante	(9)　delizioso
(10)　rinforzando		

【2】 次の(1)～(5)の楽曲形式名等を答えよ。

（各1点　計5点）

(1)　主に二つの主要主題が提示される提示部(A)－展開部(B)－再現部(A')からなる3部構造で，それに終結部が付加されるもの。

(2)　主要主題(A)が，副主題をはさんで反復される形式で，A－B－A－C－A－B－Aのように構成されるもの。

(3)　3部形式A－B－AのA及びB部分が拡大されて，それ自体が2部あるいは3部形式をなすような構造をもつもの。

(4)　主題の旋律やリズム，速度などを様々に変化させたり，発展させたりするなどの手法によるもの。

(5)　ポリフォニー(多声音楽)の完成されたものといわれ，主題と応答を規則的な模倣，自由な対位法的手法で展開された楽曲。

【3】 次の音楽や楽器と関係の深い国の国名をそれぞれ答えよ。

（各1点　計10点）

(1)　ケチャ	(2)　ホーミー	(3)　シャンソン
(4)　カンツォーネ	(5)　タンゴ	(6)　フラメンコ
(7)　シタール	(8)　胡弓	(9)　ツィンバロム
(10)　バラライカ		

【4】 次の(1)〜(6)のギターのコードダイヤグラムについて，コードネーム
を答えよ。

（各1点　計6点）

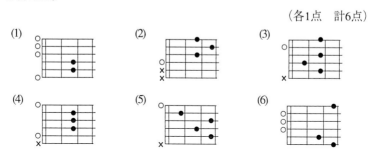

(1)　　　　　　　　(2)　　　　　　　　(3)

(4)　　　　　　　　(5)　　　　　　　　(6)

【5】 次の楽器の名前をあとのア〜ソから1つずつ選び，記号で答えよ。

（各1点　計6点）

(1)　　　　　　　　(2)　　　　　　　　(3)

(4)　　　　　　　　(5)　　　　　　　　(6)

247

ア コンガ	イ 三味線	ウ コルネット	エ カバサ
オ トランペット	カ 胡弓	キ ボンゴ	ク バスーン
ケ 鞨鼓	コ オーボエ	サ 鉦鼓	シ 締太鼓
ス イングリッシュ・ホルン		セ 笙	
ソ バス・クラリネット			

【6】 次の文章は，西洋音楽史について述べようとしたものである。この文章中の(ア)〜(ト)にあてはまる最も適切な語句をそれぞれ書け。ただし，同じ記号の空欄には，同じ語句が入るものとする。

（各1点 計20点）

　中世ヨーロッパにおいて教会での典礼儀式と結びついた単旋律聖歌は，地方的聖歌や民俗音楽を同化しつつ(ア)聖歌に統一された。これは，礼拝様式の統一を命じた教皇(イ)の名に由来するとされ，ラテン語の歌詞をもち，(ウ)譜で記された。その後，教会や修道院の中で聖歌が基礎となって(エ)音楽が生まれ，パリの(オ)大聖堂を中心にオルガヌム，モテトなどへ発展し(カ)，(キ)らによってその頂点を極めた。また，この時期は民俗的世俗音楽も全盛期であり南フランスの(ク)，北フランスの(ケ)，ドイツの(コ)たちの俗語による歌曲を生んだ。

　(サ)の音楽とは，音楽史上，中世とバロック期の間に位置する時代の音楽を指す。この時代，15世紀のデュファイなどに代表される(シ)楽派が活躍し，次いで15世紀末から16世紀にかけて展開されるジョスカン・デ・プレやラッススなどに代表される(ス)楽派の音楽によって(サ)音楽は本格的な歩みをたどりはじめる。この時代の後期は，「教皇マルチェルスのミサ」を作曲した(セ)楽派の(ソ)や「ピアノとフォルテのソナタ」を作曲した(タ)楽派の(チ)などが活躍した。フランスでは市民階級の向上とともにジャヌカンなどの(ツ)が一世を風靡し，イタリアではフィレンツェの(テ)家を中心に高度な芸術活動が展開され，優れた詩による多声歌曲(ト)が作曲された。モンテヴェルディは9巻に及ぶ(ト)曲

248

集を出版している。

【7】 次の日本の伝統音楽についての説明文の各空欄に適する語句を下の
ア〜タから1つずつ選び，記号で答えよ。

(各1点　計8点)

(1) 室町時代の初めに，物語は歌謡として謡われ，台詞も抑揚を付け
て唱える，観阿弥・世阿弥父子が大成した仮面劇を(①)楽とい
う。
また，(①)楽と一緒に上演されることの多いコミカルな対話
劇を(②)という。

(2) 17世紀後半に大阪の竹本座で創始された三味線音楽を(③)と
いい，脚本家(④)の協力を得て，人形芝居の音楽として大流行
した。現在，(③)は「(⑤)」の音楽として知られている。

(3) 唄方，細棹三味線を使用した三味線方，囃子方によって演奏され
る歌舞伎のために生れた三味線音楽を(⑥)という。

(4) 舞台奥に作られたひな壇に並んで演奏することを(⑦)といい，
これに対して舞台を盛り上げる効果音を舞台下手の黒御簾で演奏す
る音楽を(⑧)音楽という。

ア	雅	イ	狂言	ウ	神楽	エ	舞
オ	太鼓	カ	長唄	キ	地謡	ク	能
ケ	近松門左衛門	コ	義太夫節	サ	黙阿弥	シ	人形浄瑠璃
ス	出囃子	セ	下座	ソ	裏方	タ	合いの手

【8】 次の和音の基本形をd音を根音としてヘ音譜表に書け。

(各1点　計5点)

(1) 長三和音
(2) 減三和音
(3) 属七和音
(4) 短三和音
(5) 増三和音

【9】 次の各問いに答えよ。

（各1点　計4点）

(1)　次の楽譜を短3度上方に移調した時，①の部分で最も適切なコードネームはどれか。下のア～オから1つ選び，記号で答えよ。

　　ア　F　　イ　E♭　　ウ　Am7　　エ　B7　　オ　Cm

(2)　次の楽譜はB♭管のクラリネットの楽譜である。同じ音でF管のホルンで同時に演奏する場合の楽譜は何調で示されるか。下のア～オから1つ選び，記号で答えよ。

　　ア　ハ長調　　イ　ト長調　　ウ　変ロ長調　　エ　ニ長調
　　オ　ハ短調

(3)　次の楽譜は何調か。下のア～オから1つ選び，記号で答えよ。

　　ア　ニ短調　　イ　ロ短調　　ウ　ヘ短調　　エ　ト短調
　　オ　イ短調

(4)　次の楽譜は何調か。下のア～オから1つ選び，記号で答えよ。

　　ア　ハ長調　　イ　ト長調　　ウ　イ短調　　エ　ニ長調
　　オ　ニ短調

【10】次の楽譜を見て，下の各問いに答えよ。

（各1点　計6点）

(1)　①〜③の音程を書け。

(2)　a及びbの囲まれた音符で構成される和音の種類を書け。

(3)　この曲はヘ長調で始まるが，その後何調から何調へ転調している
　　か書け。

【11】 次の(1)〜(7)の楽譜は，ある曲の一部分である。作曲者名と作品名
　　　をそれぞれ答えよ。

（完答各2点　計14点）

【12】 合唱の授業において生徒から次の内容の質問を受けた場合，どの
　　　ような指導をすればよいか，具体的に答えよ。

（各2点　計6点）

(1)　なかなか響く声を出すことができません。どうすればいいですか。

(2)　歌詞の内容が聴く人に伝わるように歌いたいのですが，どうすれ
　　ばいいですか。

(3)　変声期で声が出にくいのですが，どうすればいいですか。(男子
　　生徒からの質問)

解答・解説

【1】 (1) 激しく　　(2) 気楽に　　(3) 熱烈に，火のように　　(4) はっきりと　　(5) しかし，はなはだしくなく　　(6) すぐに遅く　　(7) いきいきと　　(8) はなやかに，輝かしく　　(9) 甘美に　　(10) 急に強く

|解|説| 楽語は基本的にイタリア語である。音楽用語は基礎的かつ頻出の問題であるため，集中して音楽用語を覚えることが大切である。(3)のconは英語のwithとほぼ同義の前置詞であるので，楽語にもよく登場する。注意しておこう。

【2】 (1) ソナタ形式　　(2) ロンド形式　　(3) 複合3部形式　　(4) 変奏曲形式　　(5) フーガ

|解|説| 本問は楽曲形式名を答える出題だが，楽曲形式を説明させる問題であってもきちんと対応できるようにしたい。　(3)「複合」を付けること。　(5) フーガは遁走曲ともいう。

【3】 (1) インドネシア　　(2) モンゴル　　(3) フランス　　(4) イタリア　　(5) アルゼンチン　　(6) スペイン　　(7) インド　　(8) 中国　　(9) ハンガリー　　(10) ロシア

|解|説| (1)のケチャはインドネシアのバリ島の男声合唱。　(2)のホーミーはモンゴルの特殊な発声(1人で2種類の声を同時に出す)の民謡。(7)のシタールは北インドの撥弦楽器で古典音楽の独奏に用いられる。(8)の胡弓は日本の擦弦楽器であるが，明治以降は使用されることが少なくなった。中国では胡琴(フーチン)という胡弓に似たものがあり，その種類が多く，二胡(アルフー)もその一つであるため混同されている。　(9)のツィンバロムはダルシマーとも呼ばれ，ハンガリーのジプシー音楽で多く用いられる。

【4】(1) Em　(2) D　(3) B7　(4) A　(5) C7　(6) G

解説 ギターの基本的なコードの知識が求められる問題である。新学習指導要領解説では，ギターと三味線を授業で取り扱う場合についても触れている。ギター関連の出題ではコードが主で，各地で出題されている。したがって，基本事項はおさえるべきであろう。

【5】(1) カ　(2) ア　(3) セ　(4) ウ　(5) ス　(6) ケ

解説 楽器の名前を写真で判断する問題であるが，特に難しい楽器はない。どの場合も，必ず楽器の特徴的な部分があるのでそこに目をつけること。

【6】ア：グレゴリオ　イ：グレゴリウスⅠ世　ウ：ネウマ
　エ：ポリフォニー　オ：ノートルダム　カ，キ：レオニヌス，ペロティヌス　ク：トルバドゥール　ケ：トルヴェール　コ：ミンネゼンガー　サ：ルネサンス　シ：ブルゴーニュ　ス：フランドル　セ：ローマ　ソ：パレストリーナ　タ：ヴェネツィア　チ：ガブリエーリ　ツ：シャンソン　テ：メディチ
　ト：マドリガーレ

解説 出題傾向が高い部分なので，確実に身につけておきたい。また各語についてもさらに研究しておくことが望ましい。

【7】(1) ① ク　② イ　(2) ③ コ　④ ケ　⑤ シ
　(3) ⑥ カ　(4) ⑦ ス　⑧ セ

解説 日本伝統音楽の能楽・三味線音楽に関する問題。記号を語群から選ぶものであり，(1)〜(4)の説明文が簡潔で正答できなければならない出題である。

【8】

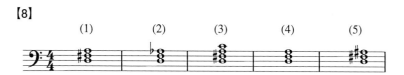

解 説 基本的な和音構成問題。根音が必ずしもCとならないことに注意
し，またこれらの和音はどのコードにあたるのかということも合わせ
て学んでおくと良い。

【9】 (1) ア (2) エ (3) エ (4) イ

解 説 (1) この楽譜はニ長調で短3度上方に移調するとヘ長調になる。
①の小節はDがFとなり，ソーミドでFのコードネームとなる。

(2) クラリネットは実音が長2度下であり，楽曲はGdurとわかる。ホ
ルンの記譜音は完全5度上であるため，Gの5度上のDdurとなる。

【10】 (1) ① 短6度 ② 減4度(減11度) ③ 増2度

(2) a 短3和音 b 長3和音 (3) ヘ長調→ハ長調→イ短調

解 説 (1) 音程を答えるためには，まず音部記号を正しく読める必要が
ある。 (2) これも同様であるが，配置の異なる音符を和音に再構成
する必要がある。 (3) 転調は3種類方法があるが，特徴音を探すこ
とと，和声の流れから調性を判断することができる。

【11】 (1) ビゼー ／ 歌劇「カルメン」から「ハバネラ」 (2) プッチ
ーニ ／ 歌劇「トスカ」から「妙なる調和」 (3) チャイコフスキー
／ ピアノ協奏曲第1番 変ロ短調 (4) ベートーヴェン ／ 交響曲
第3番「英雄」 (5) シューベルト ／ 歌曲集「冬の旅」から「春の
夢」 (6) ヘンデル ／「水上の音楽」から「ホーンパイプ」
(7) ガーシュイン ／ ラプソディー・イン・ブルー

解 説 楽譜の一部から作曲者，曲名を問うことは頻出。どれも有名な旋
律部分であるが，分からないものは，必ず音源を聞いておくこと。

【12】(1) ・模範のCDを聴かせ，響く声のイメージを持たせる。 ・姿勢，呼吸，口形，発音に気をつけて発声練習をさせる。 ・その生徒のもっとも響く音域を見つけ，響かせる感覚をつかませる。 など
(2) ・歌詞の内容，メッセージを十分に理解させる。 ・子音をていねいに歌い，言葉がはっきり聞こえるように歌う。 ・歌詞のイントネーションに合わせた歌い方になるよう，言葉のまとまりに気をつけた歌い方を工夫させる。 など (3) ・無理のない声域や声量で歌うようにさせる。 ・音域の幅があまり広くない曲を教材として選曲する。 ・変声は健康な成長の一過程であり，不必要な不安や差恥心などをもつことのないように配慮する。 など

解 説 (1)や(2)の指導例に〈鼻濁音〉の指導を入れるのもよい。 (3)の変声期の対応は出題されることが多い。

第 4 部

音楽科マスター

音楽科マスター　音楽用語

●POINT

音楽用語(楽語)の読み方と意味を尋ねる問題はほぼすべての自治体において出題され，音程，調判定，移調，和音の種類，コードネームに関する問題が多く見られた。音楽記号は，速さを表すもの，強弱を表すもの，ニュアンスを表すものなど多種にわたるので，音楽小辞典を常に携帯して調べるなどの努力が重要である。中学校学習指導要領「第3　指導計画の作成と内容の取扱い」(8)で「生徒の学習状況を考慮して，次に示すものを取り扱う」として記号・用語が示されているので必ず理解しておくこと。

●速度標語

1. 楽曲全体に関する速度

標　語	読み方	意　味
最も遅いもの		
Larghissimo	ラルギッシモ	最も幅広く遅く
Adagissimo	アダージッシモ	最も遅く
Lentissimo	レンティッシモ	最も遅く
きわめて遅いもの		
Largo	ラルゴ	幅広く遅く
Adagio	アダージョ	遅く
Lento	レント	遅く
遅いもの		
Larghetto	ラルゲット	ラルゴよりやや速く
やや遅いもの		
Andante	アンダンテ	ほどよくゆっくり，歩くような速さで
中ぐらいの速さのもの		
Andantino	アンダンティーノ	アンダンテよりやや速く
Moderato	モデラート	中ぐらいの速さで
やや速いもの		
Allegretto	アレグレット	やや快速に
速いもの		
Allegro	アレグロ	ほどよく快速に
Animato	アニマート	元気に，速く
きわめて速いもの		
Vivace	ビバーチェ	活発に，速く
Presto	プレスト	急速に
最も速いもの		
Prestissimo	プレスティッシモ	きわめて速く

2. 楽曲の1部分に関する速度変化

標　語	読み方
だんだん速くするもの	
Accelerando（accel.）	アッチェレランド
Poco a poco animato	ポーコ　ア　ポーコ　アニマート
注　accelerandoは速度をだんだん速くするとともに音量をも増す意味をもつ。	
その部分から直ちに平均に速くするもの	
Più allegro	ピウ　アレグロ
Più animato	ピウ　アニマート
Un poco animato	ウン　ポーコ　アニマート
Più mosso	ピウ　モッソ
Più presto	ピウ　プレスト
だんだん遅くするもの	
Ritardando（ritard., rit.）	リタルダンド
Rallentando（rall.）	ラレンタンド
Lentando	レンタンド
だんだん遅くするとともにだんだん強くするもの	
Largando	ラルガンド
Allargando	アラルガンド
だんだん遅くするとともにだんだん弱くするもの	
Perdendosi	ペルデンドシ
その部分から直ちに平均に遅くするもの	
Più lento	ピウ　レント
Meno mosso	メノ　モッソ
速度の回復を示すもの	
A tempo	ア　テンポ　　　　　もとの速さで
Tempo I（Tempo primo）	テンポ　プリモ　　　初めの速さで
正確な速さを示すもの	
Tempo giusto	テンポ　ジュスト　　　正確な速さで

●強弱標語

1. 基本的な強弱記号

記　号	読み方	原　語	意　味
弱いもの			
ppp	ピアニッシシモ	pianississimo	できるだけ弱く
pp	ピアニッシモ	pianissimo	ごく弱く
più p	ピウ　ピアノ	più piano	いっそう弱く
p	ピアノ	piano	弱く
poco p	ポーコ　ピアノ	poco piano	少し弱く
mp	メゾ　ピアノ	mezzo piano	やや弱く
強いもの			
mf	メゾ　フォルテ	mezzo forte	やや強く
poco f	ポーコ　フォルテ	poco forte	少し強く
f	フォルテ	forte	強く
più f	ピウ　フォルテ	più forte	いっそう強く
ff	フォルティッシモ	fortissimo	ごく強く
fff	フォルティッシシモ	fortississimo	できるだけ強く

2. 特定の音や一定区間の音の強弱記号

記　号	読み方	原　語	意　味
特定の音を強くするもの			
sf	スフォルツァート	sforzato	
sfz	スフォルツァンド	sforzando	特に強く
fz	フォルツァンド / フォルツァート	forzando / forzato	
rf *rfz* *rin f*	リンフォルツァンド	rinforzando	急に強く
＞ / ∧	アクセント	accento	アクセントをつけて
fp	フォルテ　ピアノ	forte piano	強く，直ちに弱く
一定区間を通して各音を強くするもの			
Marcato	マルカート		はっきりと，強く
Accentato	アッチェンタート		アクセントをつけて
Pesante	ペザンテ		重く力をつけて

3. 変化を含む強弱記号

記　号	読み方	意　味
だんだん強くするもの		
cresc. ⟨＜⟩	クレシェンド crescendo	だんだん強く
poco cresc. ⟨＜⟩	ポーコ　クレシェンド	わずかなクレシェンド
poco a poco cresc.	ポーコ ア ポーコ クレシェンド	少しずつだんだん強く
molto cresc. ⟨＜molto⟩	モルト　クレシェンド	きわめて大きなクレシェンド
cresc. molto	クレシェンド　モルト	
cresc. al ff ⟨＜ff⟩	クレシェンド アル フォルティシモ	ff までクレシェンド
accrescendo	アクレシェンド	だんだん強く,声を強める,又長くする
だんだん弱くするもの		
dim. ⟨＞⟩	ディミヌエンド diminuendo	だんだん弱く
decresc. ⟨＞⟩	デクレシェンド decrescendo	だんだん弱く
poco a poco dim.	ポーコ ア ポーコ ディミヌエンド	少しずつだんだん弱く
dim. al pp ⟨＞pp⟩	ディミヌエンド アル ピアニッシモ	pp までディミヌエンド
dim. e rit. ⟨＞rit.⟩	ディミヌエンド エ リタルダンド	だんだん弱くだんだん遅く
だんだん強くしてその後だんだん弱くするもの		
cresc. e dim. ⟨＜＞⟩	クレシェンド エ ディミヌエンド	だんだん強くだんだん弱く

●曲想標語

1. 標語につけて意味を限定する用語

標　語	読み方	意　味
a	ア	～にて，～のように，で
ad	アド	～にて
al	アル	～まで，で，へ
alla	アラ	～のふうに
assai	アッサイ	非常に，大いに
ben	ベン	十分に，よく
con	コン	～をもって，とともに
e	エ	～と～
ed	エド	
ma	マ	しかし
ma non troppo	マ　ノン　トロッポ	しかし，はなはだしくなく
meno	メノ	今までより少なく
molto	モルト	できるだけ，非常に
di molto	ディ　モルト	
non	ノン	打ち消しの意味
non tanto	ノン　タント	多くなく
Più	ピウ	もっと，今までより多く
poco	ポーコ	少し
un poco	ウン　ポーコ	やや少し
sempre	センプレ	常に
simile	シーミレ	同様に
subito	スービト	急に
tanto	タント	多く

2. 標語につけて意味を限定する用語

標　語	読み方	意　味
(a) addolorato	アッドロラート	悲しげに
affetto	アフェット	優しく，優雅に
affettuoso	アフェットゥオーソ	愛情をこめて，アフェットと同じ
agiato	アジアート	愉快な，安楽な
agitato	アジタート	激して，興奮して
allegramente	アレグラメンテ	快活に，楽しげに
con allegrezza	コン　アレグレッツァ	快活に
amabile	アマービレ	愛らしく
con amarezza	コン　アマレッツァ	悲哀をもって
con amore	コン　アモーレ	愛情をもって
animato	アニマート	活気をもって，いきいきと
animando	アニマンド	
appassionato	アパッショナート	熱情的に
arioso	アリオーソ	歌うように
armonioso	アルモニオーソ	協和的に，和声的に，調和して
(b) con brio	コン　ブリオ	生き生きと，活発に
brioso	ブリオーソ	
bruscamente	ブルスカメンテ	荒々しく，ぶっきらぼうに
(c) commodo	コンモド	気楽に，ほどよく
comodo	コモド	
cantabile	カンタービレ	歌うように
cantando	カンタンド	
a capriccio	ア　カプリッチォ	奏者の自由に，形式や拍子にこだわらず
capriccioso	カプリッチョーソ	気まぐれに
(d) delicato	デリカート	微妙に，繊細な，優美な
dolce	ドルチェ	柔らかに，やさしく
dolente	ドレンテ	悲しげに
doloroso	ドロローソ	悲しげに

(e)	elegante	エレガンテ	優雅に
	elegiaco	エレジアーコ	エレジーふうな，悲しく
	con espressione	コン エスプレッシオーネ	表情豊かに，表情をもって
	espressivo	エスプレッシボ	
(f)	furioso	フリオーソ	熱狂的に
(g)	grandioso	グランディオーソ	堂々と
	grave	グラーベ	重々しく，おごそかに
	con grazia	コン グラーツィア	やさしさをもって，優雅に，優美に
	grazioso	グラチオーソ	
(l)	lamentabile	ラメンタービレ	悲しげに
	lamentoso	ラメントーソ	
(m)	maestoso	マエストーソ	荘厳に
	mosso	モッソ	活発に，躍動して
	con moto	コン モート	動きをつけて
(p)	pastorale	パストラーレ	牧歌ふうに
	pesante	ペザンテ	重々しく
	alla polacca	アラ ポラッカ	ポーランドふうに
	pomposo	ポンポーソ	華麗に，豪しゃに
(s)	scherzando	スケルツァンド	軽快に，ふざけるように
	alla scozzese	アラ スコツェーゼ	スコットランドふうに
	semplice	センプリチェ	素朴に，単純に
	semplicemente	センプリチェメンテ	
	con sentimento	コン センティメント	感情をこめて
	serioso	セリオーソ	厳粛に
	soave	ソアーベ	愛らしく，柔らかに
(t)	tranquillo	トランクイロ	穏やかに，静かに
(v)	veloce	ベローチェ	敏速な，速い

265

問題演習

【1】 次の(1)～(4)のそれぞれの音楽用語の意味を答えよ。

(1) stringendo　　(2) a piacere　　(3) morendo　　(4) giocoso

【2】 次の(1)～(4)の意味を表す音楽用語を原語(イタリア語)で答えよ。

(1) 静かに抑えた声で　　(2) 荘厳に　　(3) 全員で

(4) 柔和に

【3】 次の(1)～(5)の語句について，簡単に説明せよ。

(1) 三線（さんしん）　　(2) sotto voce　　(3) 引き色　　(4) オルティンドー

(5) 三曲合奏

【4】 次の(1)～(5)のそれぞれの音楽用語の意味を答えよ。

(1) con sordino　　(2) sotto voce　　(3) con moto　　(4) pastorale

(5) calmando

【5】 次の(1)～(5)の楽語の読み方と意味を答えよ。

(1) stringendo　　(2) lamentoso　　(3) prestissimo　　(4) dolce

(5) tempo rubato

【6】 次の(1)～(5)の楽語の意味をそれぞれ答えよ。

(1) volante　　(2) calando　　(3) elegiaco　　(4) div.

(5) sotto voce

【7】 次の(1)～(4)は音楽に関する用語である。それぞれについて簡潔に説明せよ。

(1) デュナーミク　　(2) ユリ　　(3) フレージング

(4) タブ譜

【8】 次の(1)～(4)は音楽に関する用語である。それぞれについて簡潔に説明せよ。

(1) コード・ネーム　　(2) オスティナート　　(3) 二部形式

(4) 唱歌(しょうが)

【9】 次の(1)～(4)の語句の意味を説明せよ。

(1) アポヤンド奏法　　(2) オラトリオ　　(3) calando

(4) tranquillo

【10】 次の(1)～(3)の楽語の読み方と意味を答えよ。

(1) Tempo Ⅰ　　(2) sempre legato　　(3) marcato

【11】 次の(1)～(4)の語句をそれぞれ説明せよ。

(1) 交響詩　　(2) 交響曲　　(3) 変奏曲　　(4) 序曲

【12】 次の強弱を表す記号の読み方と意味を答えよ。

(1) *rin f*　　(2) Accentato　　(3) *poco f*

【13】 次の(1)～(4)の音楽用語の意味を簡潔に説明せよ。

(1) アルシスとテーシス　　(2) 不即不離

(3) 八木節様式　　(4) アルス・ノヴァ

【14】 次の音楽で用いられる用語を説明せよ。

(1) 序破急　　(2) テクスチュア　　(3) ソナタ形式

【15】 次の語句について簡単に説明せよ。

(1) サーラリン(裏連)　　(2) 第7旋法

(3) オラトリオ　　(4) 通奏低音

(5) 引き色　　(6) sosten.

(7) 音取(ねとり)　　(8) armonioso

(9)　赤馬節　　　　　　　　(10)　オスティナート

■■ ■■■■ ■■■■■ ■■■■ 解答・解説 ■■■ ■■■■■ ■■ ■■

【1】(1)　だんだんせきこんで　　(2)　随意に(自由に)　　(3)　弱くしな
がらだんだん遅く　　(4)　おどけて(喜々として)

解説 用語はとにかく幅広く暗記することが必要。速度，発想，アーテ
ィキュレーションなどグループ分けして覚えるとよい。こまめに辞書
を活用すること。

【2】(1)　sotto voce　　(2)　maestoso　　(3)　tutti　　(4)　dolce

解説 楽語を問う場合，原語を書かせるか意味を問う場合が多いが，同
意語，反意語を書かせる場合もあり，単語として覚えるよりも類語と
しても覚えておかなくてはならない。

【3】(1)　沖縄の楽器。古典音楽や民謡など幅広く使用される。
(2)　声を和らげ，ひそやかに。　　(3)　箏の奏法。右手で弾いた後，
すぐ左手で柱の左の弦を引っ張る。　　(4)　モンゴル民謡の歌唱法。
(5)　三弦，箏，尺八もしくは胡弓の3種の合奏。

解説 (1)　起源は中国南部。14〜15世紀に沖縄に伝わったとされている。
サイズや奏法，調弦は様々であり，弾き歌いで使用されるのが一般的
である。　　(2)　声楽だけでなく，器楽でも使用されている。
(3)　引き色は余韻の操作である。他には揺り色，突き色などがある。
(4)　長く声を伸ばし，大きく装飾をつける。　　(5)　広義には，地唄，
箏曲，尺八，胡弓の合奏全般を指す。

【4】(1)　弱音器をつけて　　(2)　低い抑えた音で　　(3)　動きをつけて
(速めに)　　(4)　牧歌風に　　(5)　静かに

解説 用語の意味は，とにかく広く覚える必要がある。速度や強弱，表
情記号など，ジャンルに分けて覚えたり，同意語，反意語を問われる
場合が非常に多いため，合わせて覚えることが大切である。

【5】(1)　読み方：ストリンジェンド　　意味：急いで，切迫して，せき
こんで　の意　　(2)　読み方：ラメントーソ　　意味：哀れんで，悲

しく，悼んで　の意　　(3)　読み方：プレスティッシモ　　意味：き
わめて速く　の意　　(4)　読み方：ドルチェ　　意味：甘くやわらか
に　の意　　(5)　読み方：テンポ・ルバート　　意味：テンポを柔軟
に伸縮させて(ぬすまれた速度)　の意

解説 楽語については，常に小辞典などを携帯するとか，集中して覚え
るなどの努力が必要である。この出題は基本的な楽語といえよう。

【6】(1)　軽く，飛ぶように，速く　　(2)　だんだん遅く消えるように
(3)　悲しげに　　(4)　分けて　　(5)　声を和らげて，ひそやかに

解説 楽語の意味は，同意語，反意語とセットで覚えること。

【7】(1)　強弱法，音楽上の強弱の表現方法を意味する。ダイナミックス
に同じ。　　(2)　尺八奏法で音を細かく上げ下げし，揺れるように長く
伸ばすこと。日本音楽の他の種目でも使われ，例えば謡曲(本ユリ，半
ユリ)，義太夫節(四ツユリ)など。　　(3)　フレーズ(楽句，メロディー
のひと区切り)の作り方のこと。　　(4)　タブラチュアのことで，数字
やアルファベット，文字などを用いて楽器の奏法を示すもの。ギター
や三味線，箏，尺八などで使われる。

解説 (2)の「ユリ」は，尺八の「メリ」，「カリ」と同じように使われる。
(3)のフレージングは，演奏において重要な意味を持ち，楽曲の内容や
性格の表現に重要な役割をはたす。

【8】(1)　主にポピュラー音楽で用いられる和音の種別を記号として表し
たもの。　　(2)　ある一定の音型を，楽曲全体，あるいはまとまった楽
節全体を通じて，同一声部，同一音高で，たえず反復すること。
(3)　8小節の大楽節2つからなる形式。　　(4)　日本の伝統音楽に関す
る用語であり，楽器の旋律又はリズムを口で唱えること。

解説 (4)の唱歌では，〈コーロリン〉や〈テンツク・テケツク〉などリ
ズム言葉を入れたり，三味線・箏では「口三味線(くちじゃみせん)」
とも言うなどの説明もよいであろう。

【9】(1)　ピッキングした指が隣の弦に触れる弾き方　　(2)　宗教的な題
材をもとに，独唱・合唱・管弦楽から構成される大規模な楽曲。
(3)　次第に弱めながら次第におそく　　(4)　静かに

解説 (1) アル・アイレ(アポヤンドの反対)も覚えておきたい。 (2) オペラとは異なり，演技を伴わない。ヘンデルの「メサイア」，ハイドンの「天地創造」などが有名である。聖譚曲(せいたんきょく)ともいう。 (3)(4) 各種記号は覚えておくことが望ましい。

【10】 (1) 読み方：テンポ　プリモ　　意味：はじめの速さで
(2) 読み方：センプレ　レガート　　意味：絶えずなめらかに
(3) 読み方：マルカート　　意味：はっきりと

解説 (1) Tempo primoと同じ。Tempo giusto(正確なテンポで)やTempo rubato(テンポを柔軟に伸縮させて)，L'istesso tempo(同じ速さで)など。 (2) sempreは「常に」の意。

【11】 (1) 19世紀中ごろに成立した，自然や文学的な内容などを，管弦楽を用いて自由な形で描く楽曲。　(2) 多くはソナタ形式による楽章を含み，複数の楽章で構成される管弦楽曲。　(3) 一定の主題を基として，そのさまざまな要素を変化させていく楽曲。　(4) オペラやオラトリオなどの主要な部分が始まる前に，器楽だけで演奏される導入楽曲。

解説 (1)〜(4)の楽曲の説明で，解答例のような簡潔な記述はむしろ難しい。試験の時間制限を意識しながら簡潔で的を射た記述にしたい。 (1) 管弦楽による標題音楽でふつうは単楽章である。リストがこの語を最初に使ったといわれる。 (2) 管弦楽のためのソナタ，通常4楽章でソナタ形式の楽章を含む。芸術性を高めたのは，ハイドン，モーツァルト，ベートーヴェンである。 (3) 主題をもとにして旋律・和声・リズムなどを変化させ，接続して構成した楽曲のこと。 (4) オペラ，オラトリオ，バレエなどの開幕前に導入的な役割を果たす管弦楽曲。19世紀末からは独立した「演奏会用序曲」も作られている。

【12】 (1) 読み方：リンフォルツァンド　　意味：急に強く
(2) 読み方：アッチェンタート　　意味：アクセントを付けて
(3) 読み方：ポーコ　フォルテ　　意味：少し強く

解説 (1) *rfz* や *rf* とも書く。 (2) accent(英)やaccento(伊)に似ているが，アッチェンタートはあまり使われない語である。 (3) pocoは

「少し」の意。

【13】(1)　アルシスは弱いアクセント(弱拍)，テーシスは強いアクセント(強拍)　(2)　同時に演奏される2つの声部が，ヘテロフォニー的な関係にあること。メロディやリズム上のずれやすれなどのこと
(3)　拍節的で明確な拍をもったリズム様式　(4)　「新しい技法」の意，一般に14世紀フランスの音楽をさす用語，(定旋律とタレアと呼ばれるリズム定型を組み合わせたイソリズムの技法などを挙げられ，代表的な作曲家にギョーム・ド・マショーがいる)

解 説 (1)　古代ギリシアの詩から派生した語で，アルシスは「上げ」，テーシスは「下げ」の意。転じて〈弱拍〉，〈強拍〉を意味するようになった。弱拍はup beat，強拍はdown beatの方が一般的といえる。
(2)　不即不離とは二つのものが，つきもせず離れもしない関係を保つことであるが，音楽用語として一般に使われるとはいえない。
(3)　日本民謡を大きく分け，拍節的ではっきりしたリズムの「八木節様式」と，テンポがゆるやかで声を長く伸ばして装飾をつけて歌う「追分節様式」がある。　(4)　アルス・ノヴァ(新しい技法)に対し，〈古い技法〉の意味で対立したノートルダム楽派など(代表者はレオナンとペロタン)を「アルス・アンティクア」と呼ぶ。

【14】(1)　我が国の伝統音楽において，形式上の三つの区分を表すものとして用いられている用語で，序は初部で無拍子，破は中間部分の緩やかな拍子，急は最終部で急速拍子からなる。　(2)　テクスチュア(texture)という語は，「織り合わされたもの，織り方」という意味があり，音の組み合わせ方から生じる総合的な印象といった意味に使われる。演奏される声部数や響きの密度，それぞれの声部を演奏する楽器の音色，和声法やリズム法などにより，音や旋律の組み合わせ方，和音や和声，多声的な音楽，我が国の伝統音楽に見られる微妙な間やズレなど，さまざまな音のかかわりを見ることができる。　(3)　18世紀の中頃から，主として古典派の作曲家(ハイドン，モーツァルト，ベートーベン)らによって完成された器楽曲の形式である。ピアノやバイオリンの独奏曲，室内楽曲，交響曲等の一楽章において多く用いられ，

提示部，展開部，再現部の三つの部分から構成されている。

解説 (1) 伝統音楽に関する用語についての出題頻度は高いので，さまざまな資料を活用し，理解しておくべきである。 (2) 指導要領のさまざまな語句が理解できているかを問われているので，すべて把握しておくことが望ましい。 (3) ロンド，フーガなど，鑑賞教材で扱われる形式についてもまとめておきたい。

【15】(1) 人差し指でトレモロをした後，人差し指と中指の爪の裏で高い音から低い音へと順にグリッサンドする箏の奏法。 (2) ミクソリディア旋法。教会旋法のひとつ。音域は「ト―1点ト」，終止音は，「ト」，支配音「1点ニ」 (3) 宗教的・道徳的題材を扱った大規模声楽曲。まれに世俗的なものもある。 (4) 17・18世紀のヨーロッパ音楽で，鍵盤楽器奏者が与えられた低音の上に，即興で和音を弾きながら伴奏声部を完成させる方法及びその低音部のこと。 (5) 箏の奏法の一つ。左手で柱の左の弦をつまんで柱の方へ引き寄せ，弾弦部の張力を弱めておいて弾弦するもの。音をわずかに低める手法。

(6) (ソステヌート)音の長さを十分に保って。 (7) 雅楽曲。曲の前に奏し，その曲の属する調の雰囲気を醸し出すとともに，楽器の音程を整える意味をもつ短い曲。 (8) (アルモニオーソ)よく調和して

(9) 沖縄県八重山地方の節歌の一つ(民謡) (10) 同一音型(旋律型やリズム型)を繰り返し用いること。しばしばバス声部にあらわれグランドベースなどと呼ばれる。

解説 (1) 箏の右手の人差し指と中指との爪の裏で行うグリッサンドの奏法で，いわゆる〈サラリン〉である。 (6) sostenutoの略。

(8) armonioso(協和的に，調子よく)の語は，ほとんど使われないもので難問。 (9) 赤馬節も一般によく知られた民謡とはいえない。

器 楽

●POINT

　吹奏楽や金管バンドが小・中・高校で盛んに行われるようになったためか，クラリネット・トランペット・ホルン・アルトサクソフォーンなど移調管楽器の記譜音と実音に関する出題が増加傾向にある。

　その対策は次の3つをしっかり覚えることで解決する。

　①　B♭管(C1，Tpなど)→実音より長2度高く記譜する

　②　F管(Hor，Eng・Hor)→実音より完全5度高く記譜する

　③　E♭管(A. Sax)→実音より長6度高く記譜する

　これを理屈抜きで覚えると楽器の経験無しでも移調楽譜と実音の関係を理解できる。留意すべきは，出題された移調楽器の楽譜は，すべて実音の楽譜に書き直して，次の設問に答えること。例えばDdurの楽譜が出てそれがA. Sax用ならば実音は長6度低いFdurである。それをホルン用の記譜にせよ，の場合は実音の完全5度高いCdurに移調すればよい。サクソフォーンの出題が多いがソプラノ，テナー，バスはB♭管で，アルト，バリトンがE♭管であることも知っておきたい。

●ギターコード表

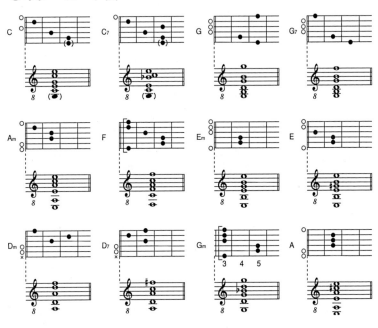

●リコーダーの運指

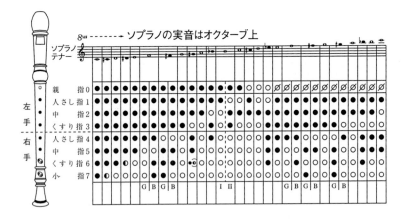

●弦の名称と開放弦の音

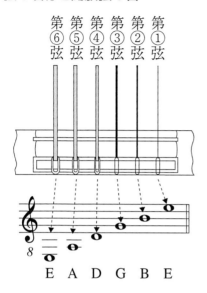

E A D G B E

問題演習

【1】次の問いの(ア)〜(ク)について適当なものを，下の①〜⑧から1つずつ選び，番号で答えよ。

オーケストラ・スコアは通常，同属楽器ごとにまとめられているが，スコアの上部より(ア)楽器群，(イ)楽器群，(ウ)楽器群，(エ)楽器群の順に書かれている。

ヴァイオリンの弦は4本あるが，その開放弦は低音の方から(オ)線，(カ)線，(キ)線，(ク)線と呼ばれている。

① 木管　② 金管　③ 打　④ 弦　⑤ A　⑥ D
⑦ E　⑧ G

【2】 次の①～⑩の楽器名をA群から選んで書き，それぞれを金管楽器，木管楽器，弦楽器，打楽器に分類して答えよ。

① ②

③ ④

⑤ ⑥

⑦ ⑧

⑨ ⑩

〈A群〉

ヴァイオリン	バスクラリネット	マンドリン	チェロ
スネアドラム	コントラバス	フルート	クラリネット
サクソフォン	オーボエ	トランペット	ホルン
トロンボーン	シンバル	クラベス	ティンパニ
ギター	トムトム	ドラ	ファゴット
ボンゴ	コンガ	バスドラム	ハープ
ピッコロ			

【3】尺八について，次の各問いに答えよ。

(1) ア～ウに当てはまる語句をA～Iから1つずつ選び，記号で答えよ。

尺八は，(ア)ごろに(イ)から伝来したといわれている。現在では，江戸時代に普化宗で使われていた楽器と同じものが用いられている。様々な長さのものがあるが，最もよく用いられるものは(ウ)のもので，「尺八」という名はこれに由来する。

A 弥生時代　　　B 奈良時代　　C 室町時代　　　D インド
E 中国　　　　　F ロシア　　　G 八尺　　　　　H 八尺一寸
I 一尺八寸

(2) 尺八の奏法について，A～Cに当てはまる語句を，下の①～⑨から1つずつ選べ。

あごを上下して首を振る(A)・カリの奏法，(B)やコロコロと呼ばれるトリル，息を強く吹き入れる(C)などの奏法によって，独特の音色と表情を生み出すことができる。

① サワリ　　　② 押し手　　　③ メリ　　　　④ スクイ
⑤ ユリ　　　　⑥ ハジキ　　　⑦ タンギング　⑧ ムラ息
⑨ 後押し

(3) 尺八が用いられている曲をア～オからすべて選び，記号で答えよ。

ア 越天楽　　イ 巣鶴鈴慕　　ウ 江差追分　　エ 早春賦
オ 勧進帳

器楽

【4】 次の各問いに答えよ。

(1) 次の譜例は，箏の調弦を表したものである。下の①～③に答えよ。

① a～cの破線箇所に入る音符または語句を答えよ。

② この調弦は何調子か，答えよ。

③ 箏と同じ発音原理をもつ楽器をa～fから2つ選び，記号で答えよ。

　a　ジェンベ　　b　シタール　　c　ツィター　　d　ナイ
　e　ベラヤ　　　f　ズルナ

(2) 次のア，イに適する語句を答えよ。

三曲合奏の楽器編成は箏と（　ア　）と尺八(又は胡弓)からなる。（　ア　）による音楽のうち，歌い物の（　イ　）は主として上方を中心に盲人音楽家の専門芸として伝承されたもので，生田流箏曲と結合して発達した。

(3) 伝統音楽である「声明」の読み方と意味を答えよ。

(4) 雅楽に用いる管楽器，打楽器を次からそれぞれ2つずつ選び，ひらがなで答えよ。

　　篳篥　　鉦鼓　　和琴　　木柾　　篠笛　　笙　　釣太鼓

【5】ソプラノリコーダーに取り組む授業において，次の生徒にはどのような指導が適切か。具体的な指導の内容をそれぞれ2つ答えよ。

(1) 低い音が出しにくい生徒への指導について

(2) 高い音が出しにくい生徒への指導について

【6】ギター実習の時に，以下のことについて説明する内容を答えよ。

(1) ギターの楽譜と基本的な調弦(チューニング)について

(2) 基本的な右手の奏法について

(3) TAB譜について

【7】 次の(1)～(3)は，世界の民族楽器についての説明である。楽器名を答えよ。また，その楽器が発達した国または地域を，下のa～fから1つずつ選び，記号で答えよ。

(1) 方形の長いじゃ腹の両端にボタン式の鍵盤をそなえ，手首を通して楽器を支える皮バンドがついている。

(2) チター属弦鳴楽器。12弦で構造は日本の箏と似ているが，あぐらをかいた膝の上に一方の端を乗せて右手の指でじかに演奏する。

(3) 三角形の胴をもつ撥弦楽器。2弦の楽器に第3弦が加えられ，現在の形となった。

 a アルゼンチン b アンデス c スペイン

 d イスラム圏 e ロシア f 朝鮮半島

【8】 次の文章を読み，下の各問いに答えよ。

 ギターのストローク奏法は，おもにフォークやフラメンコ，フォルクローレなどの分野で多く用いられている。ストロークには第6弦から第1弦に向かって上から下へ振り下ろす(①)，反対に第1弦から第6弦に向かって弾く(②)がある。

 またコードの押さえ方には，左手の人差し指で6本の弦を全部押さえる(③)という方法がある。コードは押さえる弦を示した(④)を見て弾くと理解しやすい。フォーク・ギターやエレキ・ギターは一般的に(⑤)を使って弾く。

 バンド譜は6本の横線に押さえる弦とフレットを表した(⑥)が用いられている。

(1) ①～⑥にあてはまる語句を答えよ。

(2) 次の図にあるコード名を答えよ。

 ⑦   ⑧   ⑨   ⑩

【9】 三味線について，次の各問いに答えよ。

(1)　ア〜エの三味線の各部分の名称について答えよ。

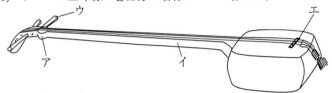

(2)　①〜③の三味線の調弦法を答えよ。

①　　　　　　　②　　　　　　　③

(3)　次に示した三味線の奏法の名称を答えよ。

　ア　基本奏法とは逆に撥を下から糸にあててすくいあげる奏法。

　イ　撥を使わずに左指で糸をはじいて音を出す奏法。

　ウ　勘所を押さえて撥音したあと，左指をずらして音高を変化させ
　　る奏法。

【10】 次の文章は，「箏」について説明したものである。各問いに答えよ。

　箏は(①)時代に(②)に用いられる楽器として，(③)から
伝えられた楽器である。

　箏は，胴の上に(④)を立て，この位置で音の高さを調節する。
普通使われる爪は，(⑤)爪と(⑥)爪の2種類があり，身体の構
え方，親指の爪のあて方と弾き方が異なる。

　弦(糸)の名前は，奏者の向こう側から手前に向かって順に「一　二
三　四　五　六　七　八　九　十　(⑦)　(⑧)　(⑨)」と
呼ぶ。

(1)　(①)〜(④)に当てはまる語句を次のア〜ソからそれぞれ1
　つずつ選び，記号で答えよ。

　　ア　インド　　イ　能楽　　ウ　面　　　エ　ロシア

　　オ　平安　　　カ　狂言　　キ　足　　　ク　奈良

　　ケ　枚　　　　コ　本　　　サ　雅楽　　シ　唐中国

　　ス　爪　　　セ　江戸　　ソ　柱

(2) （　⑤　）～（　⑨　）に当てはまる語句をすべて漢字で書け。

(3) 箏の演奏方法(奏法)で親指と中指を使って2本の弦(主にオクターブの関係)を同時に弾く奏法を何というか書け。

(4) 箏曲「六段の調」の作曲者名を漢字で書け。

(5) 箏曲「六段の調」に用いられる代表的な調弦法を漢字で書け。

(6) 箏曲は歌と箏と一緒に演奏されることが多いが，「六段の調」は歌の入らない器楽曲である。箏曲の調べ物ともいわれる，この曲の形式を何というか書け。

【11】次の文を読んで，下の各問いに答えよ。

　弦楽器で，フレットが無く正しいピッチを得るのは難しいが微調整が利くヴァイオリン属とフレットを持つ（　ア　）属は，16世紀までに誕生したが，中世からその原形は存在し，弓でこすって音を出す擦奏法は（　イ　）アジアが起源といわれている。モンゴルの（　ウ　）や中国の（　エ　）も同じく弓奏の（　オ　）楽器である。

　一方（　カ　）楽器はギター，マンドリン，リュートの他ハープやインドの（　キ　）など多種多様なものがある。

　（　ク　）楽器はピアノの他，そのもとになった（　ケ　），ツィンバロムなどが挙げられる。

(1) 文中の（　ア　）～（　ケ　）にあてはまる語句をそれぞれ答えよ。

(2) 文中の下線部の正式名称と，この楽器を発明したイタリア人名を答えよ。また，発明当時におけるこの楽器の構造上の特徴を答えよ。

【12】次の①～⑤は諸民族の楽器名である。どこの国又は地域の楽器か。下のア～オからそれぞれ1つずつ選び，記号で答えよ。

① バラフォン　　　　　② ムックリ　　③ カヤグム

④ ハーディーガーディー　　⑤ タブラー

　ア　北海道　　イ　ヨーロッパ　　ウ　インド　　エ　西アフリカ

　オ　朝鮮半島

【13】 次の各問いに答えよ。

(1) 次の文は，箏についての説明文である。文中の各空欄に適する語句を答えよ。

　箏は，(　①　)時代に雅楽の楽器として，中国大陸から伝えられた楽器で，弾くために使用する爪の形は流派によって異なり，山田流では(　②　)，生田流では(　③　)を用いる。

(2) 次の①〜⑤に示された箏の演奏方法について，それぞれ何というか，答えよ。

　① 右手で弾いた後に，左手で弦を押して余韻の音高を上げる。
　② 隣り合った2本の弦を，右手の中指で手前に向けてほとんど同時に弾く。
　③ 左手で弦をつまんで柱の方に引き，音高をわずかに下げる。
　④ 右手の親指と中指を使って2本の弦を同時に弾く。
　⑤ 弦を弾く前に左手で弦を押して，全音上げる。

【14】 クラシック・ギターについて，次の各問いに答えよ。

(1) 次の①〜⑤に当てはまる数字をそれぞれ1つ書き，TAB譜を完成させよ。

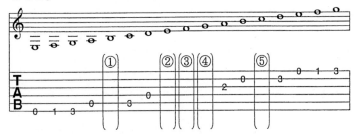

(2) 音楽の授業において，「アポヤンド奏法」と「アル・アイレ奏法」の特徴を生徒に理解させるとき，あなたはどのような説明をしますか。それぞれの奏法がどのような場合に用いられるかを含めて，簡潔に述べよ。

【15】 次の(1)〜(5)の文章は，ある打楽器の説明である。それぞれの楽器の名称を答えよ。

(1) ロバ，馬などの下あごの骨を乾燥させて作った打楽器。たたくと，あごに付いている歯がカタカタ鳴る。

(2) 2つまたは3つのカウベルを鉄の棒でつないだ打楽器。スティックでたたいたり，カウベルどうしを打ち合わせたりする。

(3) お椀型のベルを1本の軸に，大きい順に上から下へ開口部を下に向けて縦に並べた打楽器。上から下へすべらすようにたたく。

(4) ドラム缶の底をハンマーでたたいて窪みを付け，いくつかの面に分け，その面ごとに音程を出せるように作った打楽器。

(5) 胴の片面に皮が張られ，その内側の中心に棒が付けられている打楽器。この棒を湿った布でこすって音を出す。指で皮を押して音程を変化させることもできる。

【16】 グランドピアノにある3本のペダルについて，それぞれの名称，使用した(踏んだ)ときのダンパーまたはハンマーの動き，音への効果(現象)を答えよ。

━━━━━━━━━ 解答・解説 ━━━━━━━━━

【1】 ア ①　　イ ②　　ウ ③　　エ ④　　オ ⑧　　カ ⑥
キ ⑤　　ク ⑦

解説 オーケストラ・スコアの基本的な知識があれば難しくない。ヴァイオリンをはじめ，主な弦楽器の調弦については覚えておくとよい。

【2】① 楽器名：シンバル　　分類：打楽器　　② 楽器名：フルート
分類：木管楽器　　③ 楽器名：スネアドラム　　分類：打楽器
④ 楽器名：オーボエ　　分類：木管楽器　　⑤ 楽器名：チェロ
分類：弦楽器　　⑥ 楽器名：ホルン　　分類：金管楽器　　⑦ 楽
器名：コンガ　　分類：打楽器　　⑧ 楽器名：トロンボーン
分類：金管楽器　　⑨ 楽器名：コントラバス　　分類：弦楽器
⑩ 楽器名：サクソフォン　　分類：木管楽器

解説 ①～⑩の楽器図から楽器名と弦・木管・金管・打楽器の分類を選ぶ出題で正答はやさしい。⑤や⑨の図もヴィオラと誤らぬよう選択肢から除かれている。④を誤ってクラリネットとしないよう，⑩はアルトサクソフォンらしいが，アルトやテナーの違いはやはり選択肢にない。⑦のコンガを共にキューバで生まれたボンゴと間違えないよう留意したい。

【3】 (1) ア B　イ E　ウ I　(2) A ③　B ⑤　C ⑧
(3) イ

解説 (1)　日本には大きく分けると5種類の尺八が存在するが，現在「尺八」と一般的に呼ぶものは「普化尺八」を指す。中学校学習指導要領に「3学年間を通じて1種類以上の楽器を」と明記されていることから，教科書に出てくる和楽器の名称，歴史，奏法，代表曲は重要事項である。必ず覚えておくこと。　(2)　尺八の奏法：メリ，ムラ息，ユリ　三味線の奏法：サワリ，ハジキ　箏の奏法：スクイ，後押し，押し手　ユリは，声楽・器楽にかかわらず，音を揺らす方法を指す。尺八以外にも，篳篥や龍笛にもユリはある。タンギングは，管楽器全般に使う舌技法。　(3)　雅楽の越天楽は，管弦の編成である。管楽器の篳篥，龍笛，笙，弦楽器の琵琶，箏，打楽器の鞨鼓，太鼓，鉦鼓である。尺八曲・巣鶴鈴慕(そうかくれいぼ)は，18世紀半ばに「鶴の巣籠」から生まれた曲の一つである。早春賦は，吉丸一昌作詞・中田章作曲の歌曲である。江差追分(えさしおいわけ)は，北海道の民謡である。「かもめの鳴く音に　ふと目をさましあれがエゾ地の山かいな…」という歌詞である。長唄の勧進帳は，三味線音楽の一種。地歌の曲種名「長歌」と区別するため「唄」を使い，江戸長唄ともいう。唄，三味線(細竿)，囃子(笛，小鼓，大鼓，太鼓)が加わることも多い。

【4】 (1)　①　a 　b 斗　c 為

②　平調子　③　b・c　(2) ア　三味線(三絃・三弦)　イ　地歌(地唄)　(3)　読み方／しょうみょう　意味／仏教の儀式・法要

で僧の唱える声楽　　(4)　管楽器／ひちりき，しょう　　打楽器／しょうこ，つりだいこ

解説　(1)　①と②は箏の代表的な調弦法。絶対高音ではない。　③は弦をはじく撥弦楽器を答える設問である。正答のbシタールは北インドの撥弦楽器で，7本の演奏弦のほか共鳴弦があり，約20個の可動式フレットをもつ。cツィターも共鳴箱の上に4〜5本の旋律弦と約30本の伴奏弦を張った撥弦楽器で，ドイツやオーストリアの民族楽器(〈第3の男〉で有名)。他は太鼓(ジェンベ)や木管楽器(ナイ，ズルナはトルコやアラブ)である。　(2)　イの「地歌」は，ア「三味線」音楽の最古の種目である。　(3)(4)　「しょうみょう」や雅楽の楽器については，調べておきたいもの。

【5】(1)　・ゆるやかでたっぷりした息を使う。(右手の薬指や小指がトーンホールを完全に閉じているか。指の柔らかい部分で押さえる)
・to(トー)のように口の中の空間を少し広くしたり，do(ドゥー)のようにタンギングを柔らかくする。　(2)　・サミングで作るサムホールの隙間を少し狭くする。(色々試させる)　・タンギングをtyu(テュー)やti(ティー)のように，口の中の空間を少し狭くして，スピードのある息を吹き込む。

解説　リコーダー演奏のための要点は，①呼吸法(息の使い方)，②運指法(指使い)，③タンギング(舌の使い方及び口腔の開け方)の視点からより効果的な指導法を実践したい。

【6】(1)　ギターの楽譜は，ト音譜表に，実音より1オクターブ高く記譜される。調弦は，ピアノやチューナーを使いながら，6弦から順にE A D G H Eとなるように合わせる。　(2)　・アポヤンド奏法…弾いた指が，となりの弦に触れて止まる奏法。　・アル・アイレ奏法…弾いた指が，となりの弦に触れないで手のひらに向かって止まる奏法。
・ストローク奏法…ピックや指を使いながら，弦を低音から高音へ，高音から低音へかき鳴らす奏法。　・アルペッジョ奏法…指の一本一本ではじきながら分散和音で演奏する奏法。　(3)　タブラチュアの略で，6線を実際の弦と同じように使い，押さえるフレットの場所を数

字で表した譜面である。

解説 ギターについての出題で，記述説明のためその内容は各人により違うことになるであろうが，押さえておきたいことは次のもの。

(1) 調弦の音名，記譜と実音が1オクターブ違うことは答えたい。

(2) 右手のアポヤンド，アル・アイレの奏法はよく出題される(共にクラシック奏法)。右手の指の運指は，親指がp，人さし指がi，中指はm，くすり指はa，小指はほとんど使われないがchでピマ(pimach)と覚えたい。なお左指は番号で示され，ピアノ運指と違って人さし指が1で小指が4と示している。 (3) TAB譜については，中学校の器楽の教科書などに譜例が載っている。

【7】(1) 楽器名：バンドネオン 語群：a (2) 楽器名：カヤグム 語群：f (3) 楽器名：バラライカ 語群：e

解説 世界の民族楽器の名称，構造，奏法，旋律，歴史は研究しておきたい。 (1) アコーディオンの発明を受け，コンサティーナという6または8角形の手風琴をもとに，1840年代ドイツのハインリヒ・バンドが考案し，ドイツの民族音楽で演奏されていた。 (2) 韓国の箏のことである。弦は12本で膝の上に乗せて演奏する。爪をつけないで指の腹で演奏する。 (3) ロシアの共鳴胴が三角形をしている楽器。現在のものは19世紀の末に改良された。サイズの異なったものが合奏に用いられたりする。プリマと呼ばれるサイズが標準。

【8】① ダウン・ストローク ② アップ・ストローク ③ セーハ ④ ダイヤグラム ⑤ ピック ⑥ タブ譜

(2) ⑦ G ⑧ F#m・G♭m ⑨ Am ⑩ E♭maj₇・D#maj₇

解説 (1) ギターの弾き方など実践に即した出題。 ③ セーハはcejaと書く。 ⑤ ピックは板状の小片のこと。 (2) ⑦～⑩のダイヤグラムの和音を示すと次のようになる。

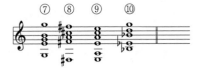

【9】(1) ア　乳袋(ちふくろ・ちぶくろ)　イ　棹(さお)　ウ　糸巻(いとまき)　エ　駒(こま)　(2) ① 本調子　② 二上がり(二上り)　③ 三下がり(三下り)　(3) ア　スクイ　イ　ハジキ　ウ　スリ

解説 (1)　三味線の各部の名称には他にも，海老尾(えびお，又は天神)や糸蔵，根尾(緒)などがあるので学習しておきたい。　(3)　スクイ，ハジキ，スリは代表的な奏法。他にもコキやニジリ，爪弾(つめびき＝バチを用いず指先で弾く)などもある。

【10】(1) ① ク　② サ　③ シ　④ ソ　(2) ⑤ 角(丸)　⑥ 丸(角)　⑦ 斗　⑧ 為　⑨ 巾　(3) 合わせ爪
(4) 八橋検校　(5) 平調子　(6) 段物

解説 (1)　和楽器について，箏以外にも三味線や尺八などの歴史や楽器の特徴，奏法をそれぞれまとめておきたい。　(2)　山田流(丸)生田流(角)　(3)　連，押し手，引き色などの奏法も研究しておきたい。
(5)　調弦は実音dまたはeから行うが，dからのほうが高音域の演奏のしやすさより，主流になっている。教科書などではeからの調弦が記されていることが多い。　(6)　八橋検校によって「組歌」形式の箏曲が創られ，その後「段物」といわれる器楽的な箏曲も加わり，元禄時代に京都や江戸，大阪に広がった。当時，八橋検校の流れをくむ京都の人々が，同じ八橋検校の系統で代表的な箏曲家の生田検校の名前にちなんで，「生田流」というようになった。

【11】(1) ア　リュート　イ　中東もしくは中央　ウ　馬頭琴
エ　二胡　オ　擦弦　カ　撥弦　キ　シタール　ク　打弦
ケ　ダルシマー　(2)　正式名称：ピアノフォルテ　発明者：クリストフォリ　特徴：爪で弦を弾く構造に代わって，ハンマーで弦を叩くメカニズムを開発し，音の強弱の変化を出せるようにした。

解説 (1)　楽器の起源についてはよく問われる。国，楽器，奏法，分類などは結びつけておきたい。起源についてはいくつか諸説があるため，一つに断定できないことがあるが，最も有力な一つは覚えておこう。解答例には，他の楽器が入ることもあり，ケはクラヴィコードが入っ

ても良い。　(2)　ピアノの原型は17世紀後半にイタリアで発明された。当時の正式名称はクラヴィチェンバロ・コル・ピアノ・エ・フォルテであった。強弱の表現が可能なことからピアノフォルテと名づけられ，やがて略されてピアノと呼ばれるようになっていった。ピアノは様々な改良が行われてきた上での最終形で，間にはたくさんの楽器が存在する。おおまかな形状や構造などを整理しておくとわかりやすい。

【12】① エ　② ア　③ オ　④ イ　⑤ ウ

解説　民族楽器は，名前，地域，楽器の特徴，使用される音楽の特徴，写真での判別などを関連させて覚えておくこと。どれがどういう形で問われても解答できるようにしたい。楽器店に行くと現物を見たり触ったりできる。一度触れておくとより鮮明に記憶に残るだろう。

【13】(1)　① 奈良　② 丸爪　③ 角爪　(2)　① 後押し　② かき爪(かき手)　③ 引き色　④ 合せ爪　⑤ 強押し

解説　箏についての設問で，奏法では実技と共に覚えることが大切であるが，実技を伴わぬとしても代表的な奏法は知っておきたい。

(2)　①及び⑤は〈押し手〉という左手奏法の一種である。出題の奏法以外にも〈すり爪〉，〈引き連〉，〈裏連〉などを学習しておきたい。

【14】(1)　① 2　② 2　③ 3　④ 0　⑤ 1　(2)　アポヤンド奏法は，指で弦を弾いたあと，隣の弦にもたれかかる弾き方。アル・アイレ奏法は，指で弦を弾いたあと，他の弦には触れない弾き方。

解説　アポヤンドとアル・アイレを逆に覚えることがないようにする。以下に，TAB譜の完成版を参考に載せておく。

【15】(1)　キハーダ　(2)　アゴゴ　(3)　ベル・トゥリー　(4)　スティール・ドラム　(5)　クイーカ

解説　叩けば何でも打楽器になり得るものなので，打楽器は次々に新し

く生まれる。例えば(4)のスティール・ドラムは，中米・西インド諸島のトリニダード島で，ドラム缶の底から考案されたのが第二次世界大戦頃のこと，スティール・パンとも呼ぶという。(2)のアゴゴはサンバ(ブラジル)に不可欠の金属打楽器。この設問は難問の部に入るであろう。対策としては，とにかくいろいろな音楽や楽器などに興味を持つことから始まる。

【16】(名称／働き／効果の順)　右側…ダンパー・ペダル／全弦のダンパーが一斉に弦から離れる。／鍵盤を放しても音が続き，打たれた以外の弦も共鳴を起こし，響きが厚くなる。　　中央…ソステヌート・ペダル／押さえた鍵盤を放す前に踏むと，その音のダンパーだけ離れたままになる。／鍵盤から指を離しても踏まれた音は続くが，それ以降の音は通常どおりである。　　左側…弱音ペダル(シフト・ペダルソフト・ペダル)／鍵盤と打弦機構全体が右に移動し，3本または2本が1組の弦のうち1本だけはハンマーの打撃から外される。／音量が落ちる。

解説　ピアノのペダルは平型(グランドピアノ)では3本，竪型(アップライトピアノ)では2本付いている。楽器の王様と言われるピアノは，1709年頃イタリア・フィレンツェのチェンバロ製作者クリストフォリが，チェンバロ本体を用いて弦をハンマーで打つ楽器を発表した。これがピアノの発明とされる。音域が下2点い音から上5点ハ音の$7\frac{1}{4}$オクターヴにわたるピアノの構造やその効果の詳細を改めて学習したい。

音楽科マスター ‖ 西洋の音楽

●POINT

西洋音楽史では，説明文の穴埋めや正誤を判断する問題が多く見られる。

中世・ルネッサンス時代では「グレゴリオ聖歌」「オルガヌム」「アルス・ノヴァ」「ギョーム・ド・マショー」「グィド・ダレッツィオ」「ジョスカン・デ・プレ」等の用語の意味や人物について問う問題，バロック時代では，「ヴィヴァルディ」「コンチェルトグロッソ」「フーガ」「ヘンデル」「水上の音楽」等の人物・用語の理解を見る問題が比較的多い。

古典派では，ソナタ形式，ベートーヴェンの交響曲第5番第2楽章のテーマから作曲者や曲名，楽器名，他の作品名を答えさせる問題などが見られる。

ロマン派では，メンデルスゾーンやベルリオーズの音楽史上の功績を問う問題，シューベルト《魔王》の登場人物と楽譜を一致させる問題，ヴェルディ《椿姫》についての背景や登場人物について尋ねる問題，リストの管弦楽曲の特徴，「チェレスタ」に関連する事項を答えさせる問題などが見られる。

近現代では「ミュージックコンクレート」「クセナキス」「ファリャ」「シベリウス」「フランス5人組」などの人名，用語に加え，ラベル《ボレロ》の基本リズムの記譜，アメリカの作曲家や音楽様式の知識を尋ねる問題が見られる。

●ギリシャの音楽

西洋音楽文化の原流の1つは，古代ギリシャの音楽から発する。文学，哲学，芸術等の分野と同様に，音楽においてもギリシャは理想的な典型を示してきた。

古代ギリシャでは，生活と音楽が密接した関係にあり，人々は祭り，戦争等において音楽を重視していた。それは現在残されている神話や壺絵からも，明らかである。しかし，当時の実際の音楽を伝える資料はごくわずかである。アポロン賛歌(デルポイで発見)，太陽の賛歌(130年頃メソメデスが作ったといわれる)，セイキロスの墓碑銘(小アジアで発掘)等が挙げられる。

音楽理論は，偉大な哲学者達によって説かれた。彼らは音楽を宇宙論，心理的効果等と関連づけ，中世以降のヨーロッパ文化に大きく影響を及ぼした。プラトンやアリストテレスは，音楽の持つ心理的影響を信じてそれを教育的側面に応用している。また，ピタゴラスは，鳴り響く弦の長さの変化と音程への影響を調べて音響学の基礎を確立した。

テトラコード(4音音列)と，7つの旋法から成るギリシャ音楽の音組織は，今日の音楽にも伝承されている。「ハーモニー」「メロディー」「オーケストラ」等の音楽用語は，古代ギリシャに由来することからも，ギリシャ音楽が西洋音楽文化の原点であることがうかがえる。

keyWord

・コロス(合唱部)
・アウロス
・キタラ，リラ(ハープの一種)

●中世の音楽

ローマ帝国の世界征服の後，キリスト教の信仰が広まってくる。ヨーロッパの独自の文化の開花が，音楽とキリスト教とを深く結びつけていったのである。

中でも，教会における典礼儀式と結びついた単旋律聖歌が重要である。音楽で，ガリア聖歌やモサラベ聖歌等の地方的特色のある聖歌は統合されていき，「グレゴリオ聖歌」というローマ教会の典礼音楽となった。グレゴリウス1世により集大成されたといわれる「グレゴリオ聖歌」は，無伴奏で，1本の旋律を斉唱か独唱で歌う。

13世紀にパリのノートルダム楽派から生まれた多声音楽(ポリフォニー)は，14世紀になり技法がより洗練されていった。リズムはより自由になり，多声音楽は広く世俗に広まっていった。音楽を宗教的側面から解放し，人間の感情に素直に表現するこの運動や，この時期の新しい音楽様式を表すのが，「アルス・ノバ」(新芸術運動・新音楽)である。

また，宗教音楽に反発して，自由な感情で即興的な歌を愛して諸国を歩いて回った人々を吟遊詩人と呼ぶ。彼等は，竪琴の演奏で民衆的な歌を歌い，世俗歌曲を残している。

keyWord

- グレゴリオ聖歌　　・多声音楽(ポリフォニー)
- アルス・ノバ(新芸術・新音楽)
  【→アルス・アンティクア(古芸術・古音楽)】
- ネウマ譜　　・ノートルダム楽派
- マショー(フランスの作曲家)
- ランディーニ(イタリアの作曲家)
- 吟遊詩人(ミンネゼンガー【ドイツ】／トルバドール【南仏】／トルベール【北仏】)

●ルネサンスの音楽

　15世紀〜17世紀の，中世に続く時期の音楽を，ルネサンス音楽と呼ぶ。絵画や建築等の分野においてはルネサンスはイタリアから始まった。しかし音楽のルネサンスの主役は，フランス，ベルギー，オランダ等のフランドル地方である。この地方では特にアルス・ノバ運動が盛んで，これらの国々の音楽家達を「フランドル楽派(ネーデルランド楽派)」と呼ぶ。

　この時期を通じて，音楽が統一されていき，ある一定の様式が誕生する。1番大きな特徴は，多声楽の構成技法の発展である。2〜3声部による書法から，4〜5声部へ展開し，定着したのはこの時期である。また，中世ではあまり注意されなかった「協和，不協和」も，興味をもたれ始める。以前にまして，音楽は人々の生活において，重要な位置を占めていくようになった。宮廷や貴族だけではなく，都市市民の娯楽にも欠かせないものとなっていった。

　16世紀にマルチン・ルターが始めた宗教改革も，この時代の重要な出来事である。音楽の面においては，主としてドイツに関係する。ラテン語の歌を自国語に改めてコラール(ドイツ語の賛美歌)を歌うことで，聖歌は広く民衆になじみ，教会音楽と世俗音楽のすき間を埋めていった。多声音楽の巨匠バッハに至るまで，ドイツ音楽を育む母体となったのである。

　一方，ローマ・カトリック教会では，ローマ楽派のパレストリーナにより，流行歌や楽器の使用を排除した無伴奏の多声合唱の形態が完成され，カトリック教会音楽の完成期となった。

keyWord

・ブルゴーニュ楽派⇒デュファイ／バンショワ
・フランドル楽派(ネーデルランド楽派)⇒オケヘム／ジョスカン・デ・プレ／ラッソ
・パレストリーナ(イタリアの音楽家)⇒ア・カペラ様式(無伴奏の多声合唱)

●バロック時代の音楽

　ルネサンス以後，1600年からバッハの没年1750年は，バロック音楽の時代である。

　1590年頃にイタリアで行われたギリシャ悲劇の上演をきっかけとして，オペラが誕生した。モンテベルディやパーセルがこの分野で活躍し，A.スカルラッティ，J.ラモー等がこれを発展させた。

　器楽の発展もこの時代の特徴と言える。チェンバロ，バイオリンの発達に伴い，様々な器楽の形式が誕生した。ソナタ(トリオ・ソナタ，独奏ソナタ)，コンチェルト(コンチェルト・グロッソ，独奏コンチェルト)等である。シンフォニーという名前もこの時期に生まれ，オルガンの発展は，組曲形式やフーガへとつながっていった。宗教改革によって生まれたコラールを素材として，カンタータが誕生した。カンタータとは，教会暦に従い礼拝用に作曲される楽曲で，バッハのカンタータに集大成を見るものである。また，教会音楽においてオラトリオが生まれる。オラトリオとは，宗教的題材を用いた大規模な叙事的楽曲である。これはオペラ手法の教会音楽での実践と言える。ヘンデルの「メサイヤ(救世主)」は，最も有名なオラトリオである。

　カッチーニ は1600年頃モノディ様式を創始した。この様式では，通奏低音に基づく和音の伴奏を基本としている。一方2つの対照的な楽器群が掛け合いをする協奏様式も誕生し，楽曲は更に複雑になっていった。

keyWord

・オペラの誕生⇒モンテベルディ／A.スカルラッティ／J.ラモー
・器楽形式の発展⇒ビバルディ(バイオリン協奏曲「海の嵐」)
・宗教音楽⇒カンタータ／オラトリオ(ヘンデル「メサイア」)
・モノディ様式(⇔協奏様式)　⇒通奏低音

●古典派の音楽

18世紀の半ばから19世紀の初め頃を大きく捉えて古典派と呼ぶ。ドイツ，イタリアをはじめとして，様々な国で新しい音楽の形式が生まれた。〈古典派〉を代表する音楽家は，ハイドン，モーツァルト，グルッグ，ベートーヴェンで，この時代の先駆けとなった18世紀前期の音楽家達を〈前古典派〉と呼ぶ。〈前古典派〉の主な音楽家は，バロック時代の象徴であるバッハとヘンデルの息子の時代と言える。バッハの次男C.Ph.エマヌエル・バッハ，末子J.クリスティアン・バッハは代表的である。古典派音楽の重要な形式はソナタ形式である。主題提示部，展開部，再現部の3部からなり，複数の主題が展開的に扱われるというものである。このソナタ形式の原理は主楽章を支配していった。

管弦楽で演奏するソナタが交響曲であるが，ハイドン，モーツァルト等はそれぞれ多くの交響曲を残して，古典派の交響曲を完成させた。

グルッグにより，イタリア・オペラは，音楽による劇の進行を重視するようになっていった。モーツァルトは生涯に20曲程のオペラを残した。また，ハイドンはオラトリオで，ホモフォニー(和声音楽)とポリフォニー(多声音楽)の併用で壮麗な合唱様式を完成した。

彼らの音楽的遺産や精神を受け継ぎ，19世紀のロマン派への重要な架け橋となったのが，ベートーヴェンである。彼は9曲の交響曲の他，多くのピアノ・ソナタや弦楽四重奏曲等を残している。

keyWord

- 前古典派⇒C.Ph.エマヌエル・バッハ／J.クリスティアン・バッハ
- ソナタ形式(主題提示部・展開部・再現部)⇒交響曲(管弦楽)／独奏用ソナタ(バイオリン・ピアノ)／弦楽四重奏(第1・第2バイオリン・ビオラ・チェロ)
- オペラ⇒モーツァルト【3大オペラ「フィガロの結婚」「ドン・ジョバンニ」「魔笛」】
- オラトリオ⇒ハイドン【「天地創造」「四季」】
- 古典音楽の大成者⇒ベートーヴェン【「英雄」「運命」「田園」】

●ロマン派の音楽

19世紀全体を音楽の〈ロマン派〉と呼ぶ。人間の個性を重視し，音楽と他の芸術，特に文学との結びつきが密接になっていった。文学との結びつきは，ドイツ・リート(芸術歌曲)において顕著である。シューマン，ブラームス等はロマン派の詩に曲を書き，リストは文学的な内容を表現する管楽器の交響曲を書いた。

1．初期ロマン派の主な音楽家

音楽家	国籍 生誕／没年	特徴	主な作品
シューベルト	オーストリア 1797〜1828	生涯に600余りのリート（歌曲）を作曲し，「歌曲の王」とも呼ばれる。	歌曲 「魔王」「野ばら」 歌曲集 「美しき水車小屋の娘」 「冬の旅」
ウェーバー	ドイツ 1786〜1826	国民歌劇を作りロマン歌劇を創始。	歌劇 「魔弾の射手」 ピアノ曲 「舞踏への招待」
メンデルスゾーン	ドイツ 1809〜1847	厳格な古典形式を守ったロマン的小品をかいた。風景の音楽的描写を試みたことから「音楽の画家」とも呼ばれる。	序曲 「真夏の夜の夢」 ピアノ曲 「無言歌」
シューマン	ドイツ 1810〜1856	詩的な叙情性を持つ標題のピアノ独奏曲と歌曲を作曲した。	合唱曲 「流浪の民」 ピアノ曲 「トロイメライ（子供の情景）」

音楽家	国籍 生誕／没年	特徴	主な作品
ショパン	ポーランド 1810～1849	装飾音や不協和音を効果的かつ大胆に使い，ピアノ音楽に大きな影響を残した。	ピアノ協奏曲 「ホ短調op.11」 「ヘ短調op.21」 夜想曲（ノクターン） 「OP.9,no.2」 「OP.15,no.2」
ベルリオーズ	フランス 1803～1869	ロマン派の標題音楽を作曲し，リスト，ワーグナーにも影響を与えた。管弦楽の新しい音楽効果にも苦心を払った。	劇的交響曲 「ロメオと 　　ジュリエット」 「ファウストの 　　ごう罰」 「幻想交響曲」
リスト	ハンガリー 1811～1886	世界最大のピアニストといっても過言ではない。「交響詩」の創始者としても知られる。	交響詩 「前奏曲」 ピアノ曲 「ハンガリー狂詩曲」
ワーグナー	ドイツ 1813～1883	19世紀のオペラ改革者で，音楽，美術，文学を一体化した総合芸術としての＜楽劇＞を創始した。	楽劇 「タンホイザー」 「さまよえる 　　オランダ人」 「トリスタンと 　　イゾルデ」
ブラームス	ドイツ 1833～1897	シューマンに認められた。ロマン派の中では比較的保守的でロマン主義文学と民謡への興味を持ち，堅実，入念にオペラを除く殆ど全ての分野で作品を残した。	室内楽曲 「クラリネット 　　5重奏曲」 交響曲 「ハンガリー舞曲」

2. 後期ロマン派の主な音楽家

音楽家	国籍 生誕／没年	特徴	主な作品
マーラー	オーストリア 1860〜1911	名指揮者としても活躍し，交響曲や歌曲で才能を発揮した。	交響曲「第8番」 大合唱が入るので，「千人の交響曲」とも呼ばれる。
R.シュトラウス	ドイツ 1864〜1949	歌劇を始めとして，数多くの種類の曲を作曲し，ドイツの音楽界に新風を注いだ。	交響詩 「ドン・ファン」 歌劇 「サロメ」 「ばらの騎士」
ヴォルフ	オーストリア 1860〜1903	独創的な歌曲を約300曲残した。その鮮明な感覚や多様性により，シューベルトと並び称せられる程重要なドイツ・リート作曲家である。	「メーリケ歌曲集」 「ゲーテ歌曲集」

3. 国民楽派の主な音楽家

19世紀後半には民族的な意識が高まり，音楽活動の中に，国民意識が強くなっていった。民謡や舞曲に音楽の基本をすえて，そこに民族の伝統や風土，歴史を取り入れた音楽を書いた。このような音楽家達を〈国民楽派〉と呼ぶ。

音楽家	国籍 生誕／没年	特徴	主な作品
ムソルグスキー	ロシア 1839 ～1881	ロシア「五人組(THE FIVE)」である。 ロシア国民音楽に隆盛をもたらした。	
ボロディン	ロシア 1833 ～1887		
リムスキー＝ コルサコフ	ロシア 1844 ～1908		
バラキレフ	ロシア 1837 ～1910		
キュイ	ロシア 1835 ～1918		
グリンカ	ロシア 1804 ～1857	国民楽派の祖。1836年，最初の国民オペラ「イワン・スサーニン(皇帝にささげた命)」を上演して認められ，以降多くの歌曲を残した。	オペラ 「スサーニンのアリア」 「ルスランとリュドミラ」 管弦楽曲 「ホタ・アラゴネーサ」

音楽家	国籍 生誕／没年	特徴	主な作品
スメタナ	チェコスロバキア 1824～1884	ピアニスト，音楽学校の経営者として活躍した。チェコの歴史や風物を音楽化して独立以前のチェコの民族運動に呼応した作品を多く残した。	オペラ 「売られた花嫁」 交響曲 「モルダウ」
ドボルザーク	チェコスロバキア 1841～1904	ビオラ奏者として活動し始める。スメタナに影響され，オーストリアの支配の下で愛国運動に共鳴した。	オペラ 「ルサルカ」 交響曲 「第8番ト長調op.88」 「第9番ホ短調op.95」
グリーグ	ノルウェー 1843～1907	オーケストラと合唱曲の指揮者として活躍した。作品は，管弦楽曲，歌曲，ピアノ曲，合唱曲など多岐に渡り，素朴な美しい作品を残している。	「ペールギュント」 ピアノ協奏曲 「イ短調op.16」
シベリウス	フィンランド 1865～1957	交響曲，ピアノ曲，劇のための音楽，合唱曲など数多くの作品があり，幻想と厳格な古典的作曲法を融合させている。第一次世界大戦以後のロシアの圧政に対するフィンランドの愛国運動の1つとしての愛国劇上演に於いて，音楽を担当した。	交響曲 「トゥオネラの白鳥」 交響詩 「フィンランディア」

●音楽史略年表1

前500　　　　　　0　　　　　1000　　　　1400　　　　1600		
ギリシア・ローマの音楽	中世の音楽	ルネッサンスの音楽
◎かんたんな楽器でメロディとリズムだけの歌が中心 ◎音階や施法の基礎が作られ，アリストテレスは「音楽の施法は人に違った影響を与える。ミクソリディアは消沈。ドリアは静穏，フリギアは快活な気分を与える」（エトス論） ◎アルファベットを使った声楽用・楽器用の楽譜が工夫された	◎グレゴリオ聖歌 ◎オルガヌムが現れる ◎階名唱法が発明され，音楽教育に使われる ◎3度で構成された音楽が盛んになった長調・短調のもととなった ◎ポリフォニーの形式コンドゥクトゥス・オルガヌム・モテット ◎定量記譜法が行われる ◎オルガンが使われ始める	◎対位法の技法の発展 ◎さかんにミサ曲が作られる ◎リチェルカーレなど，独立した器楽形式が生まれる ◎ベネチアで楽譜印刷が盛んになる ◎二重合唱様式が作られる
	デュファイ　　パレストリーナ ジョスカン・デ・プレ ガブリエリ・A	

前500　　　　　　0　　　　　1000　　　　1400　　　　1600			
原始時代（飛鳥・奈良）	（平安貴族様式）	（鎌倉語り物様式）	（室町語り物様式）
◎五五調，五七調の歌調で歌う	◎唐から雅楽を輸入し，日本的な音楽になる ◎天台と真言の声明が始まる ◎念仏和讃始まる ◎盲僧が琵琶の伴奏で物語をする	◎声明のメロディを応用し，長い語り物が作られた ◎法会の中で演じる式三番や呪師をやるようになる ◎雅楽の琵琶と声明のメロディにより，平曲が生まれた	◎能を芸術的に完成 ◎琉球から三線が伝来し，民族音楽に使われる ◎九州や西日本で本格的に西洋音楽が教育される ◎民族的な語り物から人形芝居へ
		観阿弥	

●音楽史略年表2

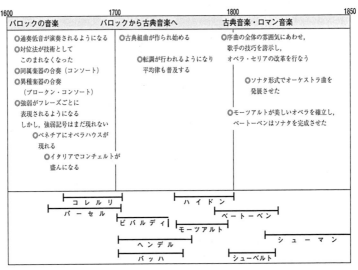

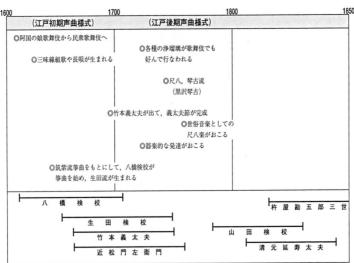

●音楽史略年表3

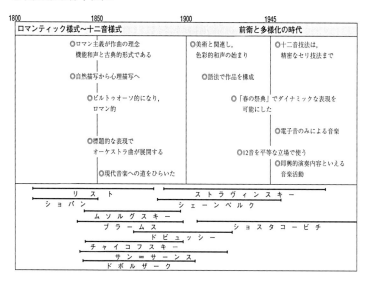

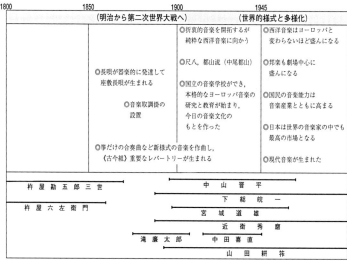

問題演習

【1】次の文を読み，下の各問いに答えよ。

　バッハは(①)年にドイツの(②)という都市で生まれた。1708年からワイマールの宮廷に，ついで1717年からは(③)の宮廷にそれぞれ仕え，1723年からはライプチヒのトーマス教会の(④)の職について生涯を終えた。

　バッハはオルガン奏者として当代まれな名手であっただけでなく，多くのオルガン曲を残している。クラビーア曲では全48曲の「(⑤)」や不眠症の伯爵のために書かれた「(⑥)変奏曲」が特に重要である。その他バイオリンのための無伴奏パルティータやチェロのための無伴奏(⑦)，「音楽のささげもの」や「(⑧)の技法」などの器楽作品も多い。また，声楽作品では，200曲を超えるカンタータをはじめ，受難曲，ミサ曲などがある。

(1)　文中①〜⑧の空欄にあてはまる語句を答えよ。

(2)　文中の下線部"多くのオルガン曲"のうち，「トッカータとフーガ　ニ短調　作品565」の"トッカータ"と"フーガ"について，それぞれの特徴を簡潔に説明せよ。

(3)　文中の下線部"200曲を超えるカンタータ"は，二つに分類することができる。「教会カンタータ」ともう1つは何と呼ばれているか，その名称を答えよ。

(4)　(3)で答えたカンタータの作品名を1つ答えよ。

【2】次の文は，教科書による中世・ルネサンスの音楽に関する説明である。あとの各問いに答えよ。

　グレゴリオ聖歌　キリスト教の普及とともに典礼儀式が整い，その典礼文を歌う聖歌が生まれた。数多くつくられた聖歌の整理統合に貢献したとされる教皇グレゴリウス1世の名をとってこれらの聖歌はaグレゴリオ聖歌と呼ばれている。聖歌は単旋律で教会施法を用いる。

多声音楽(ポリフォニー)　多声音楽の最も古い型は，オルガヌムと呼ばれた。初期には平行進行するだけであったものが，のちに斜進行，反進行も取り入れられた。また，三度音程も，協和音程として使用されるようになった。1200年代になると，声部の数が4パートまで増え，定量記譜法への道が開かれた。これらはパリの(　ア　)楽派の作曲家により発展した。14世紀の音楽は「b<u>アルス・ノーヴァ(新芸術)</u>」と呼ばれ，シャンソンを中心として，歌詞の形式によってロンドー，バラードなどに区別される世俗音楽が隆盛を極めた。

多声音楽(ポリフォニー)の発展　ルネサンスの音楽は，声楽のポリフォニーを中心に発展した。オケゲム，c<u>ジョスカン・デプレ</u>，ラッソなどの作曲家達は，教会音楽や世俗音楽において，各声部の均整のとれたポリフォニー書法を開拓し，ルネサンス期のヨーロッパ音楽を主導した。一方，d<u>カトリック教会</u>の中心ローマで活躍したパレストリーナも，ポリフォニー書法を用いたミサ曲を多数残した。

(1)　(　ア　)に入ることばとして適切なものをa～dから選び，その記号を答えよ。また，この楽派に属する作曲家をe～hから選び，その記号を答えよ。

a　ノートルダム　　b　フランドル　　c　ブルゴーニュ
d　モンマルトル　　e　グィード　　　f　ペロタン
g　バンショワ　　　h　デュファイ

(2)　下線部aの聖歌における特徴で，1音節に数音符ないし数十音符が当てられている様式の名称を答えよ。

(3)　下線部bを代表する作曲家の功績として，多声書法による通作ミサを史上初めて一人で作曲したことがあげられる。この作曲家の名前を答えよ。

また，次のミサ通常文の各章の名称について，(　イ　)，(　ウ　)にあてはまる語句を答えよ。

1　キリエ　　2　(　イ　)　　3　クレド　　4　(　ウ　)
5　アニュス・デイ

(4)　下線部cの作曲家は，定旋律として冒頭に用いた主題を全ての声

部が次々に模倣していく形式を追求したが，この形式の名称を答えよ。また，この形式は後のバロック時代のどのような形式に影響を与えたか。答えよ。

(5) 下線部dは，1545年〜1563年にかけてトレント公会議を開いたが，この会議において決議された内容をa〜dから選び，その記号を答えよ。

　a　会衆が歌唱により礼拝へ参加することを重視し，歌いやすい旋律のコラールを用いることとした。

　b　旋律と通奏低音による作曲がなされ，教会音楽に器楽による伴奏を用いることとした。

　c　世俗的な旋律を禁止し，多声音楽であっても言葉が聴き取れるようにすべきであるとした。

　d　グレゴリオ聖歌などの単声聖歌を歌うことを禁止した。

(6) ルネサンス期のヴェネツィアにおいて，はなやかな色彩と明暗の対照などを特徴とする器楽作品が数多く作曲された。この時期のヴェネツィア楽派を代表する作曲家を一人答えよ。

【3】次の文中の各空欄に適する語句を答えよ。

(1) チェコの作曲家スメタナなど民族主義的な音楽家の一派を(ア)という。

(2) (イ)は死者のためのミサ曲のこと。鎮魂曲と訳される。

(3) 交響曲はオーケストラで演奏され，通常いずれかの楽章が(ウ)で作られている。

(4) シューベルトの作曲した「魔王」などのドイツ語による歌曲を(エ)という。

(5) オペラは音楽が中心ではあるが文学，演劇，美術，舞踊など，さまざまな要素をあわせもつので(オ)といわれる。

(6) バッハの作品に多く見られ，主題を追いかけるように多声的に発展していく音楽の形式を(カ)という。

(7) バロック音楽で用いられた，アンサンブルの支えとしての低音を

(キ)という。

(8) シェーンベルクが提唱したオクターブ内の音を平等に扱う作曲技法を(ク)という。

(9) イタリア語でチェンバロと呼ばれる楽器は英語では(ケ)という。

(10) ヴェルディのオペラ「アイーダ」第2幕第2場で「凱旋の行進曲」の旋律を演奏する楽器は(コ)である。

【4】西洋音楽史のロマン派の音楽(国民楽派は除く。)について，次の文章の空欄①～⑯に適する語句をあとのア～ヘから1つずつ選び，記号で答えよ。また，下線部A～Dについて，あとの(1)～(4)の問いに答えよ。

古典派最後の巨匠である(①)は9曲の交響曲を残し，(②)世紀ロマン派音楽への道を開いた。ロマン派では，古典派の(③)音楽とは対照的に，文学など音楽以外の芸術分野との結びつきが深まり(④)音楽が盛んになった。これは，情景・物語・感情などに関する題名を付け，その内容を表現しようとする器楽曲である。フランスの作曲家(⑤)は，その出世作「幻想交響曲」において(⑥)を用いて「恋人」との物語を音楽で表現した。文学との融合は，A リストの創始した単一楽章の(⑦)においてもなされ，管弦楽作品の幅を広げた。オーケストラ編成が拡大するのもこの時代の特徴である。

一方声楽曲では，B シューベルトによって(⑧)が確立され，詩(歌詞)と音楽との融合が図られた。その後，(⑨)やブラームスなどにより多様な発展を遂げた。

ロマン派は，(⑩)尊重の時代といえる。感情の自由な表現を重視することにより自由な形式による性格的小品(キャラクター・ピース)と呼ばれる(⑪)作品が数多くつくられた。この背景には産業革命による(⑪)の性能の向上と，一般家庭への普及がある。(⑫)出身のC ショパンは(⑬)で活躍し，数多くの小品を提供した。

オペラも各国で独自の発展を遂げた。(⑭)ではウェーバーが(⑭)ロマン主義オペラを誕生させ，(⑮)は総合芸術作品として

の楽劇を創始した。一方(⑯)では，ロッシーニらの偉業の上に立って，_Dヴェルディが近代(⑯)・オペラを改革した。また，プッチーニは現実的な出来事を題材として，美しい旋律と劇的効果が一体となった作品を書いた。

ア	18	イ	19	ウ	20
エ	ピアノ	オ	バイオリン	カ	オルガン
キ	イギリス	ク	イタリア	ケ	ドイツ
コ	ハンガリー	サ	ポーランド	シ	ウィーン
ス	パリ	セ	アリア	ソ	ドイツ・リート
タ	交響曲	チ	交響詩	ツ	示導動機
テ	固定楽想	ト	標題	ナ	絶対
ニ	モーツァルト	ヌ	ベートーヴェン	ネ	ベルリオーズ
ノ	シューマン	ハ	ワーグナー	ヒ	バルトーク
フ	理性	ヘ	個性		

(1) 下線部Aについて，リストの管弦楽作品名を，次のa〜eから1つ選び，記号で答えよ。

  a　モルダウ　　　　b　フィンランディア　　c　海
  d　レ・プレリュード　　e　禿山の一夜

(2) 下線部Bについて，現在確認されているシューベルトの歌曲数を，次のa〜eから1つ選び，記号で答えよ。

  a　約100曲　　b　約200曲　　c　約400曲　　d　約600曲
  e　約1000曲

(3) 下線部Cについて，ショパンの手がけた性格的小品を，次のa〜eから1つ選び，記号で答えよ。

  a　マズルカ　　b　無言歌　　c　楽興の時　　d　ピアノ・ソナタ
  e　謝肉祭

(4) 下線部Dについて，ヴェルディの歌劇(オペラ)作品名を，次のa〜eから1つ選び，記号で答えよ。

  a　魔弾の射手　　b　トスカ　　c　カルメン　　d　リゴレット
  e　魔笛

【5】次のA～Dの文は，西洋音楽史についての説明文である。下の各問い
に答えよ。

A　主観性や自由な思想，繊細な詩的感情を重んじるこの時代の音楽
は，文学や他の芸術と結びついて多彩な表現力をもった。シューベ
ルトは音楽と詩が深く結びついた芸術性の高い(　①　)を数多く作
曲し，シューマンはピアノのもつ表現の可能性を拡大した。

B　長調や短調の調性組織が確立されていく中で，通奏低音を伴う合
奏音楽が発展したこの時代，オペラでは名人芸的な歌唱力が人気を
博し，(　②　)と呼ばれる簡単な伴奏付きの単旋律の歌曲もイタリ
アで生まれた。

C　ジョスカン・デプレやラッソなど，フランドル楽派の音楽家たち
が活躍したこの時代に，多声声楽曲がいっそうの発展を見せた。宗
教音楽の分野では，高度な対位法によって，華麗なミサ曲やモテッ
トが作曲され，世俗音楽の分野では，フランスのシャンソンやイタ
リアの(　③　)など，独自の様式をもつ多声音楽が登場した。

D　主要な様式が多声音楽から和声音楽に変化したこの時代の音楽は，
均整のとれた形式，明快なリズムや和声が好まれるようになった。
(　④　)形式の確立によって器楽曲は著しく発展し，交響曲や協奏
曲など多くのジャンルで用いられた。

(1)　A～Dの文に当てはまる西洋音楽史の時代区分を答えよ。

(2)　①～④に適する語句を答えよ。

(3)　A～Dを時代区分の古い順に並べよ。

【6】20世紀の音楽に関する次の説明文について，あとの各問いに答えよ。

音楽史における20世紀は，(　①　)の『牧神の午後への前奏曲』に
よって幕が開けられたと言われている。(　②　)主義と呼ばれる彼の
音楽は，形式よりも音色や和音の響き自体が重視され，その独特な表
現は(1)同時代の作曲家たちに少なからず影響を与えた。次いで，スト
ラヴィンスキーの『春の祭典』に代表される，(2)強烈で新鮮なリズム
によって力強い生命力を表現する音楽が生まれた。

　第一次，第二次の2つの大戦間には，音楽に新しい秩序を求める傾向が生まれた。まず(3)「フランス六人組」と呼ばれる作曲家たちによって，反ロマン主義・反(②)主義が唱えられ，(③)主義と呼ばれる音楽が生み出された。また(4)(④)は12音音楽の技法を確立し，弟子のベルクや(⑤)に受け継がれた。

　第二次大戦後には，メシアンやブーレーズらによって12音音楽の音列技法の概念を拡張した(⑥)が誕生した。また，テクノロジーの発達によってミュジック・コンクレートや電子音楽が生まれた。

　60年代前後には，ペンデレツキやリゲティらによって(5)トーン・クラスターの技法が発達した。一方，(6)ケージを中心とするアメリカの作曲家たちによって，偶然性・不確定性の音楽と呼ばれる音楽概念が生み出された。

　60年代後半からは，(7)一定の短い音型を断続的に反復することによって生ずるズレや変化によって構成される(⑦)と呼ばれる音楽や，環境音楽，実験劇音楽などが生まれた。

(1)　文中①，④，⑤に当てはまる人物名をそれぞれ答えよ。

(2)　文中②，③，⑥，⑦に当てはまる語句をそれぞれ答えよ。

(3)　文中の下線部(1)のひとりで，〈ローマ三部作〉などの作品で知られるイタリアの作曲家名を答えよ。

(4)　文中の下線部(2)のような音楽は何主義の音楽と呼ばれているか，漢字で答えよ。

(5)　文中の下線部(3)の作曲家のうち3人を挙げよ。

(6)　文中の下線部(4)の3人の作曲家を「新ウィーン楽派」と呼ぶことがある。この呼称の由来となった「ウィーン楽派」に属する作曲家のうち3人を挙げよ。

(7)　文中の下線部(5)とはどのような音楽か，簡単に説明せよ。

(8)　文中の下線部(6)の人物が考案し，ピアノの弦に異物を装着して音を変化させる手法を何と呼ぶか。カタカナで答えよ。

(9)　文中の下線部(7)のような特徴は，アジアやアフリカの民族音楽の中にも見ることができる。これらのうち，大勢の男たちが「チャッ」

という声をさまざまなリズムで組み合わせて繰り返す，バリ島の声楽アンサンブルを一般に何と呼ぶか，カタカナで答えよ。

【7】次の文は中世及びルネサンス時代の音楽についての説明である。(①)から(⑧)にあてはまる最も適切な語句を答えよ。ただし，同じ数字の( )には同じ語句が入る。

中世ヨーロッパでは，教会での典礼儀式と結びついた単旋律聖歌が各地で独自に発展し，やがて(①)として統一された。その後ポリフォニーの音楽が生まれ，12世紀から13世紀にかけてパリで活躍した(②)楽派の音楽家たちは，その発展に大いに貢献した。

14世紀になると，それまでの音楽に代わって，新しい音楽の動きが起こった。ピリップ・ド・ビトリは著書の中で，この新しい芸術を(③)という言葉を用いて前代の古風な音楽と対比させた。特に，14世紀のフランスにおける最大の作曲家である(④)(1300頃～1377)は，その代表者として知られている。

15世紀の終わり近くから，音楽の中心，繁栄の地は(⑤)一帯に移るようになる。(⑤)楽派に属する代表的な音楽家としては，オケゲム(1430頃～1495頃)，ジョスカン・デプレ(1440頃～1521)，そしてこの楽派最後の巨匠といわれる(⑥)(1532～1594)などを挙げることができる。

一方イタリアでは，(⑦)(1525頃～1594)の出現によりカトリックの典礼音楽が大きく発展した。また，イタリアと深い関係にあった(⑧)では，モラーレス(1500頃～1553)やビクトリア(1548頃～1611)などが現れて，宗教音楽の分野で大きな功績を残した。

【8】西洋の音楽について，次の各問いに答えよ。
(1) 次の①～⑪の項目は，古代・中世，ルネサンス，バロック，古典派，前期ロマン派，後期ロマン派，近代・現代のいずれと関連が深いか，番号で答えよ。
① 国民楽派　　② 器楽曲の発展　　③ 印象主義

④　コラール　　⑤　グレゴリオ聖歌　　⑥　ホモフォニー

⑦　吟遊詩人　　⑧　交響詩創始　　　⑨　ソナタ形式確立

⑩　十二音技法　　⑪　調性組織確立

(2)　上の項目の①，③，⑧，⑩と関連の深い作曲家名を一人ずつ答えよ。

【9】 次の文中の各空欄に適する語句を答えよ。

(1)　現代の音楽における同時性は，1910年頃リズムと調性との二つの領域で用いられるようになった。二つの違った調性の二つの旋律声部を始めから終わりまで使った最初の実例が，1908年にベーラ・バルトークが書いた「(　①　)」と名付けたピアノ作品の第1番である。また，古典のリズムの惰性の法則に支配されず，若い人たちに，同時に違ったリズムの次元で考えたり感じたりできるように教えたのは，スイス人，(　②　)であり，$\frac{4}{4}$拍子と$\frac{3}{4}$拍子の中で五つの音を均一の長さで奏するリズムが挙げられる。

(2)　ベートーヴェンの晩年の作品であるop.123の(「　③　」)は，ミサ曲の傑作の一つに数えられる。この作品は，ニ長調，5楽章からなり，1824年3月にペテルブルクで初演されている。宗教的な礼拝の音楽というより，交響曲のような趣のある作品である。

(3)　ドイツの歌曲であるリートは，広義には中世騎士歌謡や近世独唱歌曲などを含む。狭義には，19世紀を中心とするピアノ伴奏付き独唱叙情歌曲を指す。19世紀初めには，ウィーンで生まれた(　④　)によるロマン派リートの時代が始まる。通作リートの他，声とピアノによる感情を表現した情緒リート，複数リートを有機的に結合させた(　⑤　)などが開発され，「美しい五月に」を第1曲とする歌曲集(「　⑥　」)を作曲したシューマンと，53曲からなる「メーリケ歌曲集」を作曲した(　⑦　)などに受け継がれる。

(4)　17世紀中頃のフランスでは，ヴァージナルズ音楽家たちの大胆で力強い芸術についで，それとはまったく対照的な新しい鍵盤音楽の"(　⑧　)楽派"が起った。この楽派の創始者は(　⑨　)で，彼はリ

ュート音楽の種々の特徴を優雅で洗練された作品に受け継いだ。この楽派の音楽様式は、(⑩)という音楽家で頂点に達した。彼の作品は、バッハ、ヘンデルからも高く称讃された。18世紀に入り、彼は細密画風の技法を用いて曲を書き、高雅で機智に富み、エレガントな魅力をもつものが多い。

【10】 次の(1)～(5)で示した曲の作曲者を答えよ。また、それぞれの作曲者が属する音楽史上の時代区分を下の①～⑥から1つずつ選べ。

(1) 教皇マルチェルスのミサ

(2) オラトリオ「メサイア」

(3) ピアノ曲集「映像第1集」

(4) ピアノ曲「クライスレリアーナ」

(5) 交響曲第101番「時計」

   ① バロック   ② 印象派   ③ 中世・ルネサンス

   ④ 古典派   ⑤ ロマン派   ⑥ 国民楽派

【11】 次の文中の各空欄に適する語句を答えよ。

18世紀にイタリアで栄えた悲劇的な題材によるオペラを(①)、喜劇的内容のオペラを(②)という。フランスで起こった台詞の入ったオペラを(③)、19世紀にフランスの作曲家(④)によって黄金時代を築いた台詞中心の庶民的なオペラを(⑤)という。(⑥)は20世紀、アメリカで盛んになった大衆音楽劇で、(③)、(⑤)を踏襲し、さらにジャズ的要素が加わっている。作曲家であり指揮者でもある(⑦)作曲の「(⑧)」は「ロミオとジュリエット」を現代化したもので、屈指の傑作と言われている。その他、R.ロジャーズの「(⑨)」、A.L.ウェーバーの「(⑩)」も名作である。

18世紀、世俗的なオペラと分離し、宗教的内容の(⑪)が確立された。ヘンデル作曲の「(⑫)」、(⑬)作曲の「天地創造」などが有名である。(⑪)やミサは、キリエ、(⑭)、クレド、サンクトゥス、(⑮)の5章より構成される。

【12】 次の西洋音楽史に関する(1)～(6)の文章を読み，その音楽史区分を
下の①～⑥から1つずつ選び，番号で答えよ。また，その音楽史区分
とほぼ同じ頃の日本の音楽に関することがらをあとのア～クから1つ
ずつ選び，記号で答えよ。ただし，(6)は音楽史区分のみを答えよ。

(1) 個性を重んじ，文字や詩と結びついて，形式にとらわれずに人間
の感情を自由に表現する方向を目指した。

(2) 無調音楽や電子音楽，ヨーロッパ以外の音楽の要素や特徴を取り
入れた音楽など，音楽にもいろいろな新しい試みが生まれた。

(3) 多声音楽が高度に発達し，活版印刷によって楽譜が普及した。

(4) 交響曲，独奏曲，協奏曲，弦楽四重奏曲などが完成する。

(5) オペラなどの劇音楽が誕生した。

(6) すでに楽器が用いられ，音階の研究も行われていたことが，残存
する壁画などから分かる。

① ルネサンス　　② 古代　　③ バロック
④ ロマン派　　　⑤ 現代　　⑥ 古典派

　ア　人形浄瑠璃の誕生　　イ　箏曲「千鳥の曲」
　ウ　朝廷に雅楽寮設置　　エ　常磐津節の誕生
　オ　能楽の大成　　　　　カ　雅楽の日本化
　キ　宮城道雄「春の海」　ク　琴を弾く埴輪

【13】 次の文を読んで，あとの各問いに答えよ。

　　ハンガリーの音楽は多くの作曲家を魅了した。ハンガリー生まれの
フランツ・リストは多くのピアノ曲を作曲したが，その中でもハンガ
リー民謡を取り入れた「ハンガリー狂詩曲」は特に有名である。同時
期，ドイツ生まれの(①)も当時のハンガリーに魅力を感じ，四手
連弾の21の曲集「(②)」を作曲した。これらの曲は，テンポの激
しい変化，旋律の装飾，細かいリズムなどの特徴がある(③)とい
うハンガリーの舞踊音楽や，当時ロマ民族の間で流行した(④)風
の音楽で表現されている。スペイン生まれの(⑤)が作曲した「ツ
ィゴイネルワイゼン」のツィゴイネルも(④)という意味であり，

この題名の特徴を生かしているため，(　⑥　)奏者にとって超絶技巧が求められる難曲となっている。

(1)　①〜⑥にあてはまる語句を書け。

(2)　ハンガリーの伝統的な民族楽器ツィンバロンを，簡潔に説明せよ。

(3)　民族音楽学者で，マジャール(ハンガリー)民謡の研究を行うとともに，収集した民謡に基づく国民的な音楽教育メソッドを創案したハンガリーの作曲者名を書け。

(4)　ハンガリー生まれの民族音楽学者で，西洋芸術音楽の手法とハンガリー民謡を融合させて，ピアノ小品集「ミクロコスモス」などを作曲し，民族的新古典主義ともいうべき独自の様式を作り上げた作曲者名を書け。

【14】次の(1)〜(8)の文に該当する作曲家名を答えよ。

(1)　ヴェネツィアのピエタ養育院に勤めていたヴァイオリンの名手で，500曲以上の協奏曲を作曲した。

(2)　ベルギーで生まれフランスで活躍した作曲家で，オルガニストとしても卓越した技術を持っていた。代表作に交響曲ニ短調がある。

(3)　バッハ，ベートーヴェンと並び，「ドイツ三大B」のひとりと称され，ドイツ古典派音楽の伝統を尊重した。

(4)　祖国を愛し，新たな国民音楽の創造を決意して，コダーイらと民謡の録音や採譜を長年にわたって続け，その研究は創作の源泉となった。

(5)　ロマン派音楽の標題性を開拓した作曲家であり，標題音楽にふさわしい色彩感あふれる管弦楽法を生み出した。

(6)　古典派音楽の基礎を築いた作曲家で，100曲以上の交響曲を作曲した。「交響曲の父」とも呼ばれ，代表作にオラトリオ「天地創造」がある。

(7)　西洋の伝統的な作曲技法とロシアの民族性を融合させた作曲家で，交響曲第6番は最後の作品となった。

(8)　「近代ギター音楽の父」とも呼ばれている卓越したスペインのギ

ター奏者であり，作曲家でもある。

【15】次の(1)～(3)の舞曲の起源の国名をA群の中から，適切な説明をB群の中から選び，それぞれ番号で答えよ。

(1) bolero　　(2) polonaise　　(3) gavotte

〈A群〉

　①　フランス　　②　ドイツ　　③　ポーランド

　④　スペイン　　⑤　イタリア

〈B群〉

　①　$\frac{6}{8}$拍子，もしくは$\frac{12}{8}$拍子の遅い舞曲で，後に器楽曲としても流行した。

　②　2拍目から始まることが特徴であり，活気のある2拍子でバレエにも用いられた。

　③　緩やかな3拍子であり，2拍目にアクセントがあることが特徴である。

　④　緩やかな2拍子の宮廷舞踏であり，3拍子の速い舞曲との組み合わせも多い。

　⑤　中庸の速さの3拍子の舞曲であり，伴奏にカスタネットが使用されることがある。

■■■■■■■■■■解答・解説■■■■■■■■■■

【1】(1)　①　1685　　②　アイゼナッハ　　③　ケーテン　　④　カントル兼音楽監督　　⑤　平均律クラヴィーア曲集　　⑥　ゴルトベルク　　⑦　組曲　　⑧　フーガ　　(2)　トッカータは即興的で速度がめまぐるしく変わる点。フーガは，細かいパッセージが多く，技巧的な点。　　(3)　世俗カンタータ　　(4)　カンタータ　第18番

解説　(1)　バッハは音楽史上最重要人物の一人である。歴史や人物，職歴などはよく問われる問題。作品数はあまりにも多いが，有名な作品ぐらいは曲名，作曲経緯，編成は頭にいれておきたい。カントルは，音楽教師・教会音楽の作曲と演奏が職務。フーガは，当時「作曲とい

えばフーガ」を指すぐらい存在は大きかった。　(2)　誰しも一度は耳にしたことのある曲。もともと即興的な要素が強い音楽で，どのくらい速度を変化させるかはすべて奏者に任されていることが多い。

(3)　カンタータは17世紀イタリアのモノディから生まれた複数の楽章の，伴奏をもつ声楽作品である。　(4)　他にも31番61番などの傑作がある。

【2】(1)　a・f　(2)　メリスマ様式　(3)　作曲家：マショー
イ　グロリア　ウ　サンクトゥス　(4)　通模倣様式　ポリフォニー音楽の規範となる。　(5)　c　(6)　ガブリエリ

解説　パリときたらノートルダム楽派。ペロタンは著名な作曲家である。メリスマの他に，シラブル様式，ネウマ様式がある。マショーは作曲の他に作詞も行い，時代にあった作風が特徴。ジョスカン・デプレは，フランドル楽派最大の作曲家。ガブリエリは，イタリアの作曲家・オルガニスト。

【3】ア　国民楽派　イ　レクイエム　ウ　ソナタ形式　エ　リート(ドイツリート)　オ　総合芸術　カ　フーガ　キ　通奏低音　ク　12音技法　ケ　ハープシコード　コ　アイーダトランペット(トランペット)

解説　(2)　レクイエムは通常六部構成で，冒頭に〈レクイエム・エテルナム(永遠の安息を)〉の歌詞があることからこの名で呼ばれる。有名なものに，モーツァルト，ヴェルディ，フォーレらの作品があり，教会の典礼の歌詞とは異なるものにブラームス「ドイツ・レクイエム」やブリテンの「戦争レクイエム」がある。　(9)　チェンバロよりも古い頃に使われた小型の同じ種類のものに，ヴァージナル(英)，スピネット(英)がある。

【4】①　ヌ　②　イ　③　ナ　④　ト　⑤　ネ　⑥　テ　⑦　チ　⑧　ソ　⑨　ノ　⑩　ヘ　⑪　エ　⑫　サ　⑬　ス　⑭　ケ　⑮　ハ　⑯　ク　(1)　d　(2)　d　(3)　a　(4)　d

解説　歴史問題は，時代，作曲家，曲種あたりからまとめて問われるこ

とが多い。必ず，キーワードに関連して問われているので，～なら～
というようにセットで覚えておくこと。選択肢があるため，容易であ
ろう。

【5】(1) A　ロマン派(前期ロマン派)　　B　バロック　　C　ルネサン
ス　D　古典派　　(2) ①　リート(ドイツリート，歌曲)　　②　モ
ノディー　　③　マドリガル　　④　ソナタ　　(3)　C→B→D→A

解説　西洋音楽史の概略で本問の程度までは正答したいもの。ただし，
記述式解答のため，②のモノディーや③のマドリガル(マドリガーレ)
がやや難しい。なお，③はフランスのシャンソンの説明に続いている
ので，イタリアのカンツォーナ(カンツォーネ…16世紀イタリアの世俗
的多声音楽)も正答となるであろう。

【6】(1) ①　ドビュッシー　　④　シェーンベルク　　⑤　ヴェーベル
ン　　(2) ②　印象　　③　新古典　　⑥　ミュージックセリエル
⑦　ミニマル・ミュージック　　(3)　レスピーギ　　(4)　原始主義
(5)　ミヨー　　プーランク　　オネゲル　　など　　(6)　ハイドン
モーツァルト　　ベートーヴェン　　など　　(7)　密集する音群を指
す。半音より細かい音などを多量に密集した音響部を指す。　　(8)　プ
リペアード・ピアノ　　(9)　ケチャ

解説　(1)　ドビュッシーはフランス音楽に欠かせない作曲家。シェーン
ベルクは，12音技法を創始した。　　(2)　各派は，歴史の位置づけと音
楽の方向性によって区別される。社会や美術の歴史概念とは多少年数
が一致しないことがあり，音楽独自の年数や区分として理解すること。
(3)　ローマの松，噴水，祭の三部作。　　(4)　芸術全般に使われるが，
自然な状態や理想とされる状態を指す。　　(5)　他には，デュレ，タイ
ユフェール，オーリック。　　(6)　18世紀，19世紀にウィーンで活躍し
た音楽家を指す。　　(7)　半音より細かい音律，微分音程などを一定の
間に多量に配置する。　　(8)　現代音楽で使われるが，音色などの効果
はある反面，ピアノへのダメージが少なからずあり，専用のピアノが
必要である。　　(9)　集団舞踏とその音楽を指す。複雑なポリリズムが
特徴。

【7】①　グレゴリオ聖歌　　②　ノートルダム　　③　アルスノヴァ
④　ギョーム・ド・マショー　　⑤　フランドル　　⑥　ラッスス
⑦　パレストリーナ　　⑧　スペイン

解説　「ポリフォニー」や「新しい音楽」といったキーワードや重要である。音楽史を問う問題に多い言葉である。音楽史は，作曲家はもちろん，その代表曲やその時代の重要な発展事項などが問われるため，確実におさえたい。

【8】(1)　古代・中世：⑤⑦　　ルネサンス：④　　バロック：②⑪
古典派：⑥⑨　　前期ロマン派：⑧　　後期ロマン派：①
近代・現代：③⑩　　(2)　①　スメタナ，リムスキーコルサコフなどから一人　　③　ドビュッシー，ラヴェル，イベールなどから一人
⑧　リスト　　⑩　シェーンベルク，ベルク，ウェーベルン，ベリオ，ストラヴィンスキーなどから一人

解説　楽派は，音楽史上たくさん出てくる上に覚えづらい項目でもある。ロシアの国民楽派などもそうであるが，どれも歴史上のキーワードとして出てくるものである。問題によっては，「説明せよ」というように問われたり，歴史順に並べ替えたりと問われることがある。要注意。

【9】①　14のバガテル　　②　ダルクローズ　　③　荘厳ミサ
④　シューベルト　　⑤　連作リート　　⑥　詩人の恋　　⑦　ヴォルフ　　⑧　クラブサン　　⑨　シャンボニエール　　⑩　フランソワ・クープラン

解説　(1)　バルトークはコダーイと共に進めた〈マジャール民謡〉の収集と研究が作曲への道の基礎になったといわれる。ピアノ曲では「ミクロコスモス」6巻・153曲が知られる。ダルクローズはリトミック(律動的調和の意味)の創案で有名。　(2)　〈荘厳ミサ〉はミサ・ソレムニスと呼ばれる。ベートーヴェンの作品が最も有名。　(3)　ロマン派のドイツ・リートの極致と評されるのがヴォルフの歌曲で，歌曲作品は300曲にのぼり，〈メーリケ歌曲集〉，〈アイヒェンドルフ歌曲集〉，〈スペイン歌曲集〉など多数。　(4)　クラブサンは仏語で，伊語ではチェンバロのこと。フランスの17〜18世紀の宮廷音楽で〈クラブサン楽派〉

と呼ばれ，この楽器の演奏・作曲が盛んになった。シャンボニエール，ラモー，そしてその絶頂をもたらしたのがクープランといわれる。

【10】 **(1)** パレストリーナ ③ **(2)** ヘンデル ① **(3)** ドビュッシー ② **(4)** シューマン ⑤ **(5)** ハイドン ④

解説 (1) パレストリーナはルネサンス後期・ローマ楽派を代表するイタリアの作曲家。パレストリーナ様式と呼ばれる古典的対位法の無伴奏合唱様式を確立させた。 (3) ピアノ曲集「映像」は第1集と第2集があり，それぞれ3曲からなる。 (4) 「クライスレリアーナ」はシューマンの8曲からなるピアノ曲。

【11】 ① オペラ・セリア ② オペラ・ブッファ ③ オペラ・コミック ④ オッフェンバック ⑤ オペレッタ ⑥ ミュージカル ⑦ L.バーンスタイン ⑧ ウエストサイド ストーリー ⑨ サウンド・オブ・ミュージック など ⑩ キャッツ など ⑪ オラトリオ ⑫ メサイア など ⑬ ハイドン ⑭ グローリア Gloria ⑮ アニュス・デイ Agnus Dei

解説 イタリア・オペラとフランス・オペラの違い，ミュージカル，そしてオラトリオとミサ曲についての出題である。 ① オペラ・セリア―セリアは「まじめな」の意で，〈正歌劇〉と訳し，オペラ・ブッファに対してそれ以前のオペラを指す。神話や英雄の題材が多く，レチタティーヴォとアリアが中心で重唱や合唱はあまり用いられない。18世紀イタリア(ナポリ)オペラ。 ② オペラ・ブッファ―コミックで諷刺的要素が多く，オペラ・セリアと対にある。ブッファは「からかう」の意で，喜歌劇とも訳すが，オペレッタやオペラ・コミックとは違う。ペルゴレージの「奥様女中」，「フィガロの結婚」，「ドン・ジョヴァンニ」，「セビリアの理髪師」など。18世紀イタリア(ナポリ)オペラ。 ③ オペラ・コミック―フランスで18世紀後期に始まった対話のせりふを交えた歌劇で，コミカルな内容に限られていたが，その後せりふの入ったオペラ全般を意味するようになった。「カルメン」，「マノン」など。グランド・オペラ(19世紀フランスのせりふを含まず悲劇的な内容が多い)と対をなす。 ⑤ オペレッタ―「軽いオペラ」

を指し，イタリアのオペラ・ブッファを起源とする。セリフが多くラブロマンスなど笑いの要素を多く含み19世紀後半に確立。「天国と地獄」，「こうもり」，「メリーウィドー」など。　⑭〜⑮　ミサの通常式文(典礼文・祈祷・聖歌)の聖歌5つ〔キリエ，グローリア，クレド，サンクトゥス，アニュス・デイ〕は覚えておきたいもの。

【12】音楽史区分：日本の音楽　(1)　④：イ　　　(2)　⑤：キ
(3)　①：オ　　(4)　⑥：エ　　(5)　③：ア　　(6)　②

解説　西洋と日本の音楽史それぞれの歴史背景を考察し，時代ごとの特徴・様式・主な分野・作品・楽器・人物など総合的に研究しておくことが必要である。

【13】(1)　①　ブラームス(ヨハネス・ブラームス)　　②　ハンガリー舞曲　　③　チャルダーシュ(チャルダッシュ)　　④　ジプシー　⑤　サラサーテ　　⑥　ヴァイオリン(バイオリン)　(2)　この楽器は木で出来ていて，形はふたのない台形の箱形の形をしている。平らに置いたその箱の中には鉄製の線がピアノの弦のように横に何本も張られていて，その弦を棒の先端にフェルトの貼られた2本のバチで叩いて音を鳴らす。音はピアノの弦をマレットで叩いた時のような弦特有の音が出る。類似した楽器には，中国の楊琴，ヨーロッパのダルシマーなどがある。　　(3)　コダーイ(コダーイ・ゾルターン)　　(4)　バルトーク(バルトーク・ベーラ・ヴィクトル・ヤーノシュ)

解説　ハンガリー音楽を題材とした作品を作曲した作曲家に，サラサーテ，ラヴェル，コダーイ，ヴェルディ，ビゼー，ヨハンシュトラウスII世などがいる。ロマの音楽ではチャルダーシュと呼ばれ，遅→速と速度が変化するものが主流である。そこではツィンバロン，バイオリン，クラリネットなどが音楽を担当し，踊り手が速度の変化に合わせて踊ることが多い。ロマという呼称は，北インドに起源を持つ移動生活型の民族を起源とし，ヨーロッパ全体に散らばっている。また，長い年月の間に各地でアイデンティティーが異なってきたため，ロマという言葉を使用せず固有の名称を持つグループが多数ある。

【14】(1)　アントニオ・ヴィヴァルディ　　(2)　セザール・フランク

(3) ヨハネス・ブラームス　　(4)　ベーラ・バルトーク　　(5)　エク
トル・ベルリオーズ　　(6)　ヨーゼフ・ハイドン　　(7)　ピョート
ル・イリイチ・チャイコフスキー　　(8)　フランシスコ・タレガ

解 説 鑑賞教材に扱われる主な作曲家と作品以外に，各作曲家の生い立
ちや時代の位置付け，音楽的特徴(時代を考慮した作風)，また楽曲の
鑑賞を行っておきたい。

【15】 (1)　A群：④　　B群：⑤　　(2)　A群：③　　B群：③
(3)　A群：①　　B群：②

解 説 これらは代表的な舞曲である。さらにアルマンド・エコセーズ・
クーラント・サラバンド・パスピエ・マズルカなど地域，歴史上多種
のスタイルがある。それぞれの起源や特徴も知っておきたい。

日本の音楽

●POINT

「和楽器の指導については，3学年間を通じて1種類以上の楽器を用いること。」と示されている従来の学習指導要領に比べ，新学習指導要領では「1種類以上の楽器の表現活動を通して…」と改訂されたその違いを確認しておきたい。改訂では和楽器を用いるのは当然のこととして「その演奏を通して」の意味であり，「その表現活動を通して，生徒が我が国や郷土の伝統音楽のよさを味わうことができるよう工夫すること。」と踏み込んだ目的が示されていることに留意したい。

　日本の伝統音楽史と西欧音楽史を比較すると，日本の近世(江戸)時代がかなり古く，しかも長かったことがわかる。江戸幕府(1603)とバロック時代の開始(オペラ誕生など)がほぼ同じ。「六段の調べ」で知られる近世箏曲の祖・八橋検校(1614〜1685)が死去の年に，J.S.バッハ及びヘンデルが生まれている。ピアノの発明(1709，クリストフォリによる)は元禄文化(義太夫節など)より後のこと。J. S. バッハの死(1750)とバロック音楽終了は江戸中期である。ロマン派は江戸後期に該当し，ショパン，シューマン生誕(1810)の頃は長唄，箏曲，地歌が全盛であった。

●日本の代表的民謡

1. 地図に見る民謡の発祥地

2. 各民謡のスコア

3. 日本の代表的民謡

①江差追分	北海道	追分様式の代表的民謡。松前追分などともいう。
②ソーラン節	北海道	ニシン漁の作業歌〈ソーランソーラン〉の掛声が曲名。
③じょんがら節	青森県	津軽三味線伴奏の宴席, 盆踊歌。一種の口説。
④南部牛追歌	岩手県	道中歌。追分様式。音階は律音階の変種。
⑤さんさ時雨	宮城県	祝儀歌。座の一同が手拍子を打ちながら歌う。
⑥秋田おばこ	秋田県	仙北郡地方で歌われる。庄内から伝わる。
⑦花笠踊	山形県	昭和に改編された踊りつき民謡。
⑧会津磐梯山	福島県	本来は盆踊歌。レコード化され, 今日の名称となる。
⑨八木節	群馬県・栃木県	樽を打ちながら歌う口説。《国定忠治》が有名。
⑩佐渡おけさ	新潟県	盆踊歌。県下にあるおけさの中で, 最も有名な曲。
⑪木曽節	長野県	盆踊歌。《御嶽山節》を大正時代に改めて広めた。
⑫こきりこ節	富山県	こきりこという2本の棒を打ち踊る踊歌。
⑬関の五本松	島根県	酒席歌。舟の目印になる5本の松を歌う。
⑭金毘羅船々	香川県	座敷歌。讃岐の金刀比羅宮詣を歌う。幕末から流行。
⑮黒田節	福岡県	黒田藩で歌われる。旋律は《越天楽今様》。
⑯刈干切歌	宮崎県	山で萱を刈る歌。音階は律音階の変種。
⑰五木の子守歌	熊本県	子守小女の嘆きの歌。音階は律音階の変種。
⑱朝花節	鹿児島県	奄美大島の祝儀歌。挨拶歌として歌われる。
⑲かぎゃで風節	沖縄県	祝儀の席でいちばんはじめに歌われる祝歌。
⑳赤馬節	沖縄県	八重山民謡。祝儀の席で, 歌われる。
㉑安里屋ユンタ	沖縄県	八重山民謡。古いユンタという労働歌を改作した曲。

問題演習

【1】 次の文を読み，下の各問いに答えよ。

Ⅰ　能「（　①　）」は，「義経記」を素材とした作品で，前半は源義経との別れの酒宴で静御前が舞を舞い，後半は壇ノ浦で敗れた平知盛の怨霊が義経に襲いかかるという変化に富んだ能で，一人のシテが静と知盛の対照的な二役を演じる。

Ⅱ　薩摩琵琶「（　②　）」は，西郷隆盛が起こした西南の役に題材をとり，勝海舟が作詞した作品で，語りの合間に，大型の撥で勢いよく琵琶をかき鳴らす演奏技法に特徴がある。

Ⅲ　箏曲「春の海」は，（　③　）と箏による二重奏曲で，瀬戸内海を船で旅行した際に聞いた波の音や鳥の声，漁師の舟唄などの印象を表現したものといわれている。

Ⅳ　長唄は（　④　）音楽の一つで，歌舞伎の音楽として発達したため，舞踊伴奏音楽としての性格が強い。長唄「京鹿子娘道成寺」は，道成寺の鐘にまつわる安珍と清姫の因縁伝説を主題とする能の「道成寺」に基づいたものである。

Ⅴ　（　⑤　）「胡蝶」は，四人の舞童が舞う童舞で，天冠に山吹の花をさし，背中には蝶の羽を負い，手には山吹の花枝を持って舞う。

(1)　（　①　）～（　⑤　）に当てはまる語句を次のア～セから1つずつ選び，記号で答えよ。

　　ア　羽衣　　　　イ　田原坂　　　　　　ウ　篳篥
　　エ　越天楽　　　オ　深山桜及兼樹振　　カ　尺八
　　キ　城山　　　　ク　勧進帳　　　　　　ケ　雅楽
　　コ　三味線　　　サ　安宅　　　　　　　シ　能管
　　ス　船弁慶　　　セ　浄瑠璃

(2)　Ⅰ～Ⅴの作品の作者を次のa～fから1つずつ選び，記号で答えよ。

　　a　藤原忠房　　b　宮城道雄　　　c　観世信光
　　d　西幸吉　　　e　近松門左衛門　f　初世杵屋弥三郎

(3)　Ⅰ～Ⅴの作品が作曲された時代を日本の時代区分で答えよ。

【2】次は日本歌曲に関する説明文である。下の各問いに答えよ。

　　日本人によって作られた歌曲作品は西洋音楽の模倣から始まり，
（　ア　）の特性と伝統的な感覚の表出を求め，今日まで幾多の経験を
経て変化・発展を遂げてきた。1900年(明治33年)ごろに作られた滝廉
太郎の「（　イ　）」を含む組歌「四季」や「（　ウ　）」は，その第一歩
を記した作品である。日本の歌曲が本格化したのは，a山田耕筰と信
時潔の業績が大きい。特に山田耕筰は，近代の西洋音楽の技法を駆使
しながら日本語の（　エ　）から導き出した旋律法を開拓し，芸術性の
高い多数の歌曲を作り上げた。山田耕筰と同じ世代の本居長世，中山
晋平，弘田龍太郎，（　オ　）らは，当時の童謡運動や新日本音楽運動
に関連して優れた作品を生み出し，日本の声楽曲の発展に寄与した。
次いでフランス印象主義の影響を受けた橋本国彦，民謡を基礎とした
作風の平井康三郎などが多くの歌曲を作った。第二次世界大戦後は，
團伊玖磨やb中田喜直をはじめ多くの作曲家が優れた歌曲を発表して
いる。現代では，調性を重視した伝統的な作品から実験的な作品まで
多様化しつつ発展を続けている。

(1)　（　ア　）～（　オ　）に入る適語を次の　　　　から選んで答えよ。

雅楽	リズム	民謡	抑揚	椰子の実
日本語	荒城の月	花	成田為三	ふるさと
芥川也寸志				

(2)　下線aの代表的な歌曲の作品名を1つ答えよ。

(3)　オの代表的な歌曲「浜辺の歌」の歌い出し4小節の旋律をFdurで
　　書け。

(4)　下線bの父である中田章の代表的な歌曲の作品名を1つ答えよ。

【3】 日本の伝統音楽について，次の各問いに答えよ。

(1) 大鼓や小鼓などを演奏する際に，よく奏者が掛け声のような声を
出している。この声は，何のために発しているか，書け。

(2) 能や歌舞伎などで使われる笛で，能管と呼ばれる横笛がある。こ
の楽器は，わざと正確な音程を出せなくするように作られている。
この能管はどのようなことを表現するのに使われるか，説明せよ。

(3) 文楽の表現は『三業一体』と言われる。その『三業一体』につい
て説明せよ。

【4】 日本の音楽に関する次の各問いに答えよ。

(1) 我が国の省庁内において，現在も雅楽の保存・演奏・研究などに
携わっている部局がある。その名前を省庁名を含めて答えよ。

(2) オーケストラ(管弦楽)と雅楽では，いずれも弦楽器が用いられる
が，その役割が違う。役割の違いを説明せよ。

(3) 箏，三味線，尺八はいずれも中国から伝来した楽器である。この
3つの中で，日本への伝来が最も新しい楽器はどれか。その楽器名
と，その楽器が最も盛んに用いられた時代を答えよ。

(4) 歌舞伎の長唄で主に用いられる三味線と，文楽で主に用いられる
三味線の違いについて説明せよ。

(5) 明治時代に，西洋音楽を基盤とした我が国の音楽教育を形成する
ための取組が始められた。明治12年に当時の文部省内に設置され，
このことに大きな役割を果たし，のちに東京音楽学校へとなった部
署の名前を書け。

(6) 次の①〜③の民謡が伝えられている地方名を，それぞれ都道府県
名で答えよ。

① ソーラン節　　② 刈り干し切り歌　　③ 安来節

【5】 我が国の伝統音楽について，次の各問いに答えよ。

(1) ①〜⑤の伝統音楽でよく取り上げられる作品を，あとのア〜ク か
ら1つずつ選び，記号で答えよ。

①　尺八曲　　②　能楽　　③　雅楽　　④　箏曲　　⑤　長唄
　　ア　越天楽　　　イ　十三の砂山　　ウ　五段砧
　　エ　枯野砧　　　オ　羽衣　　　　　カ　京鹿子娘道成寺
　　キ　鹿の遠音　　ク　城山

(2)　義太夫節について，次の①～③に答えよ。
　①　義太夫節を創設した人物の名前を漢字で書け。
　②　義太夫節で使用される三味線の種類をア～ウから1つ選び，記号で答えよ。
　　　ア　細棹　　イ　中棹　　ウ　太棹
　③　太夫が語る曲節を3種類書け。
(3)　平曲について説明せよ。

【6】次の各問いに答えよ。

(1)　室町時代に，能を大成させた父子二人の名前を答えよ。
(2)　能とともに上演される，日本最初の喜劇を何というか答えよ。
(3)　我が国の伝統的な音楽・舞踊の一種で，江戸時代までは宮廷の貴族社会や大きな社寺などを中心に伝承され，現在は宮内庁を中心に伝承されている音楽を答えよ。
(4)　尺八音楽の代表的な流派を2つ答えよ。

【7】雅楽「越天楽」において，次のA～Dの役割は，下の①～⑦のどの楽器が担当するか，当てはまる番号をすべて答えよ。

A　和音を担当　　　B　リズムを担当　　　C　旋律を担当
D　伴奏を担当
　①　笙　　　②　龍笛　　③　楽琵琶　　④　鞨鼓　　⑤　楽太鼓
　⑥　篳篥　　⑦　楽箏

【8】次の文は，日本の民謡に関する説明である。あとの各問いに答えよ。

　民謡は，人々のいろいろな生活の場面で，昔からずっと歌い継がれてきた歌である。ある土地に固有な歌と，広い地域に広まって，変化

しつつ歌われている歌がある。

　種類　〈ァ仕事歌〉〈ィ祝い歌〉〈ゥ盆踊歌〉〈子守歌〉など歌われる場面で分類され，子供の歌は〈わらべ歌〉と呼ばれる。作詞・作曲者が明らかな「ちゃっきり節」などの歌は，伝承歌とは区別して〈新民謡〉とも呼ばれる。

　音階　いわゆる民謡音階が多い。ェ都節音階，ォ律音階，沖縄音階などもあるが，伝承歌では自由に歌う旋律が組み合わさってできているため，一つの音階に当てはまらない場合も少なくない。一般的に陽音階，陰音階という言い方もある。

(1)　次のa〜eは下線部ア〜ウのいずれに分類できるか。あてはまるものを1つずつ選び，記号で答えよ。またa〜cはそれぞれどこを代表する民謡か。あてはまる都道府県名を答えよ。

　a　刈干切歌　　b　木曽節　　c　斎太郎節　　d　さんさ時雨
　e　南部牛追歌

(2)　下線部ェ，ォの音階を上行形のみ全音符で書け。ただし，書き始めの音は一点ハとする。

(3)　小泉文夫らは，民謡を音楽的側面から八木節様式と追分様式とに分ける考え方を示している。追分様式とはどのようなものか，簡潔に説明せよ。

【9】次の文は，雅楽についての説明である。文中の各空欄に適する語句を答えよ。

　雅楽には，管絃と(　①　)がある。管絃は，雅楽の楽器だけで合奏する楽曲で舞はない。楽器には，吹きもの，弾きもの，(　②　)ものがある。雅楽「越天楽」で使われている楽器は，吹きものにはひちりきや(　③　)・(　④　)，弾きものには楽箏や(　⑤　)，(　②　)ものには(　⑥　)や太鼓・(　⑦　)が使われている。

　管絃の演奏に指揮者はいない。おおよそのテンポを決めたり，終わりの合図を送ったりするのは(　⑥　)の奏者である。

【10】次の記述は，日本の伝統音楽に関する説明文である。文中の各空欄に適する語句を答えよ。

　能の声楽は「謡」と呼ばれ，旋律的な「フシ」と，台詞に相当する「コトバ」からなっている。能の発声法は，観阿弥，(　①　)の登場(六百数十年前)以前から伝わってきた，日本の歌を伴う多くの芸能の影響を受けて，現在の形になった。

　能の声楽の分野(パート)はシテ，ワキ，狂言の人たちが担当し，みなそれぞれの分野にふさわしい発声法を確立している。また，各分野の流儀によっても発声に微妙な違いがあるが，発声の基本は世界の多くの声楽がそうであるように(　②　)で謡われる。

　西洋音楽の声楽曲との一番の違いは，絶対音が存在しないことである。すなわち，上演曲が西洋音楽のような調性の概念がなく，各役を演じる役者(シテ，ワキ，狂言)の得意な音高が，その日の上演曲の各パートの基本の音高になる。しかし，おおむね静かな悲しい曲は少し低めに，華やかでにぎやかな曲は少し高く音高をとる。

　「謡」の発声法(謡い方)には大きく分けて(　③　)，(　④　)の二種類がある。(　③　)は(　①　)の時代から伝わる比較的柔らかな発声で，メロディの動きの幅が広いのが特徴である。(　④　)は強さや喜びを伝える謡い方で，メロディはあえて音高を広く取らず一本調子のように謡うが，声の強い息づかいと気迫を伝える場面で効果を発揮する。

　三味線は，(　⑤　)から(　⑥　)を経て16世紀中頃に日本へ伝わった楽器が改良されたものである。(　⑦　)時代に，人形浄瑠璃や(　⑧　)の伴奏をはじめさまざまな三味線音楽が隆盛し，今日に至っている。太棹(義太夫，津軽三味線など)から細棹(長唄，小唄など)まで多様なものがあり，ジャンルによって使い分けられているほか，駒の大きさや構造，撥の形なども用途に応じて使い分けられる。

　一の糸は上駒に乗っておらず，サワリ山に触れさせることによりビーンという独特の共鳴音が生み出される仕掛けになっている。この仕掛けは(　⑤　)のサンシェン(三弦)や(　⑥　)の三線にはない。近年，ねじによって調節できるものも使われている。

　主な特殊奏法には撥を上にすくい上げるスクイや左手の指で弦をはじくハジキ，左手をスライドさせる（　⑨　），撥で弾かずに左手の指で打つウチなどがある。

　箏は，奈良時代に（　⑤　）から伝わった楽器で，雅楽の中で使われた。（　⑦　）時代になって八橋検校により今日の箏曲の基礎が形づくられた。日本の伝統音楽では，おもに記録のための楽譜はあったが，学習にあたっては「唱歌」という方法によっていた。これはリズムや奏法などを擬音化して唱えるもので，箏では「ツン・ツン・テーン」のように唱えながら演奏を伝承してきた。伝統的な楽譜では弦名を記すなどの奏法譜が一般的であったが，（　⑩　）以降，五線譜のリズムの書き方を参考にしたものも使われるようになった。

【11】日本音楽について，次の各問いに答えよ。

(1)　以下の日本音楽の用語の読みを，ひらがなで書け。また，江戸時代のものはどれか。1つ選び，記号で答えよ。

　　ア　田楽　　イ　箏曲　　ウ　催馬楽　　エ　平曲　　オ　神楽歌

(2)　江戸時代禅宗の一派の宗教音楽として普及し，一般の使用は禁止されていた楽器名を答えよ。

(3)　平安時代に制定された日本の宮廷音楽の総称を何というか答えよ。

(4)　室町時代末期，沖縄を経て本土に伝来し，江戸時代に大きな役割を果たす事になる楽器名を答えよ。

(5)　明治5年の学制で小学校に設けられた音楽の教科名を答えよ。

【12】次の文章は，日本の音楽について説明したものである。文中の各空欄に適する語句を答えよ。

　日本の伝統音楽の一つである「能楽」は，（　①　）と（　②　）の二つを総称して言う。（　③　）時代に（　④　）から伝わった散楽が（　⑤　）時代に（　⑥　）となり，さらに充実して（　⑦　）時代に能楽へ発展していったといわれている。（　①　）は主役が（　⑧　）をつける場合が多く，

(⑨), (⑩)父子により大成された。

『浄瑠璃』は(⑦)時代に人気を博した語り物からこう呼ばれるようになり, (⑪)を伴奏に取り入れてから発展し様々な浄瑠璃が生まれた。その中の一つに(⑫)節があり, 竹本(⑫)や(⑬)らが(⑭)などの様々な作品を残した。

【13】次の文を読み，下の各問いに答えよ。

歌舞伎は，日本の伝統的な演劇の一つで，(①)・舞踊・演技が一体となって成り立っている。(②)時代の初めに出雲の(③)が始めた「かぶき踊り」がもとになっている。

江戸時代に舞踊とともに発達した(④)は，唄，(⑤)，囃子によって舞台上で演奏される音楽である。また，舞台下手にある<u>黒御簾と呼ばれる小部屋の中で演奏される音楽</u>もある。

歌舞伎の作品は，その内容によって「(⑥)物」「(⑦)物」に分類される。前者は武家社会や王朝を舞台としており「<u>菅原伝授手習鑑</u>」「忠臣蔵」「義経千本桜」などが有名である。後者は庶民を主人公にしたもので，(⑧)作の「曽根崎心中」，鶴屋南北作の「(⑨)怪談」などが人気を博している。また，(⑩)家に伝わる演目を歌舞伎十八番と呼んでおり有名なものに「勧進帳」がある。

(1) 文中の①〜⑩にあてはまる語句を，次のア〜ツから1つずつ選び記号で答えよ。

ア　三味線	イ　室町	ウ　時代	エ　能楽
オ　江戸	カ　文楽	キ　近松門左衛門	ク　雪舟
ケ　阿国	コ　義太夫	サ　河竹黙阿弥	シ　長唄
ス　東海道四谷	セ　音楽	ソ　市川團十郎	
タ　中村勘三郎	チ　世話	ツ　琵琶	

(2) 文中の下線部<u>菅原伝授手習鑑</u>の読み方をひらがなで書け。

(3) 文中の下線部<u>黒御簾と呼ばれる小部屋の中で演奏される音楽</u>について説明せよ。

(4) 歌舞伎とオペラは同じころ誕生したといわれているが，オペラが

誕生した国名，中心となった文化人グループの名前をそれぞれ答え
よ。

【14】 **次にあげる日本の伝統的な音楽について，下の各問いに答えよ。**
① 尺八曲　② 義太夫節　③ 長唄
④ 箏曲　⑤ 雅楽　⑥ 能
(1) それぞれの代表作を次のア～カから1つずつ選び，記号で答えよ。
　ア 木遣の段　イ 羽衣　ウ 越後獅子
　エ 巣鶴鈴慕　オ 胡蝶　カ 乱輪舌
(2) ①の和楽器には次のような演奏技法がある。それぞれの奏法名を
答えよ。
　a 息を強く吹き入れて雑音的な音を出す。
　b あごをつき出すようにして高めの音を出す。
　c あごを引いて低めの音を出す。
(3) ②の義太夫節と阿波踊り(よしこの節)で使われる三味線には違い
がある。それぞれの種類を答えよ。
(4) ④の分野で平調子という調弦法や段物などの形式を確立し，箏の
基礎を確立したといわれている箏曲家の名前を漢字で答えよ。

【15】 **次の楽譜は日本の民謡を採譜したものである。それぞれの民謡名
を答えよ。**

(1)

(2)

(3)

(4)

■■■■ ■■■■■■■ ■■■ 解答・解説 ■■■ ■■■■ ■■■■

【1】(1) ① ス ② キ ③ カ ④ コ ⑤ ケ

(2) Ⅰ c Ⅱ d Ⅲ b Ⅳ f Ⅴ a (3) Ⅰ 室町

Ⅱ 明治 Ⅲ 昭和 Ⅳ 江戸 Ⅴ 平安

解説 中世から近代へかけての日本の伝統音楽に関する文章である。時代区分別にまとめておくと，より理解を深めることができる。

【2】(1) ア 日本語 イ 花 ウ 荒城の月 エ 抑揚

オ 成田為三 (2) 待ちぼうけ この道 赤とんぼ からたちの花 などから1つ

(3)

(4) 早春賦

解説 1900年頃からの日本の歌曲の歴史に関する記述で，(1)は冷静に文を読んで選ぶ語を考えれば易しく正答できる。 (2)は解答以外にも，「ペチカ」，「砂山」，「かやの木山の」などがある。 (3)・(4)は中学校教科書に載っている曲である。

【3】(1) 解説参照 (2) 言葉や呪文 (3) 太夫，三味線弾き，人形遣いが一体となること。

解説 (1) 掛け声には，拍数やテンポ，タイミングを知らせるシグナルの役割と「位」「ノリ」といわれる感情を表現するサインの役割がある。大鼓の唱歌は「ツ」「チョン」「ドン」の三種類。稽古の時は，「ヤァー」「ス」「ム」などの掛け声と唱歌を合わせて，たとえば「ツ・チョン，ヤァー」のように声を出す。 (2) 謡という能独特の声楽曲に合わせるためには，旋律的に音律の整ったものではなく，言葉によく絡む独特な音が選ばれたためである。 (3) 人形浄瑠璃の一

般的な呼称として文楽にみられる。

【4】(1)　宮内庁式部職楽部　　(2)　オーケストラにおいて，弦楽器は中心的な役割を果たし，主に旋律を担当するが，雅楽において，弦楽器は主にリズム楽器として用いられ，伴奏を担当する。

(3)　楽器名：三味線　　時代：江戸時代　　(4)　歌舞伎の長唄で主に用いられる三味線は細竿三味線で，明るく華やかな音色である。文楽で用いられる三味線は太棹三味線で，太く落ち着いた音色である。

(5)　音楽取調掛　　(6)　①　北海道　　②　宮崎県　　③　島根県

解説　日本音楽では，楽器の編成がそのジャンルの特徴ともなりうるため，種類と編成とを結びつけておくと分かりやすい。「音楽取調掛」は「おんがくとりしらべかかり」と読む。各地の民謡は，名前，楽譜，地域を一致させておくのが一般的である。

【5】(1)　①　キ　　②　オ　　③　ア　　④　ウ　　⑤　カ

(2)　①　竹本義太夫　　②　ウ　　③　詞，地合，色　　(3)　平家琵琶ともいう。「平家物語」を琵琶の伴奏で語る音楽。

解説　(1)　ジャンルと作品とを結びつける問題。教科書に載っていないものもあるが，鑑賞ページに参考曲として名前が載っている場合もある。掲載の内容はすべて触れておくこと。　(2)　①　そのままであるが，義太夫節の重要人物。　②　中棹は便宜上の分類・呼び名なので注意。

【6】(1)　観阿弥　　世阿弥　　(2)　狂言　　(3)　雅楽　　(4)　琴古流　都山流　（「明暗流」も可）

解説　日本の伝統音楽，和楽器には数多くの流派が存在する。それは，時代と共に分岐したりなくなったり，変化してきた。現在残っている流派はそれぞれ数少ないため，どういう流派から始まり，現在はどの流派が残っていて，どの流派が主流なのか，ぐらいまで覚えておくと良い。

【7】A　①　　B　④，⑤　　C　②，⑥　　D　③，⑦

解説　雅楽「越天楽」は〈管絃〉(合奏だけのもの)であり，楽器編成は三管(笙・龍笛・篳篥)，両絃(楽琵琶・楽箏)，三鼓(鞨鼓・釣太鼓・鉦

鼓)と呼ばれる。①笙は17本の竹管を風箱の上に立て〈合竹(あいたけ)〉という和音を出す。

【8】(1) a ア　宮崎県　　b ウ　長野県　　c イ(アも可)　宮城県
d イ　e ア

(2) エ

オ

(3)　規則的な拍節をもたない自由リズムによる音楽様式で，メリスマが多いことが特徴である。

解説　民謡を地域と結びつける問題はよく出る。それが，五線の旋律や聴き取りになっても解答できるようにしておきたい。各都道府県1つずつは押さえておくように。音階は呼び方が異なるものもあるため，複数の名前で覚えておかなくてはならない。譜面と結びつける問題もある。日本音楽や民族音楽を説明させる問題は難易度が高いといっていいだろう。普段使い慣れない言葉を多用するため，一問一答だけでは対応できない。なお，(1)のd「さんさ時雨」は宮城県の，e「南部牛追歌」は岩手県の民謡である。

【9】① 舞楽　　② 打ち　　③ 竜笛(または横笛)　　④ 笙
⑤ 楽琵琶(または琵琶)　　⑥ 鞨鼓　　⑦ 鉦鼓

解説　雅楽については中学校教科書にも載っており，この出題にも正答できるようにしておきたい。管弦の楽器編成は「三管(篳篥・竜笛・笙)」，「両絃(楽箏・楽琵琶)」，「三鼓(鞨鼓・釣太鼓・鉦鼓)」といわれる。

【10】① 世阿弥　　② 腹式呼吸　　③ 弱吟　　④ 強吟
⑤ 中国　　⑥ 沖縄　　⑦ 江戸　　⑧ 歌舞伎　　⑨ スリ
⑩ 明治

解説 能(謡)，三味線，箏の歴史や演奏法に関する文章に入る適語を選ぶ設問であるが，おちついて適語を考えれば難問ではない。選ぶ語群がすべて正答につながり，答の数に合っているのがやりやすい。

【11】(1) ア でんがく イ そうきょく ウ さいばら
エ へいきょく オ かぐらうた 江戸時代：イ (2) 尺八
(3) 雅楽 (4) 三味線 (5) 唱歌

解説 (1) 楽器としての〈箏〉は，雅楽に用いる〈楽箏〉など奈良時代からのものがあるが，「箏曲」とは俗箏による音楽の総称であり，八橋検校が俗箏の開祖といわれる。 (2) 尺八は，禅宗の一派の〈普化尺八〉として虚無僧により吹禅された。江戸中期の黒沢琴古を始祖とする〈琴古流〉や，明治時代に近代的な流派を立てた〈都山流〉(始祖は中尾都山)が有名である。 (4) 三味線の琉球経由の伝来は，永禄5(1562)年といわれ，それは信長の桶狭間の戦いの2年後である。この楽器を手にしたのは琵琶法師たちであり，改良され，バチを用いるようになった。 (5) 明治12(1879)年に文部省「音楽取調掛」設置，伊沢修二を中心に「小学唱歌集」が編集・発行された。

【12】① 能 ② 狂言 ③ 奈良 ④ 唐 ⑤ 平安
⑥ 猿楽 ⑦ 室町 ⑧ 面 ⑨ 観阿弥 ⑩ 世阿弥(⑨⑩順不同) ⑪ 三味線 ⑫ 義太夫 ⑬ 近松門左衛門
⑭ 曽根崎心中

解説 日本音楽については，重要な項目である。定義，歴史，名称，起源，可能性はどれもあるが，一通りの流れを覚えておくと対応が可能である。この問題はどれも有名どころで過去にも多く出題された項目である。

【13】(1) ① セ ② オ ③ ケ ④ シ ⑤ ア
⑥ ウ ⑦ チ ⑧ キ ⑨ ス ⑩ ソ (2) すがわらでんじゅてならいかがみ (3) 観客に姿を見せないで演奏する歌舞伎囃子。 (4) 国：イタリア 文化人グループ：カメラータ

解説 (1) 歌舞伎に限らず，日本音楽については頻度が高くなってきている。起源，分類，代表作は覚えておきたい。この問題は，歌舞伎の

基本的な部分。選択肢もあることから確実に取りたい問題である。

(2)　日本の音楽では，漢字の読みが特殊なものが多い。読めないものが出てきたら，必ず調べる癖をつけよう。天満宮で学問の神様として慕われている菅原道真の悲劇を柱に書かれた話で，歌舞伎の演目の中でも三大名作といわれるものの1つである。　　(3)　舞台上手の袖や花道奥の揚げ幕の中で演奏することもある。劇音楽を担当し，幕開け，幕切れ，人物の出入り，しぐさ，せりふなどに演奏される。　　(4)　カメラータは，1580年頃からヴェルニオ伯宅に集まって文化運動を推進した文学者，音楽家，愛好家を指す。

【14】(1)　①　エ　　②　ア　　③　ウ　　④　カ　　⑤　オ
⑥　イ　　(2)　a　ムラ息　　b　カリ　　c　メリ　　(3)　義太夫
節：太棹三味線　　阿波踊り：細棹三味線　　(4)　八橋検校

解説 (1)　①　尺八曲→エ「巣鶴鈴慕」は琴古流の呼び方で，「鶴の巣籠」とも呼ばれる。尺八の本曲(尺八のために作られた曲)である。②　義太夫節→ア「木遣の段」は浄瑠璃の演目で，「三十三間堂棟由来」の中で演じられる。　　③　長唄→ウ「越後獅子」は歌舞伎の長唄・舞踊で有名。　　④　箏曲→カ「乱輪舌(みだれりんぜつ)」は八橋検校作曲と伝えられる。　　⑤　雅楽→オ「胡蝶」は「胡蝶楽(こちょうらく)」という雅楽・高麗楽に属する舞楽。　　⑥　能→イ「羽衣」は能。
(2)　尺八の演奏技法の代表的なものである。　　(3)　義太夫節や津軽三味線では，太棹が用いられる。徳島の阿波踊りでは細棹三味線で「よしこの節」を，急調に合わせて練り踊る。

【15】(1)　黒田節　　(2)　斎太郎節　　(3)　ソーラン節　　(4)　こきりこ節

解説 民謡の採譜は，非常にわかりにくい面がある。本来きっちり記譜できないものが多いからである。音楽と楽譜を見比べたときそのでたらめさが多く目立つ。しかし，おおよその旋律ははっきり提示できるため，全国の有名な民謡は一通り楽譜をみておきたい。民謡の問題は，曲名を問うものと，地域を問うものの二種類が多い。

●書籍内容の訂正等について

　弊社では教員採用試験対策シリーズ（参考書，過去問，全国まるごと過去問題集），公務員試験対策シリーズ，公立幼稚園・保育士試験対策シリーズ，会社別就職試験対策シリーズについて，正誤表をホームページ（https://www.kyodo-s.jp）に掲載いたします。内容に訂正等，疑問点がございましたら，まずホームページをご確認ください。もし，正誤表に掲載されていない訂正等，疑問点がございましたら，下記項目をご記入の上，以下の送付先までお送りいただくようお願いいたします。

---

① **書籍名，都道府県（学校）名，年度**
　（例：教員採用試験過去問シリーズ　小学校教諭 過去問　2025年度版）
② **ページ数**（書籍に記載されているページ数をご記入ください。）
③ **訂正等，疑問点**（内容は具体的にご記入ください。）
　（例：問題文では"ア〜オの中から選べ"とあるが，選択肢はエまでしかない）

〔ご注意〕

○ 電話での質問や相談等につきましては，受付けておりません。ご注意ください。

○ 正誤表の更新は適宜行います。

○ いただいた疑問点につきましては，当社編集制作部で検討の上，正誤表への反映を決定させていただきます（個別回答は，原則行いませんのであしからずご了承ください）。

●情報提供のお願い

　協同教育研究会では，これから教員採用試験を受験される方々に，より正確な問題を，より多くご提供できるよう情報の収集を行っております。つきましては，教員採用試験に関する次の項目の情報を，以下の送付先までお送りいただけますと幸いでございます。お送りいただきました方には謝礼を差し上げます。

（情報量があまりに少ない場合は，謝礼をご用意できかねる場合があります）。

◆あなたの受験された面接試験，論作文試験の実施方法や質問内容

◆教員採用試験の受験体験記

- -

送付先
○電子メール：edit@kyodo-s.jp
○FAX：03-3233-1233（協同出版株式会社　編集制作部 行）
○郵送：〒101-0054　東京都千代田区神田錦町2-5
　　　　　　協同出版株式会社　編集制作部 行
○HP：https://kyodo-s.jp/provision（右記のQRコードからもアクセスできます）

※謝礼をお送りする関係から，いずれの方法でお送りいただく際にも，「お名前」「ご住所」は，必ず明記いただきますよう，よろしくお願い申し上げます。

教員採用試験「過去問」シリーズ

山形県の
音楽科 過去問

編　集	© 協同教育研究会
発　行	令和6年1月10日
発行者	小貫　輝雄
発行所	協同出版株式会社
	〒101-0054　東京都千代田区神田錦町2 - 5
	電話　03－3295－1341
	振替　東京00190－4－94061
印刷所	協同出版・POD工場

落丁・乱丁はお取り替えいたします。